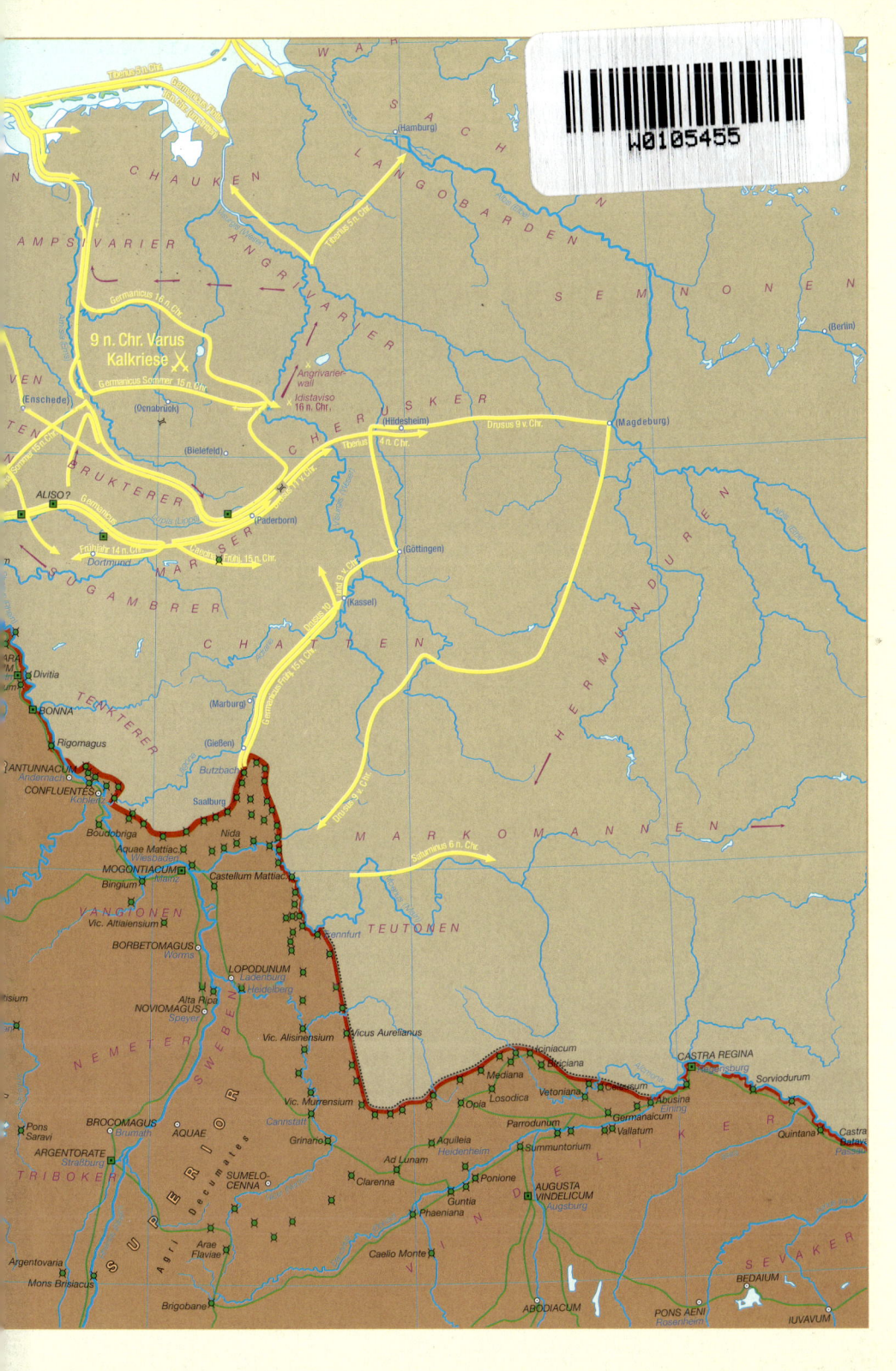

W0105455

Kampf um Germanien

Peter Arens

KAMPF UM GERMANIEN

Die Schlacht im Teutoburger Wald

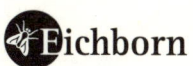

Dem vorliegenden Buch liegt der Fernsehzweiteiler »Kampf um Germanien – Die Schlacht im Teutoburger Wald« des ZDF zugrunde. Der Autor dankt herzlichst all denen, die ihm bereitwillig ihre Forschungsmaterialien zur Verfügung gestellt und mit ihrem Rat zur Seite gestanden haben, insbesondere Professor Alexander Demandt für seine fachliche Beratung und Friederike Haedecke für ihre Mitarbeit.

Lizenz durch: ZDF Enterprises GmbH
© ZDFE 2008
– Alle Rechte vorbehalten –

1 2 3 4 09 08

© Eichborn AG, Frankfurt am Main, Dezember 2008
Umschlaggestaltung: Christiane Hahn
unter Verwendung eines Motivs von © Bilderberg und 2 Motiven von © akg
Lektorat: Doris Engelke
Satz: Fotosatz Reinhard Amann, Aichstetten
Druck und Bindung: FVA, Fulda
ISBN 978-3-8218-7313-8

Alle Rechte vorbehalten. Kein Teil des Werkes darf in irgendeiner Form (durch Fotografie, Mikrofilm oder ein anderes Verfahren) ohne schriftliche Genehmigung des Verlages reproduziert oder unter Verwendung elektronischer Systeme verarbeitet, vervielfältigt oder verbreitet werden.

Eichborn Verlag, Kaiserstraße 66, 60329 Frankfurt am Main
Mehr Informationen zu Büchern und Hörbüchern aus dem Eichborn Verlag finden Sie unter www.eichborn.de

Für Johannes

INHALT

EINFÜHRUNG

Der germanische Geist ist der Geist der Freiheit.
Georg Wilhelm Friedrich Hegel

Der Zug hat gewiss prachtvoll ausgesehen, römische Grandezza pur.
Erst die Kavallerie, bewaffnete Soldaten hoch zu Ross, dann die Legionen, Tausende von Fußsoldaten, Feldzeichenträger und Trompeter.
Blendende Helme, in der Sonne funkelnde Lanzenspitzen und klirrendes Eisen. In der Mitte oder am Ende das fahrende Volk der Handwerker, Ärzte, Frauen und Kinder. Und als Herzstück des prächtigen Zuges
der Statthalter Publius Quinctilius Varus mit Leibwächtern und Reitereinheiten, darunter auch der cheruskische Fürstensohn Arminius, zu
seinem Schutze und zur Erkundung des Geländes. Ein schier endloser
Heereszug, rund 20 000 Menschen, die militärische Dominanz und kosmopolitisches Selbstbewusstsein ausstrahlten – inmitten der dunklen,
schaurigen Wälder Germaniens, einer Landschaft, die für den urbanen
Mittelmeermenschen die Hölle der Barbaren verkörperte.

Als Varus mit den Legionen XVII, XVIII und XIX und dem dazugehörigen Tross an einem Septembermorgen im Jahre 9 n. Chr. das Sommerlager an der Weser verließ, um die Wintermonate im sicheren Lager
bei Xanten zu verbringen, ahnten er und sein Kommandostab weder,
dass sie einer welthistorischen Schlacht entgegenreiten würden, noch,
dass sie fast alle ihr Leben lassen würden. Die Schlacht im Teutoburger
Wald sollte völlig überraschend über die römischen Streitkräfte hereinbrechen – drei Legionen, drei Alen und sechs Kohorten wurden ausgelöscht. Im Gegensatz zu typischen Entscheidungsschlachten, in denen
zwei Heere ausweglos und in höchster emotionaler Verdichtung aufeinander zusteuern, trafen hier nicht zwei auf die Situation vorbereitete Gegner mit offenem Visier aufeinander. Tausende von Barbaren
brachen aus der Deckung des Waldes, begünstigt von Regen und Un-

wetter, drei Tage lang in die Flanken der Römer. Der Angriff, für dessen vernichtende Radikalität die Römer keinen Grund erkannten, kam für sie aus heiterem Himmel. Kaiser Augustus, den die Nachricht von den ausgelöschten Legionen bei einem Fest überraschte, soll in tiefster Verzweiflung den Kopf gegen die Wand geschlagen und gerufen haben: *»Varus, gib mir meine Legionen zurück!«*

Dass Goliath gegen David verlor, eine Weltmacht gegen ein Naturvolk, ist einer der Gründe, warum die Varusschlacht einen besonderen Platz in der Militärgeschichte erhalten hat – so wie es General Custer gegen die Sioux am Little Big Horn (1876) erging oder den Briten gegen die Zulu im südafrikanischen Isandlwana (1879). Ihre schiere Monstrosität macht sie zu etwas Außerordentlichem. *»Immer ist Blut ihr Preis und Hinschlachten ihr Charakter und ihr Name«*, so Carl von Clausewitz über einen Wesenszug großer Schlachten. Drei Legionen waren buchstäblich dahingemetzelt worden, die Schädel an Baumstämme genagelt, mit gebleichten Gebeinen allüberall. Frauen und Kinder fanden ebenso den Tod wie die bestausgebildeten Berufssoldaten jener Zeit. Der *furor teutonicus*, den die Römer bei den Niederlagen gegen Kimbern und Teutonen ein Jahrhundert zuvor schon einmal zu spüren bekommen hatten, fand hier seine schreckliche Fortsetzung. Es gibt wohl nur eine Niederlage in der römischen Militärgeschichte, die traumatischer war: In der Schlacht bei Cannae im Jahr 216 v. Chr. gegen Hannibal verlor das Imperium über 50 000 Soldaten.

Die historische Bedeutung der Varusschlacht ist außerordentlich. Nach dem Sieg Caesars über Gallien bis 51 v. Chr. verhinderte der Sieg der Germanen auf Dauer den Zugriff des römischen Imperiums auf die *Germania magna*, auf das Gebiet jenseits der großen Ströme Rhein und Donau bis hin zu Nordsee und Elbe. Aus diesem Grund gilt die Niederlage des Varus, die *Clades Variana*, wie sie von römischen Chronisten genannt wurde, als eine der folgenreichsten Schlachten der Antike. Die Rachefeldzüge, die Rom unter Tiberius und Germanicus bis 16 n. Chr. nach Germanien unternahm, blieben ohne Wirkung. Germanien sollte nie römische Provinz werden. Den Sieg der Germanen im Teutoburger Wald kann man daher als eine Entscheidungsschlacht begreifen, manche sehen in ihr gar einen *»Wendepunkt der Weltgeschichte«*, so der

Historiker Theodor Mommsen in einer Rede, die er wenige Monate nach Gründung des deutschen Kaiserreichs 1871 hielt. Hinzu kommt ein populärhistorischer Faktor: Schlachten werden gerne als zentrale Daten der Weltgeschichte begriffen, wie wir aus alten Schulstunden wissen. In stupiden Merkversen wie »*333 bei Issos Keilerei*« mussten einzelne Schlachten als Symbole für ganze Kriege herhalten. Komplexe historische Verläufe werden dankbar auf einzelne Kämpfe reduziert, in der Überzeugung, diese würden weitere Geschichtsverläufe zwingend prägen.

Theodor Mommsen, um 1900

Kampf um Germanien – Ein 30-jähriger Krieg

In Bezug auf die Varusschlacht ist diese Auffassung zugleich richtig und falsch. Unbestreitbar waren der Untergang der drei Legionen und die Wehrhaftigkeit der Germanen Ausgangspunkt für den endgültigen Rückzug Roms aus dem Gebiet der sogenannten Barbaren. Doch wer sich mit der Varusschlacht beschäftigt, kommt nicht umhin, sie als den Nukleus eines sich über 30 Jahre erstreckenden Krieges zu verstehen – eines umfassenden Kulturkampfes zwischen einer überlegenen städtischen Mittelmeerzivilisation und einer nordischen Naturgemeinschaft, die sich einer Kultivierung, oder einer fürsorglichen Belagerung, um mit Heinrich Böll zu sprechen, durch die Besatzer entzog. Eine Betrachtung der dreitägigen Schlacht im Teutoburger Wald gelingt nur, wenn diese vor dem Hintergrund dieses ersten 30-jährigen Krieges auf deutschem Boden geschieht – mit dem Blick auf ihre Vor- und Folgegeschichte.

Das Thema dieses Buches ist daher – unter besonderer Berücksichtigung der Varusschlacht – jener ganze Kampf um ein freies Germanien, ist die Germanienpolitik in augusteisch-tiberischer Zeit. Zur Zeit des Augustus war das Imperium Romanum die alles beherrschende Weltmacht. Das Reich erstreckte sich über die ganze bekannte Welt, die römische Kultur und Zivilisation war allen Nachbarvölkern überlegen. Das römische Heer umfasste über 300 000 Soldaten und war bis in die Neuzeit hinein die größte stehende Streitmacht, die es je gegeben hat. Als die Römer Gallien unterworfen hatten, waren ihnen an der Ostgrenze neue Nachbarn entstanden: die Germanen. Nun prallten Welten aufeinander, wie sie unterschiedlicher kaum sein konnten. Bis zum Ende des 5. Jahrhunderts würden ihre Schicksale miteinander verschränkt bleiben, würden sie sich vermischen und bekämpfen bis in den Tod.

16 v. Chr. hatten zwei germanische Stämme den Rhein überschritten und bei Aachen eine römische Legion nahezu vernichtet. Das bot den Römern die willkommene Gelegenheit zum Einmarsch ins Land der Barbaren, sogar Kaiser Augustus verlegte seinen Aufenthaltsort zeitweilig an den Rhein. 12 v. Chr. begann der *Forest Storm,* die Eroberung der germanischen Wälder durch das Imperium. Nach sorgfältiger Vorbereitung fiel erstmals Drusus, der Stiefsohn des Augustus, ins rechtsrheinische freie Germanien ein. Im Jahre 5 v. Chr. hatte sein Bruder und Nachfolger Tiberius nach großen Unruhen und Kämpfen die Germanen bis zur Elbe unterworfen – so schien es – und zwei große Militärlager in Germanien errichtet. In den folgenden Jahren konnten die Be-

satzer aus der *Germania magna* zwar keine römische Provinz machen, aber eine einigermaßen friedliche Koexistenz zwischen Römern und Germanen erwirken. Die Germanen waren unberechenbar, in den Stammesgebieten dieses landschaftlich zerklüfteten Großraums blieben die Einheimischen weitgehend unter sich. In den Grenzregionen hingegen kam es durchaus zu einem wirtschaftlichen und kulturellen Austausch bis hin zu römischen Stadtgründungen in Germanien, wie z. B. dem hessischen Waldgirmes, das erst nach der Schlacht im Teutoburger Wald aufgegeben wurde.

Der neue Statthalter Varus sollte 7 n. Chr. die Unterwerfung der Germanen vorantreiben und die *Germania magna* endgültig ins Römische Reich eingliedern. Im Mittelpunkt seines Engagements stand der mächtige Stamm der Cherusker, der von starken prorömischen Strömungen geprägt war. Das mag auf den ersten Blick erstaunen, aber nicht wenige unter den Germanen bewunderten die moderne römische Welt und kooperierten mit ihr. So war der Fürstensohn Arminius schon als Kind zur militärischen Ausbildung zu den Römern geschickt worden, hatte ab 4 n. Chr. cheruskische Einheiten in römischen Diensten befehligt und zwischen 6 und 8 n. Chr. für das Imperium den Aufstand in Pannonien niedergekämpft. Ausgerechnet Arminius nun, dessen germanischer Name unbekannt ist, vereitelte die römischen Großmachtpläne, als er mit seinen Verbündeten völlig überraschend das Heer des Varus attackierte und vernichtete. Statt *Pax Germanica* nun *furor teutonicus*. Warum der von den Römern zum Ritter erhobene Arminius die Fronten wechselte, den Angriff auf den lorbeerumkränzten Überkaiser Augustus wagte und Rom verriet, ist eine der spannendsten Fragen im germanisch-römischen Konflikt und trotz aller vorgebrachter Thesen bis heute nicht befriedigend beantwortet worden. Ohne die beiden Protagonisten Arminius und Varus wäre diese Schlacht im Teutoburger Wald sicher nicht zur Legende geworden, beide Personen bilden den Kern. Sie verkörpern das Ringen zwischen Krieger und Manager, Dorf und Imperium, Freiheitswillen und Staatlichkeit. Aus ihrem Konflikt ist nicht nur Weltgeschichte geworden, sondern er wurde auch überhöht ins Symbolische und Überzeitliche, mit allen Ingredienzien des großen Dramas.

15

Mit der vollständigen Vernichtung der drei Legionen hatten die römischen Expansionsbestrebungen in Nordwesteuropa einen empfindlichen Rückschlag erlebt. Weitere Rache- bzw. Eroberungsfeldzüge nach Germanien wurden von Tiberius, dem Nachfolger des Kaisers Augustus, 16 n. Chr. verboten. Nach 30 Jahren waren die zahlreichen Versuche Roms, sich Germanien einzuverleiben, endgültig gescheitert. Eine erste und prägende Spaltung des Kontinents war hiermit festgeschrieben und damit »*ein ungeheurer Zivilisationsabstand*«, so der Göttinger Althistoriker Gustav Adolf Lehmann. Im römisch beherrschten Süddeutschland wurden Villen mit Fußbodenheizung gebaut, im ungastlichen Norden sollte es für Jahrhunderte keine einzige Stadt geben.

Hermann der Cherusker – Überhaupt ein deutsches Thema?

Nicht minder spannend als die Betrachtung des größeren historischen Zusammenhangs der Varusschlacht ist die Frage, ob sie überhaupt ein deutsches Thema ist, ob ihr strahlender Held Arminius als einer unserer Vorfahren angesehen werden kann. In der deutschen Kulturgeschichte ist die Gleichung germanisch=deutsch ein höchst delikates Problem. Die Bärenfellmenschen als Vorfahren des modernen Deutschen? Die frühgermanischen Kämpfernaturen von Weser und Elbe als Ahnen des heutigen Bremer und Osnabrücker Bürgers? Während das Deutsche Historische Museum in Berlin die Varusschlacht als den »*Urknall*« deutscher Geschichte interpretiert, wollen Kritiker von einer Verwandtschaft zwischen Arminius und nachfolgenden großen Deutschen nichts wissen. Sie weisen nicht zu Unrecht darauf hin, dass Arminius nach der Schlacht 1500 Jahre lang in der Geschichte vergessen wurde. Zwar haben sich Karl der Große und das deutsche Mittelalter für die Sagen der alten Helden interessiert, für die legendären Taten der Franken und Burgunden, wie sie in der Nibelungensage und im Drachentöter Siegfried ihren Niederschlag gefunden haben. Die tatsächlichen Geschehnisse um die Germanen aber wurden allein in den

Schriften der römischen Chronisten festgehalten und in den Klöstern des Mittelalters verwahrt. Der Cheruskerfürst Arminius wurde von den Deutschen erst im 15. Jahrhundert entdeckt, gemeinsam mit der für die Kenntnis über die Germanen zentralen Schrift *Germania* des römischen Schriftstellers Tacitus. Dessen 98 n. Chr. entstandener Text wurde 1455 in Hersfeld aufgefunden und 1472 zum ersten Mal gedruckt. Jetzt erst erblickte Arminius das Licht der deutschen Geschichte, dies allerdings in vollem Glanze. Dankbar feierte der deutsche Humanismus, dem anders als den Italienern und Griechen keine Antike als Geburtsstunde ihrer Kultur zur Verfügung stand, Arminius als Ahnherren der Deutschen und begründete auf ihn und die Germanen den Beginn der deutschen Geschichte. Zum patriotischen Stolz von Geistesgrößen wie Konrad Celtis oder Jakob Wimpfeling auf den Cheruskerfürsten hatte der ehrenwerte Tacitus in erheblicher Weise beigetragen. Wörtlich schrieb er über Arminius: »*Ohne Zweifel ist Arminius der Befreier Germaniens. Er wagte es, Rom in der höchsten Blüte seiner Macht anzugreifen. In Schlachten war er nicht immer glücklich, aber im Kriege unbesiegt.*«

Ulrich von Hutten stellte ihn als Feldherren über Alexander, Hannibal und Scipio den Älteren. Luther sah in ihm einen Rebellen und mithin Geistesverwandten, der sich gegen Rom gestellt hatte, und bekannte freimütig, er habe »*ihn von hertzen lib*«. Heinrich von Kleist stilisierte ihn in seinem Drama *Die Hermannsschlacht* zum Befreiungskämpfer gegen den Kaiser Napoleon. Schließlich kulminierte die Heldenverehrung im 1875 fertig erbauten Denkmal – mit dem 50 Meter aufragenden Hermann und seinem gigantischen Schwert bis heute eine touristische Attraktion. Fast das gesamte 19. Jahrhundert hindurch ging die Germanenbegeisterung einher mit der Entstehung und Triumphalisierung des deutschen Nationalgefühls, wurde Arminius als wichtige deutsche Integrationsfigur verstanden. Oft genug in seiner fünf Jahrhunderte während Rezeptionsgeschichte wurde er instrumentalisiert, je nach aktueller gesellschaftlicher und politischer Strömung. Heute scheint Arminius vergessen zu werden. Und ist angesichts einer solch prekären Rezeption überhaupt Platz für einen Helden aus Fleisch und Blut?

Zwei Faktoren haben bis heute eine unverstellte, vorurteilsfreie Sicht auf die Germanen verhindert. Zum einen die, weit über die Grenzen des intellektuell und rhetorisch Zumutbaren hinaus, deutschtümelnde, eichenschwere Rezeption des Helden. Zum anderen die historisch falsche Auffassung von den Germanen als Begründern des politischen Deutschlands – das erst 1000 Jahre später mit der Reichsgründung durch Otto den Großen entstehen sollte. Die unreflektiert nationale Glorifizierung hat dazu geführt, dass die Germanen bis heute mit jenen in Sippenhaft genommen werden, die sich überpatriotisch gebärden und für die man sich fremdschämt. Stellvertretend für die fatale Arminius-Begeisterung sei der Schriftsteller Felix Dahn genannt, der in seinem *Siegessang nach der Varusschlacht* von 1872 jubelte: »*Heil dem Helden Armin. Auf den Schild hebet ihn. Zeigt ihn den unsterblichen Ahnen: Solche Führer wie den gib uns, Wodan, mehr – und die Welt, sie gehört den Germanen!*«

Ganz ähnlich schildert der Detmolder Geschichts- und Lateinlehrer Hermann Kesting in seinem bezeichnenderweise seit 1950 erfolgreichen Buch Arminius als Befreier des Germanentums und sagt, er habe »*durch seinen Sieg Germanien, also unser Deutschland, vor dem Schicksal Galliens, der politischen und kulturellen Fremdherrschaft bewahrt*«. Die Auffassung, deutsche Kultur und Werte seien dank Arminius vor einem welsch-romanischen Zugriff gerettet worden, muss offensichtlich vor dem geistigen Horizont noch der Fünfzigerjahre konsensfähig gewesen sein.

Kalkriese – Schauplatz der Varusschlacht

Ein Dauerbrenner im germanisch-deutschen Geschichtsdisput ist die Lokalisierung der Varusschlacht. Nun könnte man annehmen, dass die Frage nach ihrem genauen Schauplatz höchstens von regionalgeschichtlichem Interesse und für die historische Bewertung des Kampfes um Germanien sekundär ist. Der Umstand, dass allein bis zum Ende des 19. Jahrhunderts über 700 Orte als mögliche Schauplätze angegeben wurden, spricht eine andere Sprache. Bis in die bundesrepublikanische Wirklichkeit hinein schwelt der Streit, grenzen im Norden des Teutoburger Walds doch die beiden Bundesländer Nordrhein-Westfalen und Niedersachsen aneinander – was zum Zeitpunkt des 2 000-jährigen Jubiläums nicht ohne Bedeutung für die Beteiligten ist. Neben der Reizfrage: Ist germanisch gleich deutsch? hat die Diskussion um den wahren Ort dem Thema große Aufmerksamkeit beschert. Der Altertumskundler Friedrich Koepp formulierte zu den nicht enden wollenden Veröffentlichungen 1927 pointiert und nicht ohne Witz: »*Noch immer geht der Schatten des Varus um und nimmt an den Enkeln des Arminius fürchterliche Rache.*«

1987 war dieser Schatten auf einen Ort 18 Kilometer nordöstlich von Osnabrück gefallen. In Kalkriese stieß der Hobbyarchäologe Tony Clunn von der britischen Rheinarmee auf einen Schatz von Silbermünzen, dem sich ein Jahr später der Fund von Bleischleudergeschossen und danach von Waffen, Münzen und Knochenresten anschloss. Mit dem Fund von Militaria war klar, dass es sich um ein Schlachtfeld handeln musste. Einst ein Ort des Schreckens und der Gewalt, steht Kalkriese nun für eine der faszinierendsten Grabungsstätten in Europa. Es birgt das größte bislang bekannte, bestdokumentierte Schlachtfeld der Antike.

Nur, ist es auch wirklich der Ort der Varuskatastrophe, der *Clades Variana*, wie sie die Römer nannten? Oder hat hier die Schlacht gegen die vier Legionen des Caecina stattgefunden, die sich sechs Jahre später ereignete? Dass so mancher Hobbyhistoriker und Lokalpolitiker aus Nordrhein-Westfalen am Grabungs- und Museumskomplex im niedersächsischen Kalkriese herummäkelt, kann nicht verwundern. Doch auch die Fachwelt, auch Historiker und Archäologen sind sich nicht vollends einig, ob die Kalkriese-Fraktion den Ort nicht vorschnell zum Sieger erklärt hat. Kalkriese hat das Thema der Varusschlacht Ende der Achtzigerjahre aus dem Nationalmief der Vergangenheit errettet und wieder auf die Agenda von Forschung und interessierter Öffentlichkeit gehoben. Die Entdeckung des Schlachtfelds ist daher ein Glücksfall für die Archäologie und Geschichtsforschung – alleine schon, weil sie dem Wissen über die Schlachten des Altertums viele weitere Erkenntnisse hinzugefügt hat. Und so mancher unkt schon, dem Varusrätsel würde ein vergleichbarer Reiz innewohnen wie der Frage, ob Troja an den türkischen Dardanellen liegt oder im assyrischen Kilikien. Ganz ohne Humor sollte man das Thema also nicht betrachten.

Im Nebel der Geschichte – Die Zeugen des antiken Kampfes

Das Wissen über die fraglichen Geschehnisse stammt aus zwei Quellen. Zum einen aus den Schaufeln und Händen der Archäologen, die dem Boden mit neuen Methoden wie der angewandten Geophysik zunehmend ihre Schätze entlocken und auf immer neue Funde stoßen, die der Interpretation bedürfen. Sie sind die neuen Stars der Altertumsforschung, auch weil ihre Funde wie Münzen und Waffenfragmente zum Anfassen und Bestaunen sind.

Bis zum Siegeszug der Archäologie im späten 19. Jahrhundert war man allein auf die literarischen Texte angewiesen, um die Vergangenheit zu verstehen. Die antiken Quellen sind zwar weniger dynamisch als der sich stets fortentwickelnde archäologische Befund, dafür aber von grundlegender Bedeutung. Gemessen an der dünnen Quellenlage ist über die Varusschlacht und ihren augusteisch-tiberischen Kontext ungeheuer viel geschrieben worden. Je weniger man weiß, desto mehr muss interpretiert werden. Der zuverlässigste Text über die Varusschlacht umfasst gerade mal zwei Buchseiten von Cassius Dio, die aber einige 10 000 Seiten Interpretation ausgelöst haben. Jedes Wort wurde dabei hin und her gewendet, jede These gründlich ausgeleuchtet.

Die wenigen glücklich heimgekehrten Soldaten hatten den römischen Chronisten ihre Erlebnisse und Einschätzungen geschildert. Auch wenn sie nur in den seltensten Fällen mit germanischen Dialekten vertraut waren und die römischen Autoren manche Berichte mit dichterischer Freiheit ausgeschmückt haben, gelten die Zeugnisse eines Tacitus, Cassius Dio oder Velleius Paterculus als insgesamt zuverlässig. Sie hatten ein Publikum vor Augen, das sich in der frühen Kai-

serzeit interessiert und kenntnisreich mit den Vorgängen in Nordwesteuropa befasste, beginnend bei Caesars Feldzügen in Gallien bis zu den
Eroberungsversuchen an Nordsee und Ostsee. Diese Öffentlichkeit
musste ernst genommen werden, sodass die Autoren hohe Ansprüche
an ihre Glaubwürdigkeit und Stilistik ihrer Texte stellten.

Die Germanen hingegen haben der Nachwelt keine Schriftzeugnisse
und daher keine Aufzeichnungen über die Heldentaten ihres Arminius
hinterlassen. Erst im 3. Jahrhundert tauchen auf Waffen und anderen
Gegenständen erste Runen auf, ab 750 gab es erste Texte in deutscher
Volkssprache. Sagen wie das Nibelungenlied sind nur als indirekte
Quellen zu lesen, zu sehr weichen sie von den bekannten Fakten ab. Die
bei Weitem wichtigste Quelle über das Mitteleuropa der Zeitenwende
und das Leben der Germanen ist die *Germania* von Tacitus. Damit
kommt eine der wichtigsten ethnografischen Fremdbeschreibungen
der Antike ausgerechnet den Germanen zugute.

Fast 1500 Jahre waren die alten Germanen weitgehend vergessen.
Dann wurden sie 500 Jahre lang überhöht und in ihrem Pathos der
Lächerlichkeit preisgegeben. Mit der historischen Rezeption der Germanen ist bis zum heutigen Tage fast alles furchtbar schiefgelaufen.
Das ihnen entgegengebrachte Misstrauen ist verständlich und leider
ein Grund dafür, warum es vor allem nach 1945 weder populäre noch
anspruchsvolle Adaptionen dieses Stoffes gegeben hat. Das alte Germanenbild wurde zerstört, ohne dass ein neues an dessen Stelle trat. Dieses
Buch will klarmachen, dass eine politische und kulturelle Befangenheit
dem Stoff gegenüber nicht mehr angebracht ist. Germanische Geschichte ist bestimmt nicht dasselbe wie deutsche Geschichte, dennoch
ist sie dessen Vorgeschichte. Arminius aus dem Weserland ist unsere
frühestmögliche Identifikationsfigur, unabhängig davon, wie sich die
Forschung politisch korrekt an dem Konfliktthema germanisch-
deutsch abarbeitet. Frühere Namen spielen keine auch nur entfernt
vergleichbare Rolle, und nachfolgende Könige wie der Ostgote Theoderich, der Merowinger Chlodwig oder der Karolinger Karl der Große sind
aus unterschiedlichen Gründen für den Platz des »ersten Deutschen«
nicht geeignet – bis mit dem Sachsen Otto I. die politische Geschichte
der Deutschen beginnt Also mögen uns die geheimnisvollen Gescheh-

nisse um Arminius zu unseren historischen Anfängen zurückführen. Das Leben des cheruskischen Fürstensohnes mit den Römern, sein Kampf gegen sie, sein Nachruhm im neuzeitlichen Deutschland sowie das gesamte damit verwobene Kraftfeld zwischen romanischem Süden und germanischem Norden: all das macht den großen politischen und kulturgeschichtlichen Horizont der Varusschlacht deutlich. Es ist ein Stoff, der dazu beitragen kann uns zu zeigen, wie wir wurden, was wir sind.

1. GERMANEN – DIE ERSTEN DEUTSCHEN?

»Deutschland? Aber wo liegt es? Ich weiß das Land nicht zu finden«.

Schillers Frage nach dem Land der Deutschen und der Identität seiner Bewohner war damals nicht leicht zu beantworten, und das ist bis heute so geblieben. Fangen wir ganz vorne an und fragen wir nach dem frühestmöglichen Beginn einer deutschen Identität. Im Bewusstsein der Öffentlichkeit stammen die Deutschen von den Germanen ab. Wenn das korrekt ist, müsste die Geschichte der Deutschen mit der Geschichte der Germanen beginnen und könnte Arminius der Gründungsvater einer deutschen Nation sein. Streng genommen wäre nur dann die Varusschlacht überhaupt ein deutsches Thema. Die Frage lautet also: Sind die Germanen die ersten Deutschen?

Folgt man dem Philosophen Friedrich Nietzsche, der kein Freund schwärmerischen Germanentums war, gibt es zwischen *»den alten Germanen und uns Deutschen kaum eine Begriffs-, geschweige denn Blutsverwandtschaft«*. Der deutsche Denker stand der Germanenbegeisterung seiner Zeit zutiefst ablehnend gegenüber – womit er allerdings ziemlich alleine war. Bis ins 19. Jahrhundert war es völlig selbstverständlich, die Deutschen mit den Germanen gleichzusetzen. Entscheidendes Kriterium war das Territorium und vor allem die Sprache, schließlich hatte die Sprachwissenschaft gerade herausgefunden, dass sich das Deutsche aus dem Germanischen entwickelt hatte. Dies traf allerdings für das Englische und Niederländische auch zu, also stammen diese Völker in puncto Sprachbefund auch von den Germanen ab. Zudem hatten während der Völkerwanderung germanische Stämme ihre angestammten Gebiete verlassen und waren nach Süden und Westen gezogen, um dort Königreiche zu gründen. Im 4. und 5. Jahrhundert hatten

Angeln und Sachsen in großer Zahl das heutige England und Franken das heutige Frankreich erobert, sodass jene Länder zweifellos ebenfalls Germanen unter ihren Ahnherren hatten – sie waren sich allerdings ihrer keltisch-germanischen Mixtur immer bewusst. Die reinsten Germanen sind die Skandinavier, bei ihnen gab es keine Kelten. Man sieht, so einfach sind die Dinge mit einer möglichst exklusiven Verwandtschaft zwischen Germanen und Deutschen nicht.

Das moderne Unbehagen am Germanischen

Beginnen wir mit den gesicherten Erkenntnissen über die Deutschen und die Germanen. Seit dem frühen 10. Jahrhundert ist in den Annalen schon vereinzelt von einem Königreich der Deutschen die Rede. Die politische Geschichte eines deutschen Volkes beginnt mit der Gründung dieses Reiches durch den König und späteren Kaiser Otto I. Gemeinsam mit den Großstämmen der Sachsen, Bayern, Schwaben und Franken besiegte Otto im Jahre 955 auf dem Lechfeld bei Augsburg die Ungarn und einte die siegreichen Stämme zu einem deutschen Volk; das Fundament künftiger Identität war in erster Linie die Sprache. Südlich der Alpen wurden die Männer aus dem Norden sodann *tedesci* genannt, in Anlehnung an das althochdeutsche Wort *diutisk*, d. h. dem Volke zugehörig. Allmählich nannten sie sich und ihre Sprache auch so: *diutisk*, woraus später *deutsch* wurde. *Diutisk* als Sprache meinte die (deutsche) Volkssprache im Gegensatz zum Latein. Dieses Wort taucht schon früher auf, nämlich im 8. Jahrhundert in einer Schrift eines Kaplans von Karl dem Großen. Vor dem offiziellen Zusammenschluss gegen den äußeren Feind, die Ungarn, äußerte sich also schon in der Sprache eine erste, zarte deutsche Identität.

Nun zu den Germanen. Ein geschlossenes Volk der Germanen, das sich auch so genannt hätte, hat es nie gegeben. Ebenso wenig ist ein einzelner Stamm mit dem Namen *Germanen* bekannt. Es gab Cherusker, Chatten, Markomannen und viele andere. *Germanen* ist eine Fremdbezeichnung, die wahrscheinlich aus dem Keltischen stammt.

Überliefert ist, dass Caesar von Gallien aus die Stämme rechts des Rheins als *Germani* bezeichnete. Diese Bezeichnung wurde unter Römern anscheinend so populär, dass es später am Mittel- und Niederrhein die römischen Provinzen *Germania superior* und *Germania inferior* sowie die *Germania magna* gab, das freie Germanien zwischen Rhein, Donau, Elbe und Nordsee. Tacitus nannte seine Ethnografie über die Germanen folgerichtig *De origine et situ Germanorum*. Der Name *Germanen* geriet nach dem Untergang Westroms überraschenderweise aus der Mode und war bis zur Entdeckung der Tacitusschrift im 15. Jahrhundert kaum in Gebrauch. Einmal wiederentdeckt, haben der Name der Germanen und sein Urheld Arminius die deutschen Zeitgenossen allerdings nicht mehr ruhen lassen.

Dass manche Historiker dem Germanenbegriff und seiner Karriere eher kühl begegnen, hat auch damit zu tun, dass er zwischen Spätantike und Renaissance tausend Jahre lang untergetaucht war, um dann in unreflektierter Begeisterung gefeiert zu werden. Man könnte sagen, dass es ihm an echtem Adel fehlt, dass er ein Parvenu ist, der sich nach seiner Wiederentdeckung allzu kraftmeierisch Platz verschafft hat. Der renommierte Germanenforscher Walter Pohl bemerkt, kaum ein anderer Völkername habe durch die Jahrhunderte solch »*starke und widersprüchliche Gefühle*« ausgelöst. Von Anfang an sei der Germanenbegriff stark von Klischeevorstellungen geprägt gewesen. Römer und Griechen stellten sich die Germanen als eine wilde, vom furchtbaren Nordklima geprägte Bande vor, als eine mythische Antispezies zum zivilisierten, urbanen Mittelmeermenschen. Auch später dominierten Zerrbilder: Die Humanisten des 15. und die Patrioten des 19. Jahrhunderts stilisierten ihre Vorfahren zu Begründern des Deutschtums und Gründern einer modernen Weltmacht. »*Die Germanen sind immer als die Germanen selbstverständlicher Gegenstand deutscher Geschichte gewesen*«, so Pohl. Dabei, so fährt er fort, sei bei den Germanen eine geschichtswirksame Gemeinschaft nicht nachzuweisen, sei bei genauer Betrachtung dahinter »*kein wirkungsmächtiger, seiner selbst bewusster Großverband zu entdecken*«. Noch deutlicher Michael Werner: »*Die Germania als territoriale Einheit ist ein Konstrukt, die Bezeichnung ihrer Einwohner als Germanen eine römische Erfindung.*« Ohne die Schrift des Tacitus wären die Germanen nie zu einer geschichtlich relevanten Gruppe und einem Baustein der europäischen Geschichte erklärt worden. Manche sprechen ihnen sogar ab, dass sie sich in puncto Sprache, Brauchtum und Religion irgendwie zusammengehörig fühlten. Spannungen kommen besonders dann auf, wenn es um ihre vermeintlichen deutschen Nachfahren geht, um die Frage einer gemeinsamen ethnischen Abstammung. Die Deutschen könnten sich wohl kaum in den Germanen des Tacitus wiedererkennen, meint Werner.

Die zitierten Vorbehalte gegenüber einer angenommenen Kulturkontinuität zwischen den alten Germanen und den modernen Deutschen sind nicht die Ausnahme. Seit 1945, so moniert der Berliner Historiker Alexander Demandt, sei es »*üblich zu betonen, dass die Germanen kein Teil der deutschen Geschichte seien, sondern allenfalls ein Vorspiel dazu*«. Schauen wir uns daher die Gemeinsamkeiten zwischen Germanen und Deutschen näher an.

Die sprachliche Verwandtschaft

Da ist zum einen die sprachliche Verwandtschaft zwischen dem Germanischen und dem Deutschen. Das Germanische hat sich im 1. Jahrtausend vor Christus aus dem Indogermanischen entwickelt. Die Sprachgruppe des Indogermanischen hatte der Sprachwissenschaftler Franz Bopp 1833 aus dem systematischen Vergleich verschiedener Sprachen rekonstruiert – im Kunstnamen *Indogermanisch* steht *indo* (Indisch) für die östlichste Ausprägung und *germanisch* für die westlichste. Auch die romanischen Sprachen wie beispielsweise das Volkslatein der Römer und später das Französische und Spanische entstammen dem Indogermanischen und entwickelten sich im Süden Europas. Die indogermanische Spracheinheit befand sich wohl seit dem 3. Jahrtausend v. Chr. in Auflösung, weil ihre Völker auf Wanderung gingen. Als Indogermanen nach Nordwesteuropa kamen, vermischten sie sich mit den Völkern zwischen Rhein und Elbe, und es entstand das Germanische. Diese Sprache hatte eine neue Qualität, zum Beispiel wurden jetzt die Wörter auf ihrer Anfangssilbe betont.

Jacob Grimm, 1850. Kupferstich von L. G. Sichling

Jacob Grimm nun definierte diese germanische Sprachgruppe nach der von ihm entdeckten *Ersten Germanischen Lautverschiebung*. Aus dem Germanischen entwickelte sich später durch die ebenfalls von Jacob Grimm entdeckte *Zweite Althochdeutsche Lautverschiebung* das Althochdeutsche, die Sprache der großen Stämme wie der Franken, der Alemannen und der Sachsen. Aus diesem ersten (Alt-)Hochdeutschen entstanden um 1050 das Mittelhochdeutsche und um 1500 mit Luther das Neuhochdeutsche. Die Präfixe *Alt*, *Mittel* und *Neu* meinen also die jeweilige Zeit, *Hochdeutsch* bezeichnet die Abgrenzung zu regionalen Dialekten der Mustersprache. Die Wissenschaftler verglichen die Sprachdokumente der verschiedenen Zeitstufen hinsichtlich Wortschatz, Lautbestand und Grammatik, rekonstruierten die historische Basis eines Wortes und konnten so eine Kontinuität zwischen der germanischen Ursprache und der modernen deutschen Sprache feststellen:

Das Wort *deutsch* kommt vom althochdeutschen *diutisk*, das von dem Grundwort *theod/diot* abgeleitet ist. Es bedeutet sinngemäß *Siedlungsge-*

meinschaft, Stamm, Volk. Im Germanischen ist es als *theuda* zu erkennen und im Indogermanischen als *teuta.* Man sieht, wie die Sprachwissenschaftler die Wörter bis zu ihrem Ur-Wort zurückverfolgten, gleich Archäologen, die die Erde Schicht um Schicht bis zum finalen Fund abtragen. Dann sagten sich die Experten, dass sie mit diesem Instrument auch herausfinden müssten, welche Sprachen zusammengehörten – und siehe da, die gemeinsame Abstammung des Deutschen und Englischen trat zutage: Die historischen Vorformen des Wortes *Bruder* lauten *bruoder, broter, bratar* und das Urwort *bhrater.* Das Englische hat *brother* für *Bruder*, *sister* für *Schwester* oder *mother* für *Mutter.* Die Gemeinsamkeiten zwischen diesen beiden westgermanischen Sprachen sind offensichtlich.

Wie genau mögen sich die Menschen der germanisch-deutschen Frühzeit untereinander verständigt haben? Sowohl die germanischen Kleinstämme als auch die späteren Großstämme unter Otto I. haben jeweils Dialekte einer gemeinsamen Grundsprache gesprochen. Wie gut sich Cherusker und Markomannen im 1. Jahrhundert oder später Sachsen und Schwaben im 10. Jahrhundert untereinander verstanden, war davon abhängig, wie stark sich ihre regionalen Mundarten voneinander unterschieden. Die Dialekte des einen werden den anderen genauso belustigt haben wie dies heute noch der Fall ist. Überliefert ist zum Beispiel, dass Otto I. bei einer Reise nach Regensburg die Bayern dadurch amüsierte, dass er sächselte. Der Unterschied zu heute war – vereinfacht gesagt – nur, dass es keine schriftlich fixierte deutsche Hochsprache gab.

Die vergleichende Sprachwissenschaft, die all das zu Anfang des 19. Jahrhunderts herausgefunden hatte, war eine neue, spektakuläre Disziplin. Es ist ihr Verdienst, Licht in die früheuropäische Sprach- und Kulturgeschichte gebracht und andere Disziplinen wie Anthropologie oder Religionsgeschichte entscheidend gefördert zu haben. Franz Bopp wurde ein Superstar der Wissenschaft, verehrt von Jacob Grimm und Wilhelm von Humboldt. Man ging fest davon aus, dass die Sprache das wesentliche Kriterium für die jeweilige Volkszugehörigkeit sei. Oder wie der Philologe Karl Müllenhoff sagte: »*Die sprache macht die Nation.*« Wenn sich also die deutsche Sprache aus dem Germanischen entwickelt hatte, so musste auch das deutsche Volk von den Germanen abstammen.

28

Die ethnische Verwandtschaft

Neben der sprachlichen Kontinuität ist es nicht allzu verwegen, zwischen Germanen und Deutschen auch eine genealogische zu erkennen. Archäologisch wird mit den frühesten Germanen die eisenzeitliche Jastorf-Kultur verbunden, bekannt nach einem Fundort bei Uelzen in Niedersachsen. Seit rund 600 v. Chr. hat in diesem Gebiet keine nennenswerte Völkerwanderung mehr stattgefunden. Fremde Völker wie Kelten oder Slawen sind nicht in größerem Umfang in diese sesshafte Kultur eingewandert. Die Menschen, die sich im 10. Jahrhundert im Zuge der Reichsgründung nunmehr Deutsche nannten und in Norddeutschland zwischen Rhein und Elbe lebten, konnten Germanenstämme wie die Cherusker oder Chatten als ihre Vorfahren ansehen, denn zu keiner Zeit hat die Bevölkerung dieses Raumes vollständig gewechselt. Das mag Tacitus intuitiv gewusst haben, allein aufgrund klimatischer Faktoren. Er könne sich nicht vorstellen, so schrieb er mit feinem Humor, dass es freiwillig Völker in die dunkle, kalte Heimat der Germanen ziehen könnte:

»Sie müssen Eingeborene sein, denn wer käme schon auf den Gedanken, in ein derart unwirtliches Land einzuwandern. Allein das Wetter schließt eine solche Annahme aus.«

In der *Germania magna* lebte im ersten nachchristlichen Jahrhundert eine Vielzahl kleinerer Stämme, die sich durch Dialekte derselben germanischen Grundsprache verständigten, derselben Kultur angehörten und dieselben Götter anbeteten. Ab dem 3. Jahrhundert nun entstanden germanische Großverbände, jetzt gab es durch die Völkerwanderung der Spätantike Verschiebungen in großer Intensität. So zog ein massiver Verband von germanischen Angeln und Sachsen nach England und drängte die keltische Urbevölkerung in den Westen der Insel. Auch ostgermanische Völker wie die Vandalen, die Ost- und Westgoten haben eine komplizierte Biografie, weil sie seit 375 auf der Flucht vor den Hunnen von Osteuropa aus weite Wege quer durch Europa zurücklegten. Die Vandalen zogen sogar bis nach Nordafrika. Diese Großverbände gründeten eigene Königreiche, gingen schließlich in die lokale Bevölkerung ein und verschwanden als Völker aus der Geschichte. Während der Völkerwanderung wurden sie weniger als Germanen wahrgenommen denn als Stammesverbände, als Goten oder Gepiden. Der Begriff der Germanen verschwand allmählich. Am Ende der Völkerwanderung entstand um 500 unter dem fränkischen König Chlodwig das mächtige Merowingerreich. Die Franken wurden so einflussreich, dass die Byzantiner sie mit den Germanen gleichsetzten.

Die Germanen, die als Vorfahren der Deutschen identifiziert werden könnten, sind die sesshaften Stämme der Westgermanen und nicht die der wandernden Völker. Es wird mit größter Wahrscheinlichkeit Deutsche an der Weser geben, deren Vorfahre Arminius oder einer seiner nächsten Verwandten ist. Für Alexander Demandt ist der Befund eindeutig, die Herkunft der Deutschen von den Germanen sei weder romantische Träumerei noch historische Fiktion:

»Gleichwohl ist an einer Kontinuität von den Germanen zu den Deutschen nicht zu zweifeln, weder auf der Ebene der Abstammung noch im Bereich des Bewusstseins – anders als bei den Franken zu Franzosen oder den Angeln zu den Engländern, da bei jenen das keltische beziehungsweise romanische Element bedeutsam wurde.«

Bei den Franzosen war es zu einer Verschmelzung von gallischer, römischer und fränkischer Kultur gekommen, bei den Engländern zu einer Verbindung von Kelten, Sachsen und romanisierten Normannen. Bei den Westgermanen zwischen Rhein und Elbe war das nicht passiert. Was also ist so falsch daran, in den Deutschen auch Germanen zu sehen?

Erbarmen mit den Germanen

Die moderne Sprach- und Geschichtsforschung bezweifelt, ob eine ethnische Zuweisung entscheidend von der Sprache abhängig gemacht werden kann. Nach Pohl kann der Germanenbegriff der Sprachwissenschaft nicht »*mit dem historischen Volk in eins gesetzt werden*«, weil es dieses einheitliche Volk so nicht gegeben hat und auch die Linguisten eine germanische Grundsprache erst rekonstruieren mussten. Nun, gerade in heutiger Zeit von kultureller Globalisierung und transnationaler Migration wirkt eine Vorstellung einheitlicher ethnischer Identitäten überholt und etwas befremdlich. Völker werden eher als sozial-kulturelle denn als ethnisch-biologische Gruppen verstanden, sie sind permanenten Änderungen ausgesetzt. Es ist daher verständlich, wenn sich die Wissenschaft nicht auf ethnische Argumentationen einlassen will. Bei unserer Frage kommt erschwerend hinzu, dass die nationalsozialistische Ideologie einer nordischen Herrenrasse das Germanenthema für Jahrzehnte verbrannt hat.

Es geht allerdings nicht darum, von den Indogermanen zu den Germanen und den Deutschen über drei Jahrtausende hinweg eine nahtlose Kontinuität anzunehmen. Eine gewisse Verwandtschaft zwischen Germanen und Deutschen ist aber nicht von der Hand zu weisen. Dass die Cherusker und ihre Nachbarstämme zu den Vorfahren der heutigen Bevölkerung des Weserraums zählen, sollten wir gelten lassen. Sicher wähnten sich die Einheimischen stets in einem Fluss der Zeit. Sie wurden nicht plötzlich von Germanen zu Deutschen und nahmen diesen neuen Namen nicht unter notarieller Aufsicht an, sondern sie entwickelten sich von Generation zu Generation weiter, ohne dass ihnen eine historische Zäsur bewusst gewesen sein mag. Sie werden ein Gefühl für ihre Identität gehabt und diese nicht einfach abgestreift haben, um irgendwie jemand anders zu werden. Andererseits war die gewonnene Schlacht gegen die Varus-Legionen auch nicht die Geburtsstunde der deutschen Nation – das behauptet nur, wer der Germanenskepsis mit einer radikalen Antithese den Garaus machen will. Sachlich ist das falsch, denn eine deutsche Nation entsteht frühestens im 10. Jahrhundert. Sie blieb zudem lange eine Kulturnation, die politisch in kleinste Fürstentümer zersplittert war und sich nur über Sprache und Kultur definieren konnte. Im Gegensatz dazu haben Frankreich und England schon früh zu einer modernen, politisch geeinten Staatsnation gefunden. So war in der historischen Rückschau oft von Deutschland als der »*verspäteten Nation*« die Rede.

Woher kommt denn nun das Unbehagen an einer Abstammungsge-
meinschaft von Germanen und Deutschen? Um es vorwegzunehmen:
Die Germanen selbst sind daran völlig unschuldig. Es liegt an der fast
durchweg ins Pathetische, Peinliche und Patriotische hinabgleitenden
Rezeptionsgeschichte des Germanentums, von der im letzten Kapitel
dieses Buches ausführlich die Rede sein wird. Die durchgehende Ger-
manomanie des 19. Jahrhunderts, von den Befreiungskriegen gegen
Napoleon über die Revolution von 1848 bis zum nationalen Triumph
gegen Frankreich 1871, ist zwar erklärbar, für moderne Leser in Duk-
tus und Inhalt aber in höchstem Maße abschreckend. *»Stolz, keusch und
heilig sei / Gläubig und Deutsch und frei / Hermann's Geschlecht«*, hieß es bei
Burschenschaftlern 1831; auch die männerbündische Rhetorik der Tur-
nerbewegung Friedrich Ludwig Jahns oder die mit Wodan und Walküre
getränkten Wagneropern sind schauerliche Zeugnisse, einschlägige
Zitate für derlei Aufwallungen ließen sich endlos fortsetzen.

Man wünscht sich, die Deutschen wären gelassener gewesen, was die
Verehrung ihrer »Urahnen« betraf – mit britischem Understatement
etwa oder französischem Esprit. Aber weder haben wir eine keltische Legende namens Artus noch einen unsterblichen Popstar namens Asterix.
Stattdessen haben wir bei unserer altdeutsch-germanischen Identitätssuche eine nationalpatriotische Begleitmusik, die bis heute eine politisch
korrekte Abwehr hervorgerufen hat. Das verführt kritische Zeitgenossen
gerne zu der Forderung, mit der über Jahrhunderte hinweg beschwore-
nen Verwandtschaft von Deutschen und Germanen müsse einmal
gründlich aufgeräumt werden. Der *Spiegel* bezeichnet 2007 in seiner Geschichte der Deutschen die Germanen nicht von ungefähr als *»erfundene
Ahnen«*, die wohl kaum die ersten Deutschen gewesen sein könnten.

Und wir sind Deutsche geblieben!

Die Skeptiker können sich immerhin eins wähnen mit Heinrich Heine.
Der hatte als erster die geschwollene Begeisterung des bürgerlichen
Establishments für die Germanen entlarvt. In spöttischen Versen be-

schreibt er in *Deutschland, ein Wintermärchen* (1843) seinen Besuch im Teutoburger Wald. Nur vordergründig machte er sich über die wackeren Krieger der Varusschlacht lustig, denn eigentlich hatte er nichts gegen die Germanen. Er hatte aber etwas gegen die deutschen Landsleute und deren Chauvinismus. Wie furchtbar, so schreibt der Freund französischer Kultur tiefironisch, wenn bei einem Sieg des Varus römische Kultur die deutsche durchdrungen hätte und ein Mischvolk entstanden wäre! Heines Verse sind in dieser Scharfzüngigkeit wohl der erste Beleg für den modernen Überdruss an stupider Germanophilie:

Das ist der Teutoburger Wald,
Den Tacitus beschrieben,
Das ist der klassische Morast,
Wo Varus steckengeblieben.

Hier schlug ihn der Cheruskerfürst,
Der Hermann, der edle Recke,
Die deutsche Nationalität,
Die siegte in diesem Drecke.

Wenn Hermann nicht die Schlacht gewann,
Mit seinen blonden Horden,
So gäb es deutsche Freiheit nicht mehr,
Wir wären römisch geworden!
…

Gottlob! Der Hermann gewann die Schlacht,
Die Römer wurden vertrieben,
Varus mit seinen Legionen erlag,
Und wir sind Deutsche geblieben!
…

»*Gottlob! Wir sind Deutsche geblieben*«: Jeder Vers ein Handkantenschlag gegen ein kleingeistiges Bürgertum in einem kleinteiligen Deutschland, das sich anmaßt, der kosmopolitischen romanischen Kultur überlegen zu sein und sich bereits für eine Nation hält, obwohl sie nur »*in diesem Drecke*« gesiegt hat.

Heine geht es darum zu zeigen, wie ein Gegenstand aus seinem historischen Kontext gerissen wird und zugrunde geht an der Vereinnahmung und Neubewertung durch falsche Freunde. Auch andere Figuren der deutschen Geschichte sind einem solchen politisch bedingten Perspektivwechsel zum Opfer gefallen. So geriet der mittelalterliche Stauferkaiser Friedrich I. Barbarossa völlig unverschuldet in einen deutsch-nationalen Kontext. Im 19. Jahrhundert von konservativen Romantikern wiederentdeckt, wurde er plötzlich zum Ideal wilhelminischer Kaiserherrlichkeit. Die Glorifizierung Barbarossas durch das nationalromantische Lager hat das Bild des großen Stauferkaisers auf Jahrzehnte ruiniert. Er wurde zum Gespött alerter Zeitgenossen. Wieder ist hier der kulturelle Seismograf Heinrich Heine zu nennen, der sich über das senile »*Fabelwesen Herr Rotbart*« lustig machte. Und auch hier waren es Deutsche einer völlig anderen Zeit, die auf ihrer verzweifelten Suche nach Bedeutung und Macht eine historische Figur instrumentalisierten und damit unabsichtlich für die Nachwelt desavouierten. An dieser Stelle lässt sich ohne dramaturgische Verrenkung an den eingangs zitierten Friedrich Nietzsche anknüpfen, den der kleinbürgerliche Triumphalismus seiner Landsleute ob ihrer pelzbehangenen Ahnen aus den norddeutschen Mooren anwiderte: Das »*tiefe, eisige Misstrauen, das der Deutsche erregt, sobald er zur Macht kommt – auch jetzt (1887) wieder –, ist immer noch ein Nachschlag jenes unauslöschlichen Entsetzens, mit dem jahrhundertelang Europa dem Wüten der blonden, germanischen Bestie zugesehen hat*«.

Diese Ausschnitte aus dem Rezeptionsfeld Germanen und Deutsche sollen vor allem eins zeigen: Wir könnten ein entspannteres, konstruktiveres Verhältnis zu unseren antiken Vorfahren haben. Man ahnt, dass das Thema über uns Deutsche mehr aussagt als über die Germanen. Wenn nun zu unserer Ahnenschaft die endgültigen Beweise ausbleiben und niemandem guten Gewissens eine Deutungshoheit zugewiesen werden kann: warum nicht einen Schiedsrichter zurate ziehen? Konsultieren wir doch andere Europäer, die vielleicht einen unbefangeneren Blick haben. Das Ergebnis kann die Germanenkoalition freuen: Die Italiener nennen Deutschland *Germania* und seine Bewohner *Germanici* oder *Tedesci*. Die Engländer sehen uns ebenfalls als *Germany* und *Germans*, haben uns allerdings in Anlehnung an Kaiser Wilhelms Hunnenrede vor dem Boxeraufstand auch schon *the Huns* genannt. Die Griechen nennen uns ebenfalls *Germani*. Und dieses älteste Kulturvolk Europas, dessen Akropolis schon 500 Jahre stand, bevor unsere Vorfahren erste Runen in Waffen schnitzten, kann so falsch eigentlich nicht liegen.

Der erste uns überlieferte jener *Germani* ist allem Anschein nach der Cheruskerfürst Arminius. Schauen wir uns ihn und die Geschehnisse jener Zeit näher an.

2. DER RÖMER AUS GERMANIEN

»Es gab damals einen jungen Mann aus vornehmem Geschlecht, der tüchtig im Kampf und rasch in seinem Denken war«, so beginnt die einzige Beschreibung unseres Helden durch jemand, der ihn vielleicht gekannt hat. Der Geschichtsschreiber Velleius Paterculus hatte unter Tiberius Kriegsdienst geleistet und war mithin Zeitgenosse. »Ein beweglicherer Geist, als es die Barbaren gewöhnlich sind«, lobte er ihn, was aus der Feder eines Römers schon ein gewaltiges Kompliment ist, »er hieß Arminius und war der Sohn des Segimer, eines Fürsten jenes Volkes«.

Die beiden folgenden Jahrtausende haben kaum mehr an biografischen Fakten zum Sieger der Schlacht zu bieten. Tatsächlich wissen wir nicht einmal, wie ihn seine Eltern nannten. Arminius sicherlich nicht, denn dies war sein römischer Name und die Eindeutschung zu »Hermann« geschah erst durch Martin Luther vor 500 Jahren. Klopstocks *Hermanns Schlacht* (1769) und Heinrich von Kleists *Die Hermannsschlacht* (1821) verankerten den Namen weiter im deutschen Sprachgebrauch. Tatsächlich lässt der Name Arminius kaum Schlüsse auf seinen cheruskischen Ursprung zu. Er ist wahrscheinlich keine latinisierte Form eines germanischen Wortes. Alle Versuche, »Arminius« aus dem Germanischen abzuleiten, schlugen fehl. Im Volksmund aber ist Arminius längst Hermann geworden, nicht erst, seitdem er unter diesem Namen über dem Teutoburger Wald wacht.

Geboren wurde er aller Wahrscheinlichkeit nach etwa um 17 v. Chr. als Sohn des Cheruskerfürsten Segimer. Der Knabe war Teil einer führenden Sippe des Stammes der Cherusker. Die antiken Schriftsteller wussten mit ihnen nichts Rechtes anzufangen. Während Caesar berichtete, sie lebten nahe dem Stamm der Sueben und würden von diesen nur durch einen »großen Wald« getrennt, siedelten sie bei Tacitus weiter südlich bei Chatten und Chauken. Man geht heute davon aus, dass die Cherusker zwischen Weser, Elbe und Harz zu Hause waren. Die Quellgebiete von Lippe und Ems lagen in ihrem Siedlungsgebiet. Dem Stamm war nur eine vergleichsweise kurze Geschichte beschieden. Von Caesar um die Mitte des 1. Jahrhunderts v. Chr. erstmals erwähnt, verschwand der Name bereits 200 Jahre später wieder von der politischen Landkarte. Aus dem Dunkel der Geschichte sind nur wenige Mitglieder dieses Stammes namentlich hervorgetreten. Außer Arminius' Vater Segimer sind sein Onkel Inguomer und ein weiterer Verwandter namens Segestes überliefert. Jener Segestes hatte einen Bruder, der ebenfalls Segimer hieß, einen Sohn namens Segimund und einen Neffen Sesithacus. Von Arminius' Bruder – Flavus – ist ebenfalls nur der römische Name »*der Blonde*« bekannt.

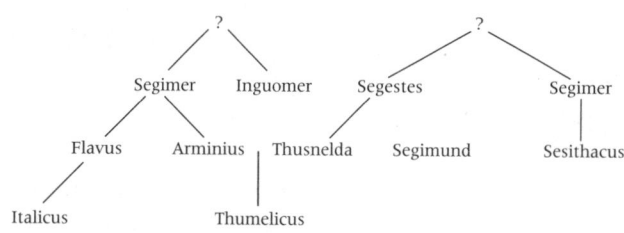

Stammbaum der Familie des Arminius

Kein Gemälde und keine Schriftquelle enthält Anhaltspunkte für sein Aussehen. Ob Arminius blond war oder rothaarig, wie die Römer einen Bewohner dieser Region meist stereotyp beschrieben, ob er stattlich war oder eher gedrungen – sein Aussehen bleibt der Fantasie überlassen. Den Flügelhelm allerdings, mit dem das Hermannsdenkmal verziert ist, wird er wohl nie getragen haben. Im 19. Jahrhundert ersetzte der Helm die Krone, die man dem »*Einer der Nation*« gern verliehen hätte. Die westgermanische Oberschicht dagegen kannte zu jener Zeit keine Könige. Die Stämme wurden vielmehr von fürstlichen Sippen angeführt, die nicht selten auch in Konkurrenz zueinander standen. Männer wie Arminius' Vater Segimer waren es, die die Verhandlungen mit Rom führten, jener Macht, die wie ein Krake immer weiter ausgriff und auch die Stammesgebiete der Germanen ins Visier genommen hatte. Die Römer nannten das riesige keilförmige Gebilde, das sich in den Begrenzungen durch den Rhein und die Donau ergab, *Germania magna*. Ihren Bewohnern dagegen war die Region Heimat.

In schaurigen Wäldern – Die Landschaften Germaniens

Nur noch wenig erinnert heute in den Mittelgebirgen Nordrhein-Westfalens und Niedersachsens an die Düsterkeit Germaniens um die Zeitenwende. Wo heute die Aussichtsplattformen des Rhein-Weser-Turmes oder des Kahlen Asten den Blick freigeben über lichte Wälder, Wiesen- und Feldlandschaften, bedeckten vor 2 000 Jahren dichte Buchen und Eichenwälder die Berghänge. »*Im hiesigen Germanien gibt es niemanden, der behaupten könnte, er sei bis an das Ende dieses Waldes gekommen*«, schrieb Caesar über die Waldgebiete der deutschen Mittelgebirge, »*wenn er auch 60 Tage ununterbrochen gewandert wäre, oder der auch nur vernommen, wo dieser Wald endet.*« Nur noch wenige, renaturierte oder durch Naturschutz konservierte Wälder wie der Reinhardswald bei Kassel vermitteln heute noch eine Ahnung davon, was es hieß, im germanischen Urwald sein Fortkommen zu suchen. Die Kronen der mächtigen Eichen bildeten ein hohes Dach, unter dem das Unterholz zu einem schwer zu durchdringenden Dickicht wucherte. Plinius der Ältere, der selbst als Offizier der römischen Armee durch diese Eichenwälder ritt, schrieb im Jahr 50 n.Chr., die Eichen seien so alt wie die Welt. Ihre Größe und Gestalt überträfe alle Wunder, ja, sie seien gar unsterblich, rühmte er. Dass der Römer Plinius beeindruckt war, verwundert nicht, war doch die Mittelmeerregion weitgehend entwaldet. Die nimmersatte römische Flotte hatte für den Bau ihrer hölzernen Boote gründlich Kahlschlag betrieben, sodass sich nur noch hier und da ein paar krüppelige Kiefern oder Pinien duckten. Große, zusammenhängende Waldgebiete gab es in Italien und entlang der gesamten Küste kaum noch. Die mediterrane Kultur spielte sich in Städten ab. Als Bewunderer der Bewaldung aber steht Plinius unter den römischen Schreibern recht allein. Sein späterer Schreiberkollege Tacitus sah das ganz anders: »*Das Land zeigt zwar im Einzelnen einige Unterschiede, doch im Ganzen macht es mit seinen Wäldern einen schaurigen, mit seinen Sümpfen einen widerwärtigen Eindruck.*« Das vernichtende Gesamturteil des Tacitus wurde zum Topos, den vor allem die Romantik häufig zitierte und in ein Synonym des alten, natürlichen Zustands Germaniens verkehrte. Die Sehnsucht nach dieser Ursprünglichkeit führte im 18. Jahrhundert sogar zu erheblichen Aufforstungen in Deutschland. Mit der Wiedererschaffung der Wälder glaubte man, das vom Menschen unberührte Deutschland zurückgewinnen zu können. Eine Mythisierung unter falschen Vorzeichen allerdings, denn Tacitus hatte die Kultur vor lauter Bäumen nicht gesehen: Um die Zeitenwende hatten auch die Germanen längst begonnen, sich den Wald nutzbar zu machen. Doch nur auf viel begangenen Wegen kam man einigermaßen voran, da es keinerlei Straßenpflasterung oder Befestigung gab. Wollte ein Germane neue Pfade beschreiten, war er auf Sichel oder Axt angewiesen. Nur dort, wo sich Eichen mit Buchen, Kiefer oder Fichte mischten, war der Boden einigermaßen passierbar, es sei denn man landete in einem Sumpf- oder Sandgebiet. Blubbernde Moore und menschenverschluckende Sümpfe gab es tatsächlich. Erst die Trockenlegung und Erschließung über Jahrhunderte hinweg nahmen diesen Landschaften, wie sie beispielsweise rund um den Bodensee existierten, ihren Schrecken. Wie sehr die Angst vor einem falschen Schritt die Menschen damals bewegt haben muss, lässt sich noch heute in der Rolle des dunklen Waldes und der Sümpfe im deutschen Märchenschatz nachvollziehen. Doch wer den Wald zu nehmen wusste, dem bot er Bauholz und Brennstoff, Beeren oder Pilze. Die Heilkundigen unter den Germanen konnten hier ihre Kräuterapotheken bestücken, die Bauern den Speiseplan der Schweine mit Bucheckern oder Eicheln anreichern. Nicht zuletzt war der Wald Wohnstatt der Gottheiten, die in heiligen Hainen, an markanten Felsen oder besonders mächtigen Bäumen angebetet wurden. Steinerne Gotteshäuser zu errichten, war den Germanen unbekannt. Die Natur selbst war Tempel, war Feind und Freund zugleich. Denn neben dem Urwald es gab auch liebliche Landschaften. Heideflächen, auf denen die Sonne die Beerensammler wärmte, Wiesen, auf die der Sommer bunte Blumenteppiche malte,

Lichtungen, denen die durchbrechenden Lichtstrahlen ihre fleckige Zeichnung gaben. Besonders die breiten Flusstäler und die fruchtbaren Lössebenen waren ausgezeichnetes Siedelland, das vergleichsweise hohe Ernteerträge abwarf. Wie überall in der Welt wussten auch die Menschen in der *Germania magna* ihre Heimat so zu nehmen, wie sie war. Sie erschlossen sich die Siedlungsflächen und machten sie sich nutzbar. Fruchtbarkeit und Vielfalt der Regionen waren die Vorzüge dieser regenreichen Landschaft. Von der Lieblichkeit des Rheingaus bis zu den fruchtbaren Böden des Elblandes, dem Fischreichtum der Küsten bis zu den Erzvorkommen der Mittelgebirge boten die unterschiedlichen Siedlungsgebiete den Stämmen ihre besonderen Möglichkeiten. Überregionale Wege oder gar Handelsstraßen gab es, doch sie waren selten. Der Hellweg von Dortmund bis Bad Drieburg entlang des Teutoburger Waldes beispielsweise existiert bereits seit Jahrtausenden. Im Gegensatz zu heutigen Straßen, die bevorzugt durch Täler führen, fürchteten die Germanen die Versumpfung und Rutschigkeit der Talwege. Sie errichteten ihre Fernwege lieber an Hängen und über Höhenzüge. Über solche Wege waren Kontakte unter den Stämmen möglich und sicher genutzt worden. Handelsgüter wurden über Hunderte Kilometer transportiert. So konnte Bernstein von der Ostsee bis in die Kölner Bucht gelangen, Waffen aus dem Siegerland auch im heutigen Franken verwendet werden. Die schnellste und ungefährlichste Art und Weise, in Germanien zu reisen, waren die zahllosen Flüsse. Wenn auch nicht durchgängig schiffbar, bot ein Fluss wie die Lippe die Möglichkeit, pro Tag bis zu 20 Kilometer zu bewältigen. Zu Lande war dies je nach Vegetation und Bodenbeschaffenheit oft erheblich weniger. Kein Tunnel kürzte die Wege durch die Mittelgebirge ab, Furten über die zahlreichen Flüsschen erforderten Umwege und immer wieder überwucherte die Natur Pfade, die zuvor monatelange Begehung freigehalten hatte. Wer in Germanien unterwegs war, brauchte Zeit. Nur selten dürfte dem Wanderer jener Jahre ein Mensch begegnet sein. Gerade einmal geschätzte zwei Millionen Menschen wohnten zwischen Donau und Nord- und Baltischem Meer, zwischen Rhein und Elbe.

Mit den Kühen unter einem Dach –
Kindheit im Cheruskerland

Der kleine Arminius, so mag er in Unkenntnis seines wahren Namens weiterhin genannt werden, lebte mit seiner Familie aller Wahrscheinlichkeit nach genauso wie die meisten Germanen. Als Mitglied einer hochrangigen Sippe mögen seine Lebensbedingungen etwas komfortabler gewesen sein, doch in Grundzügen entsprach das Haus seiner Kindheit sicher denen, die die Archäologie in den vergangenen Jahrzehnten ans Tageslicht befördert hat. Demnach wuchs er in einer Gemeinschaft auf, die aus wenig mehr als 50 Menschen bestand. Die meisten von ihnen waren Verwandte oder Dienstleute seines Vaters. Sein Geburtsort war ein Weiler oder ein Gehöft irgendwo zwischen Weser und Lippe, vielleicht an einem der Flüsse selbst oder einem Bachlauf. In weiterem Umkreis um das Gehöft fanden sich Hunderte ähnlicher Weiler. Oft lagen einige Kilometer, vielfach aber auch nur ein paar Hundert Meter zwischen den Siedlungen. Untersuchungen ergaben, dass wohl im Durchschnitt alle 800 Meter eine kleine Siedlung zu finden war. Vorsichtigere Schätzungen gehen von 1500 Metern aus, die die Dörfchen voneinander entfernt waren. Ihre Bewohner kannten und besuchten einander, feierten Feste miteinander und trieben ein wenig Handel. Seine Spielkameraden aber suchte sich der kleine Arminius auf dem eigenen Hof, denn im Alltag lebten die Siedlungen eher für sich. Die Bildung von Dörfern oder gar Städten war den Germanen fremd. Sie sähen in den Städten nichts anderes als »*Gräber für die Lebenden*«, schrieb noch vier Jahrhunderte nach Arminius' Geburt der spätantike Geschichtsschreiber Ammianus. Der kleine Fürstensohn wird Zeit seiner Kindheit wohl kaum 50 Kilometer weit gereist sein. Das Haus seines Vaters, genau wie das seines Großvaters, seiner Onkel und seiner Nachbarn, war ein Langhaus.

Meist etwas in die Erde versenkt, war es in Skelettbauweise errichtet. Das Dach reichte fast bis zum Boden und war mit Stroh oder Schilf gedeckt. Darunter lebte eine Gemeinschaft aus Großfamilie und Tieren. Den Vorderteil des Hauses teilten sich Kuh und Schaf, im hinteren Teil

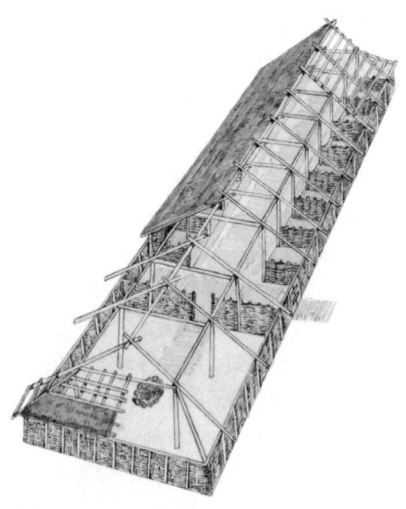

Nordgermanisches dreischiffiges Langhaus

lebten, schliefen und aßen Arminius, seine Eltern und Geschwister. Seine Spielzeuge fielen auf Steinboden, mit dem der Wohnbereich der Familie gepflastert war, während die Tiere auf festgestampftem Lehm standen. Mittelpunkt des Hauses war die große Herdstelle, die das Haus wärmte und an der die Speisen zubereitet wurden. Arminius und sein Bruder werden hier unter Aufsicht seiner Mutter einen Großteil ihres Tages zugebracht haben. Deren Hauptarbeitsplatz war das von allen Seiten zugängliche Herdfeuer. Dieser *»eigene Herd«* war, wie später im deutschen Sprichwort, auch den Germanen bereits *»Goldes wert«*. Außerhalb der Schmiedeesse war nur hier Feuer erlaubt. Es musste dementsprechend streng gehütet werden, um Brandkatastrophen zu verhindern. Das Feuer diente als Wärmequelle und der Zubereitung des Essens. Es war aber auch sozialer Mittelpunkt der Familie, die sich hier immer wieder zusammenfand. Entlang der Wände des Langhauses zog sich ein mit Fellen bedecktes Podest, das der Familie als Sitzplatz diente und abends zur Schlafstätte umfunktioniert wurde. Intimsphäre gab es augenscheinlich auch für das haushaltsführende Ehepaar nicht, denn die Langhäuser verfügten nur über einen einzigen Wohnraum. Keine separate Kammer bot Rückzugsmöglichkeiten. Das Haus des Segimer wird bis zu zehn Meter hoch gewesen sein und einen durchaus imposanten Anblick geboten haben. Überall in Germanien lebten die Menschen in derartigen Häusern. Den Römer Tacitus erfüllten diese allerdings mit einigem Schaudern. »*Nicht einmal Bruchsteine oder Dachziegel sind bei jenen in Gebrauch*«, lästerte er, »*sie gebrauchen hässliches Bauholz für alles und das weniger Schönheit und Ergötzung hat.*« Doch für die Germanen erfüllten die Langhäuser durchaus ihren Zweck. Um das Haupthaus herum gruppierten sich kleinere Gebäude für Vorräte und das Handwerk. Archäologische Ausgrabungen germanischer Siedlungen brachten Spinnwirtel zutage, kleine Gewichte aus Stein, die beim Spinnen von Wolle den Schwung der sich drehenden Spindeln aufrechterhielten. In anderen fanden sich Überreste kleiner Schmieden oder Töpfereien. Die meisten germanischen Kleinsiedlungen konnten sich demnach mit dem, was sie zum Leben brauchten, großenteils selbst versorgen. Auch die Wirtschaftsgebäude duckten sich meist in Erdkuhlen hinein. Der kleine Arminius wird von seiner Mutter wahrscheinlich ungezählte Male zu einer der Vorratshütten geschickt worden sein. Zur besseren Isolierung waren die Dächer der Vorratsgebäude dick mit Kuhmist bepackt, der vor Hitze und Kälte gleichermaßen schützte. Tacitus erkannte, wie sinnbringend diese Art der Vorratshaltung war: »*Sie pflegen auch unterirdische Höhlen zu graben und diese bedecken sie mit viel Mist, als Zufluchtsort im Winter und als Sammelplatz der Feldfrüchte, weil den strengen Frost diese Art von Gruben mildern. Und wenn einmal ein Feind kommt, zerstört er Offenkundiges, aber das Verborgene und Eingegrabene wird entweder übersehen oder es entgeht eben deshalb, weil man es suchen musste.*« Ihre Praktikabilität hatten die Langhäuser zu Zeiten von Arminius' Geburt längst bewiesen. Sie hielten den Frühjahrsstürmen stand und den Regengüssen im Herbst, selbst meterhoher Schnee konnte ihnen nicht viel anhaben. Ganz im Gegenteil – auch im Winter boten sie ihren Bewohnern Geborgenheit und Schutz. Die offene Herdstelle wärmte den großen Wohnraum und die Körperwärme der Tiere tat das Ihrige dazu. Ob der Geruch in einem solchen Langhaus, das Stall und Wohnraum in einem war, einer modernen Nase angenehm wäre, darf bezweifelt werden. Für die Germanen aber bedeutete er Behaglichkeit.

Eine Reise ins Ungewisse – Arminius bei den Römern

Das Leben, das den Cheruskerjungen erwartete, hätte dem seines Vaters oder Großvaters gleichen können. Er wäre herangewachsen und hätte sich vermutlich in der weiteren Verwandtschaft eine Frau gesucht. Da er aller Wahrscheinlichkeit nach der Erstgeborene des Segimer war, wäre er in dessen Fußstapfen als Stammesoberster getreten und seine Stimme hätte innerhalb der cheruskischen Gemeinschaft Gewicht gehabt. Doch es kam anders. In Arminius' Kindheit gab es am heimischen Herdfeuer ein alles beherrschendes Thema: das Vordringen Roms, jener Macht aus dem Süden, die schon ungezählte Völker unterworfen hatte. Immer wieder kamen römische Soldaten, und sie kamen immer näher. Sie machten verlockende Angebote, nahmen sich andernorts einfach, was sie wollten. Einige Stammesoberen dürften die Stiefsöhne des römischen Kaisers, die Feldherrn Drusus und Tiberius, persönlich getroffen haben, andere wehrten sich gegen alles Römische. Wie sich gegenüber den Eindringlingen verhalten? Kooperieren oder kämpfen? Nachgeben oder sich zur Wehr setzen? Für den Cheruskerfürsten Segimer entschieden sich diese Fragen vermutlich um die Jahre 9 oder 8 v. Chr. Das Gebiet seines Stammes war in dieser Zeit Teil eines von den Römern kontrollierten Terrains geworden. Offenbar gar nicht unbedingt gegen den Willen der Stammesoberen. Zumindest wurden viele Mitglieder der cheruskischen Elite von Rom später bevorzugt behandelt. Vielleicht wurde sogar ein offizieller Vertrag, ein *foedus*, mit dem Stamm des Segimer geschlossen, der für die Zukunft ein gutes Einvernehmen versprach. Die Römer waren auf die Kooperation der Stämme angewiesen und hatten im Aufbau ihres Weltreiches schon oft bewiesen, dass es vielerorts langfristig klüger war, die Einheimischen für sich zu gewinnen, als sie zu besiegen. Julius Caesar hatte diese Strategie in Gallien sehr erfolgreich angewandt. Der Cheruskerfürst Segimer jedenfalls entschloss sich, seine Söhne in die Hände der Römer zu geben. Ob Arminius und Flavus, denn so wurden sie ab jetzt genannt, freiwillig oder als Geiseln ihren Weg nach Süden antreten mussten, geht aus den Quellen nicht hervor. Möglicherweise wurden sie zur Ausbildung geschickt. Vielleicht aber sollten sie als Garant für den zwischen Römern und Cheruskern geschlossenen Frieden dienen. Auf Münzen, die anlässlich eines Triumphes des kaiserlichen Adoptivsohnes geprägt wurden, sieht man einen Barbaren, germanisch bekleidet, der dem Kaiser Augustus ein Kind reicht. Illustriert ist hier der verbreitete Brauch, dass die Obersten unterworfener Völker ihre Söhne an Rom abgeben und so gleichsam ein Pfand für ihre künftige Bündnistreue liefern mussten.

Denar des Augustus, der ein Kind überreicht bekommt von einem Barbar.

In einem solchen Falle wäre das Wohlergehen der Jungen in Rom vom Verhalten ihrer Stammesgenossen in Germanien abhängig gewesen. Sicher aber wissen wir nur, dass sie ihre Heimat verließen, um sie erst Jahre später wiederzusehen.

Wie jedes Kind wird den kleinen Arminius die Trennung von seinen Eltern, der Verlust der Verwandten und der Freunde geschmerzt haben. Doch sein Bruder begleitete ihn und die Aufregungen der ersten großen Reise seines Lebens dürften den knapp 10-jährigen schnell abgelenkt haben. Er lernte von seinen Begleitern die ersten lateinischen Wörter, passierte zum ersten Mal den Rhein, sah zum ersten Mal die Alpen und blickte zum ersten Mal auf die Poebene hinunter. Er erlebte, wie der Blick weiter und weiter wurde und wie die Sonne kräftiger schien. Er sah steinerne Häuser, dicht an dicht gebaut, von denen eines mehr Menschen beherbergte, als in dem gesamten Gehöft seiner Kindheit gelebt hatten. In den Siedlungen und Städten des Römischen Reiches führte sein Weg an Händlern, Tavernen und Manufakturen vorbei. Hätte er allein von dieser Reise erzählt, wäre ihm die Aufmerksamkeit am germanischen Herd wohl sicher gewesen. Doch all das wirkte klein im Verhältnis zu dem Anblick, der sich ihm bot, als er schließlich sein Ziel erreichte, von dem wir annehmen, dass es die Hauptstadt der damaligen Welt war. Irgendwann um das Jahr 9 v. Chr. herum könnten die Reiter, mit denen Flavus und Arminius unterwegs waren, vor den Mauern Roms gestanden haben.

Großstadtleben – Das Rom des Kaisers Augustus

Mit fast einer Million Einwohnern war die Stadt am Tiber damals die mit Abstand größte Stadt der Welt. Schon von Weitem spürte man die Sogwirkung, die von ihr ausging. Händler strömten aus dem Umland in Richtung Rom, um hier ihre Waren anzubieten oder Aufträge entgegenzunehmen. Wagen ratterten die Ausfallstraßen entlang, um wohlhabende Römer von ihren Sommerresidenzen zurück ins politische Zentrum zu bringen. Bauern brachten die Erträge des Sommers und Herbstes auf die Märkte der Stadt. Längst waberte die Metropole weit über jene sieben Hügel hinaus, auf denen sie einst begründet worden war. Die Jahre, die Arminius möglicherweise in Rom verbrachte, gehörten zu den glücklichsten dieser Stadt. Nach den Kriegen zwischen Julius Caesar und seinen Rivalen und dem anschließenden Kampf um seine Nachfolge hatte sich in der Schlacht von Actium 31 v. Chr. schließlich sein Adoptivsohn Octavian durchgesetzt. Mit ihm, dem Rom im Jahr 27 v. Chr. den Ehrentitel Augustus, »der Erhabene«, verlieh, kehrte politische und soziale Ruhe ein. Die *Pax Augusta*, der *augusteische Friede*, führte zu einer ökonomischen und kulturellen Blüte, die bis dahin unerreicht war.

*Augustus, römischer Kaiser. Marmorbüste aus der Villa Livia
bei Prima Porta. Um 20 v. Chr.*

Vergil, Horaz oder Ovid schufen Meilensteine der Dichtkunst, auch der
Architekt Vitruv und der Historiker Livius lebten in der üppigen Zeit der
Pax Augusta. Der junge Arminius fand die Stadt bei seiner Ankunft in
voller Blüte. Schnurgerade Prachtmeilen durchzogen die Stadt, Marmor allenthalben strahlte in der mediterranen Sonne. »*Die Hauptstadt,
die nicht der Würde des Reiches entsprechend ausgebaut war und oft durch Hoch-
wasser und Großfeuer Schaden nahm, verschönerte Augustus in solchem Maße,
dass er sich zu Recht rühmen durfte, er hinterlasse eine Stadt aus Marmor an-
stelle der aus Ziegeln, die er vorgefunden hatte*«, rühmte sich der erste Mann
des Staates in seinem Tatenbericht, den *res gestae.* Tatsächlich hat kein
Römer vor ihm das Gesicht dieser Stadt so verändert wie Augustus.
Noch wenige Jahre zuvor war das Zentrum des Römischen Reiches in
vielen Wohnvierteln ein Slum. Hauseinstürze und verheerende Brände
waren an der Tagesordnung. Die Wege Roms waren ein schmutziges
Labyrinth verschlungener Gassen, Wasserleitungen und Kanalisation

teils marode und der Straßenbelag bedurfte dringend einer Erneuerung. Julius Caesar hatte die Stadt als bauliche Katastrophe und für unrettbar erklärt. Sein Adoptivsohn Augustus sah nun in der Erneuerung Roms eine Möglichkeit, sich als Nachfolger des großen Caesar selbst ein Denkmal zu setzen. Aus den neu erschlossenen Marmorbrüchen von Carrara erreichten Millionen Tonnen blütenweißen Gesteins die Stadt, um in Tempeln, Foren und Monumenten verarbeitet zu werden. Eines der bedeutendsten Bauwerke dieser Zeit dürfte gerade eingeweiht worden sein, als Arminius Rom erreichte: die *Ara pacis Augustae*. Der Altar für die Friedensgöttin steht heute nicht mehr frei, sondern ist von Glas und Mauern umgeben, sodass er nur noch wenig von seiner antiken Wirkung entfaltet. Für den Römer um die Zeitenwende aber war er ein politisches Pamphlet. Die Außenmauern, die den Altar für die Göttin umgeben, tragen aufwendige Reliefs, in denen Augustus sein Regierungsprogramm und seine Taten festhalten ließ. Auf den Seitenwänden marschiert in Prozessionszügen die Familie des *Princeps*, des ersten Bürgers des Staates, wie sein offizieller Titel lautete, mit Freunden und weiteren Angehörigen. Auf der Stirnseite beginnt die römische Geschichte mit ihrem Ahnherrn Aeneas, auf der Rückseite sitzt die Göttin Roma auf einem Berg von ausgemusterten Waffen, Tellus, die Mutter Erde, trägt Früchte und Kinder auf ihrem Schoß. Für einen Römer war dies alles problemlos lesbar: Die Herrschaft des Augustus und seiner Familie hatte endlich den lang ersehnten Frieden über das Reich gebracht, so die Botschaft der *Ara pacis*. Auch Arminius mag den Friedensaltar des Augustus besucht haben, der am 30. Januar 9 v. Chr., dem Geburtstag von Augustus' Gattin Livia, eingeweiht worden war. Hierbei könnte es zu einer ersten indirekten Begegnung der Männer gekommen sein, die sich 18 Jahre später auf dem Schlachtfeld gegenüberstanden. In der Darstellung der Prozession hinter Augustus ist vielleicht auch der spätere Statthalter Germaniens, Publius Quinctilius Varus zu sehen, der bereits in dieser Zeit zum engsten Umfeld des Princeps gehörte. Möglicherweise ist er der hinter Tiberius stehende Mann in der Toga.

Bedauerlicherweise ist ausgerechnet der Kopf dieser Figur nicht erhalten, sondern später ergänzt worden. Arminius aber könnte das Ant-

Ausschnitt der Ara pacis Augustae, des Altars für die Friedensgöttin, 9 v. Chr.

litz seines späteren Feindes bereits gekannt haben. Auch der Name des Varus wird ihm geläufig gewesen sein. »*Ti. Nerone et P. Quintilo consulibus, ara Pacis Augustae senatus pro reditu meo consacrandam censuit*«, heißt es in den *res gestae*, dem Tatenbericht des Augustus. Der Beschluss zur Errichtung des Friedensaltars war demnach während der Zeit des Konsulates des Tiberius und eines gewissen Quinctilius Varus gefasst worden.

Bis in die entlegensten Winkel der Stadt erfreuten sich die Römer an der augusteischen Ordnung, denn auch das Volk profitierte von neuem Wohlstand und neuer Sicherheit. So begrenzte der *Princeps* die Höhe der Wohnblöcke in den einfachen Wohnvierteln auf 20 Meter. Die Einsturzgefahr wurde so erheblich gemindert und die Düsterkeit der engen Gassen zumindest gemildert. Zudem ließ Augustus die Stadt in Distrikte einteilen, in denen Freigelassene für Ordnung sorgten. Patrouillen sicherten die nächtlichen Straßen und hielten Diebe und Gesindel fern. Besonderes Augenmerk richtete der *Princeps* auf die Wasserversorgung. Eigens geschulte Inspektoren sorgten für die Reinhaltung des Tiberbettes und den Ausbau der *Cloaca maxima*, der Hauptabwasserleitung. Dazu ließ Augustus' Freund und Vertrauter Agrippa eine neue Wasserleitung von Tivoli nach Rom legen, von wo bis heute die berühmtesten Brunnen der Ewigen Stadt ihre Wasser beziehen. Auch das Wasser in der Fontana di Trevi, in das Touristen ihre Münzen werfen, nimmt noch immer den gleichen Weg wie das Trinkwasser in augusteischer Zeit. In den ärmeren Vierteln musste das Wasser von öffentlichen Brunnen geholt werden, doch wer etwas auf sich hielt in Rom, verfügte über eine hauseigene Wasserleitung. Die Reichen Roms lebten in prunkvollen Villen, deren Komfort auch einen modernen Menschen durchaus zufriedenstellen könnte. Hinter imposanten Eingangstoren öffnete sich der Blick auf eine geräumige Eingangshalle mit dahinterliegendem Atrium. Hier verbreiteten Springbrunnen angenehme Kühle inmitten der brütend heißen Stadt. Die Wände der Wohnräume waren mit Wandmalereien verziert und zeigten reizvolle Landschaften oder raffinierte Muster. Mit den Mosaiken der Böden stellten die Bewohner durch Szenen aus der Mythologie ihre Bildung zur Schau. Bäder und Fußbodenheizungen sorgten für Behaglichkeit an kühleren Tagen. Besonders Betuchte ließen das Volk an ihrem Reichtum teilhaben, indem sie aus Anlass bestimmter Jahrestage oder militärischer Triumphe öffentliche Spiele spendierten. Wagenrennen erfreuten sich größter Beliebtheit, doch ganz oben in der Gunst von Volk und Oberschicht standen die Gladiatorenkämpfe, in denen Mann gegen Mann oder Mensch gegen Tier unter dem Jubel der Zuschauer gegeneinander antraten. Auch die Leidenschaft für die öffentliche Badeanstalt teilten sich Arm und Reich. Mit Dampfbädern, Kalt- und Warmwasserbassins, Gymnastik- und Massageräumen standen die antiken Bäder modernen Fitnesscentern in nichts nach. Hier ließ man es sich gut gehen, hier machte man aber auch Geschäfte und Politik. Das ausgedehnte Mahl war integraler Bestandteil römischen Alltags. Obschon die Speiseauswahl um die Zeitenwende kaum etwas gemein hatte mit der heutigen italienischen Küche, fehlte es nicht an Vielfalt. Weizenbrei und Hülsenfrüchte stellten die Grundnahrung, Zwiebeln, Kohl, Rettich und Salat lieferten Vitamine, Olivenöl und Wein ergänzten die mediterrane Note der Ernährung. Die Tafeln der oberen Zehntausend boten darüber hinaus

Leckerbissen wie Austern und Schnecken, Desserts und honiggesüßte Kuchen. Fleisch in den verschiedensten Zubereitungen war hier fester Bestandteil des Speiseplans, in der Küche des Volkes aber lediglich eine Ausnahme.

Glorreiche Geschichte – Das Selbstbewusstsein Roms

Wenn Arminius tatsächlich in Rom gelebt hat, dann nahm ihn, da er ein Fürstensohn war, vermutlich eine höherrangige Familie auf. Immerhin gab es eine *gens Arminia*, deren Namen er übernommen haben könnte. Falls er als Geisel nach Rom gekommen war, führte er dort nicht das Leben eines Gefangenen. Er war Teil des bunten Völkergemischs, aus dem sich das Zentrum des Reiches zusammensetzte: Schwarze Sklaven aus Nubien, hünenhafte Gladiatoren aus Dakien, Gelehrte aus Griechenland oder Händler aus Arabien – an keinem Ort der Welt trafen so viele Kulturen aufeinander wie in Rom. Auch Landsleute dürfte Arminius hier getroffen haben, denn beispielsweise die Leibgarde des Augustus bestand aus Germanen, die der *Princeps* wegen ihres Mutes und ihrer Kampfeskraft hoch schätzte. Die Stadt Rom spiegelte die gigantischen Ausmaße, die das Reich vor allem in den vergangenen Jahrzehnten angenommen hatte. Von der Atlantikküste bis zum Zweistromland und vom Ärmelkanal bis zu den Wüsten Nordafrikas standen römische Truppen. Augustus selbst hatte, nachdem ihn der Senat und das Volk Roms quasi zum Alleinherrscher gemacht hatten, das nordwestliche Spanien unterworfen. Es folgte der Alpenraum und schließlich Teile des Balkan. 20 v. Chr. war ihm im Osten ein besonderer diplomatischer Coup gelungen, als er sich mit den Parthern, dem stets gefährlichen Reich an der Ostgrenze des Reiches auf einen Frieden verständigte. Die Parther gaben die Feldzeichen zurück, die sie den Römern einst in der Schlacht abgenommen hatten – eine Geste von großer psychologischer Bedeutung, galt doch der Verlust der vergoldeten Adler, die in der Schlacht vorangetragen wurden, als größtmögliche Schande für eine Legion. Augustus ließ die Feldzeichen im Mars-Ultor-Tempel

Reste des Augustusforums in Rom

aufstellen, dem prächtigsten Bauwerk des neu errichteten Augustusforums.

Diese Anlage aus Tempeln, Säulen und Statuen war das Zentrum des
renovierten Rom. Hier fanden seit dem Jahr 2 v. Chr. besonders würde-
volle Staatsakte statt und hier wurde dem Volk seine ruhmreiche
Geschichte vor Augen geführt. Zwischen den Säulen des Forums ließ
Augustus Statuen der Helden Roms aufstellen. Beginnend mit Aeneas,
dem Stammvater, der einst aus dem brennenden Troja floh, über den
großen Feldherrn Scipio Africanus bis hin zu Julius Caesar. Wie das Au-
gustusforum verherrlichten auch andere Bauwerke und Kunstobjekte
in kraftvoller Bildsprache den Ruhm des Augustus als Vollender einer
Erfolgsgeschichte. Der junge Cherusker Arminius wird sie alle gesehen
haben. Er lernte die Historie des Römischen Reiches aus der Perspektive der Römer als eine schier endlose Kette von Siegen und Triumphen
kennen. Die Beherrschung der Welt durch Rom schien die logische
Konsequenz der Geschichte zu sein. Nichts und niemand konnte die

Armeen der Weltmacht aufhalten. Und Arminius – kaum dass er dem Kindheitsalter entwachsen war – würde Teil dieser unbesiegbaren Truppen sein. Mit geschätzten 17 oder 18 Jahren trat er, der gebürtige Cherusker, in die römische Armee ein.

Im Dienste Roms – Arminius der Legionär

Die römische Armee war die größte, professionellste und schlagkräftigste, die die Welt je gesehen hatte. Sie war das Ergebnis jahrzehntelangen Trainings und jahrhundertelanger Entwicklung von Organisation und Waffentechnik. An die 300 000 Mann zählten die 25 Legionen und Hilfstruppen des Augustus, deren Großteil in diesen Jahren in Mitteleuropa stand. Allein fünf oder sechs Legionen sicherten den Rhein, weitere sechs oder sieben standen an der Donau. Fünf weitere Legionen standen in Spanien und drei oder vier in Makedonien, drei in Ägypten, zwei oder drei in Syrien und eine in der Provinz Afrika. Augustus hatte die Heere zu Beginn seiner Alleinherrschaft zu einer Berufsarmee umgeformt. Er entwickelte feste Zahlungs- und Pensionsrichtlinien für die Legionäre, die zuvor von der wechselhaften Gunst ihrer Feldherrn abhängig gewesen waren. Nach ihrer Entlassung aus dem Kriegsdienst hatten die Soldaten, wenn sie Glück hatten, von ihrem obersten Heerführer eine Abfindung in Form von Land bekommen. Doch solch gigantische Ländereien waren rar. Enteignungen hatten bereits zu erheblichen sozialen und politischen Unruhen geführt. Augustus setzte dieser Praxis nun ein Ende. Außerdem begrenzte der Princeps die Dienstzeiten der Legionäre auf 25 Jahre, von denen 20 im aktiven Dienst und weitere fünf als Reservist abzuleisten waren.

Doch das immer weiter wachsende Reich des Augustus benötigte viel mehr Soldaten, als Rom selbst stellen konnte. Die Lösung fand der *Princeps* in den sogenannten Auxiliareinheiten, Hilfstruppen, die sich aus Männern verbündeter Völker rekrutierten. Sie stellten eine erhebliche Verstärkung der römischen Kampfeskraft dar. Als beispielsweise Germanicus 15 n. Chr. gegen die Chatten zog, hatte er neben seinen acht römischen Legionen auch 30 Kohorten Hilfstruppen dabei, das sind nicht weniger als 30 000 Mann. Die Auxiliarkräfte konnten aus den Provinzen stammen oder auch aus Bevölkerungsteilen, die jenseits der Reichsgrenzen lebten, aber durch Verträge oder Bündnisse besiegelt dem Römischen Reich wohlgesonnen waren. Ihre Einheiten waren 500 oder 1 000 Mann stark, sie erhielten etwas weniger Sold als die regulären römischen Truppen. Das Römische Reich war an ihnen nicht nur zur Vergrößerung der Legionen interessiert, sondern setzte auch bestimmte militärische Fähigkeiten, wie besonderes Reittalent oder die perfekte Beherrschung der Steinschleuder, für seine Zwecke ein. Offiziere dieser Truppen erhielten oftmals das römische Bürgerrecht. So ging es auch Arminius, dem Cherusker, der sich nun als Offizier einer Auxiliareinheit Bürger Roms nennen durfte.

Wie die meisten römischen Legionäre wird auch der junge Cherusker eine mehrmonatige Grundausbildung absolviert haben. Die Rekruten lernten zunächst die hohe Kunst des geordneten Marschierens, denn die disziplinierte Beweglichkeit der Truppen war eine der Stärken des römischen Heeres. Mit den Jahren würden die Märsche ebenso zur Routine werden wie der Bau des abendlichen Lagers. Auf dem Exerzierplatz stand mehrmals täglich Drill. Hier fand auch das Training mit den verschiedenen Waffen und die Aufstellung in Schlachtordnung statt. Unzählige Male dürfte Arminius mit seinen Mitrekruten eine »Schildkröte« geformt haben, jene mit Schilden bedeckte Formation von Soldaten, die ein geschütztes Vorrücken gegen den Feind ermöglichte. Die erste Chance des Arminius, das Gelernte auch praktisch umzusetzen, kam im Jahr 6 n. Chr., als die Nachricht von Aufständen in der Donauregion Rom erreichten. Die Pannonienkriege hielten das Reich von 6 bis 9 n. Chr. in Atem. Im Raum des heutigen Ungarn, Österreich, Slowenien und Bosnien-Herzegowina hatten sich mehrere Stämme zusammengetan und rebellierten gegen die römische Herrschaft. Anlass der Aufstände waren vor allem die Steuern und Tribute, die Rom der Region abpresste. Rumorte es hier, war Rom direkt bedroht, denn allzu schnell konnte ein Flächenbrand auf die umliegenden Regionen und damit auf die Metropole übergreifen. Fast vier Jahre lang kämpften die römischen Legionen gegen die aufständischen Stämme von Pannonien und Dalmatien, bis der letzte Unruheherd erstickt war. Die Pannonienkriege zählen zu den schwierigsten, die das Römische Reich bis dahin auszufechten hatte; mit 15 Legionen musste mehr als die Hälfte aller dem Reich zur Verfügung stehenden Truppen eingesetzt werden. Vor allem im Süden der Region loderte der Zorn der Tributpflichtigen immer wieder auf, egal wie oft er von den Römern niedergeschlagen wurde. Arminius scheint sich in diesem Krieg bewährt zu haben, denn er wurde zum römischen Ritter befördert. Möglicherweise lernte er hier außerdem etwas ganz anderes: nämlich, dass die so übermächtig scheinende römische Weltmacht verwundbare Stellen hatte. Der Aufstand der illyrisch-pannonischen Stämme hatte zigtausende römische Soldaten über Jahre gebunden. In einer Schlacht nahe Sirmium, dem heutigen Belgrad, waren die Römer sogar nur um Haaresbreite einer Niederlage entronnen. Sie waren von einheimischen Stämmen überfallen worden, als sie gerade ihr Lager aufschlugen. Gelang es also, die Legionen anzugehen, wenn sie nicht in Kampfesformation standen, schienen sie durchaus eine Achillesferse zu besitzen. In Pannonien erfüllte Arminius wahrscheinlich zum ersten Mal militärische Aufträge. Die Auxiliareinheit, die er zu diesem Zeitpunkt wahrscheinlich bereits befehligte, erhielt direkt im Anschluss ihren nächsten Einsatzbefehl.

»Wer würde ferner ganz abgesehen von der Gefahr, die das schauderhafte unbekannte Meer bietet, Kleinasien oder Afrika oder Italien verlassen, um nach Germanien zu ziehen mit seinen hässlichen Landschaften – es sei denn, es ist seine Heimat?«, fragte der römische Historiograf Tacitus im Jahre 98 n. Chr. Arminius dürfte sich gefreut haben. Denn der Marschbefehl, der seine Auxiliareinheit spätestens im Frühjahr des Jahres 9 n. Chr. erreichte, führte ihn nach Germanien zurück und damit in die Heimat, die er mehr als 15 Jahre nicht mehr gesehen hatte.

3. DAS LEBEN DER GERMANEN

Alles, was wir über das Alltagsleben der Germanen wissen, verdanken wir Nichtgermanen, denn sie selbst haben uns nichts Schriftliches hinterlassen, nur archäologische Funde. Seit spätestens 100 v. Chr. verfügten die Germanen über eine Schrift. So alt nämlich ist der Helm von Negau in der Steiermark, auf dem sich die älteste Inschrift in germanischer Sprache findet. Geschrieben aber wurde sie in nordetruskischen Buchstaben. Wahrscheinlich hat der germanische Stamm der Markomannen daraus die Runenschrift entwickelt, in der zumindest germanische Wörter und kurze Inschriften überliefert sind. Bei Tacitus ist zu lesen, die Germanen hätten einem Orakel gehuldigt, bei dem Zeichen auf Holzstäbchen gemacht wurden. Bis heute erinnern die Wörter Buch und Buchstabe an diese Herkunft unserer Schriftzeichen. Jahrhundertelang wurden Runen auf Holz gezeichnet oder eingeritzt. Allerdings wurde nie ein längerer Text geschrieben, zumindest hat sich kein einziger erhalten.

Bei den römischen Nachbarn allerdings hinterließen die Germanen als langjährige zähe Gegner durchaus Spuren in der Historiografie. Unter denen, die sich mit dem Leben östlich des Rheins befassten, ragt ein Prominenter besonders hervor: Julius Caesar. Der Titel seiner Schrift lässt heute noch manch minderbegabten Lateinschüler schaudern: *De bello Gallico – Über den Gallischen Krieg*. Caesars Schilderung jener heldenhaften Taten, die er in Gallien vollbrachte, beinhaltet im sechsten Buch einen längeren Abschnitt, in dem der Feldherr Kultur und Brauchtum Galliens mit dem Germaniens vergleicht. In kühnem Tempo thematisiert er Politik, Kultur und Religion der Germanen. Dieser Teil von *De bello Gallico* ist die älteste bekannte zusammenhängende Darstellung der germanischen Gesellschaft, allerdings gilt sie nur teilweise als zuverlässig. Caesar schrieb diesen Teil seines Buches offenbar in der Absicht, vor dem römischen Senat zu rechtfertigen, dass er nach der Niederwerfung Galliens keinen Krieg in Germanien geführt hatte. Seine Absicht war es vor allem, die Germanen als zu primitiv für eine ernsthafte Auseinandersetzung und ihren Lebensraum als nicht eroberungswert darzustellen. Zudem hatte der Feldherr nur einen kleinen Teil Germaniens, nämlich das Rheintal und die Gegend unmittelbar östlich davon, selbst betreten. Bisweilen scheinen sich seine Informanten – vermutlich germanische Kriegsgefangene – auch einen Spaß mit dem Feldherrn erlaubt zu haben. So berichtet Caesar über eine höchst seltsame Spezies, die angeblich in den germanischen Wäldern ihr Unwesen treibe:

»Daneben gibt es Tiere, die Elche genannt werden. Sie sehen ähnlich aus wie Ziegen und haben auch ein buntes Fell. Sie sind jedoch etwas größer als Ziegen, haben stumpfe Hörner und Beine ohne Gelenkknöchel. Sie legen sich zur Ruhe nicht nieder und können nicht wieder auf die Beine kommen oder sich wenigstens vom Boden erheben, wenn sie zufällig zu Fall kommen und stürzen. Sie benutzen daher Bäume als Ruhestätten; daran lehnen sie sich und können so, etwas zur Seite geneigt, ausruhen. Wenn Jäger aus ihren Spuren herausfinden, wohin sie sich gewöhnlich zur Ruhe zurückziehen, untergraben sie von den Wurzeln her alle Bäume an dieser Stelle oder schneiden sie nur so weit an, dass der Eindruck erhalten bleibt, als stünden die Bäume fest. Wenn sich die Tiere nach ihrer Gewohnheit daran lehnen, bringen sie mit ihrem Gewicht die ihres Halts beraubten Bäume zu Fall und stürzen zusammen mit ihnen um.«

Wenig überraschend, dass dieses seltsame Tier von keinem Legionär je gesichtet wurde.

Tacitus – Der Germanienexperte

Eine Generation nach Julius Caesar schrieben der griechische Historiker und Geograf Strabon und der römische Offizier Velleius Paterculus über die Geschehnisse in Germanien. Während Strabon den Stämmen der Sueben und Kimbern durchaus respektvoll begegnet, kommen die

Germanen als Gesamtheit bei Velleius recht schlecht weg. Zu seiner Rechtfertigung sei angemerkt, dass Velleius Paterculus Germanien nach der Varusschlacht erlebte und damit auf dem Tiefpunkt der römisch-germanischen Beziehungen. Erheblich weiter führt da das Werk des Mannes, der fast ein Jahrhundert später über Germanien schrieb: Tacitus. Der Römer verfasste 98 n. Chr. die kleine Schrift *De origine, situ, moribus et populis Germanorum – Über den Ursprung, die Lage, die Sitten und die Völker der Germanen,* kurz *Germania.* Hier fasste er all das zusammen, was ihm über die Bewohner jener Gegenden östlich des Rheins und nördlich der Donau zu Ohren gekommen war. Wie Karl May nie einen Fuß in den Wilden Westen gesetzt hatte, überquerte auch Tacitus nie die Alpen. Aus eigener Anschauung konnte er nichts über Germanien berichten. Doch er war ein talentierter Kompilator und geschickter Erzähler, der die seltsamen Nachbarn in bunten Farben schildern konnte.

Er recherchierte auf allen Wegen, die einem antiken Geschichtsschreiber zur Verfügung standen, und scheute keinen Aufwand, so viele Einzelheiten wie möglich zusammenzutragen. Er sprach mit Legionären, die Germanien gesehen hatten, oder mit Kaufleuten, deren Weg in den Norden geführt hatte. Und er zog jeden geschriebenen Buchstaben über Germanien heran. Neben Caesars *Gallischem Krieg* waren dies vor allem die 24 Bücher über die Kriege in Germanien von Plinius dem Älteren. Das Werk gilt heute als verschollen und ein Exemplar wiederzufinden, ist wohl der Traum eines jeden Althistorikers. Doch die Chancen gehen gegen null, da die Bücher bereits im 4. Jahrhundert als verloren galten. Wie viel davon in der *Germania* steckt, werden wir also wahrscheinlich nie erfahren. Zu vermuten ist, dass Tacitus in vielen Details und blumigeren Episoden über Plinius hinausging, da dieser als Legionär seinen Fokus auf das militärische Geschehen gelegt hat. Tacitus' Werk dürfte fraglos das unterhaltsamere sein.

Die Erzählungen aus dem modrig finstren Norden mögen manchem Römer, der sich an einem mediterranen Sommerabend auf seiner bequemen Liege räkelte, einen wohligen Schauder über den Rücken geschickt haben. Wohl dem, der die Segnungen der Zivilisation in der mächtigsten Stadt der Welt genießen konnte. Doch Tacitus hatte anderes im Sinn, als er seine Schrift verfasste. Der erhobene Zeigefinger ist in jeder Zeile spürbar. Lobte Tacitus den Mut der Germanen, rügte er damit die Verweichlichung Roms zu seiner Zeit. Bewunderte er die Germanen für ihre Sittenstrenge, verurteilte er die Römer für ihre Lasterhaftigkeit. Seine Sprache mag in der Antike noch verstanden worden sein, die Neuzeit tat sich zunächst schwer, den Kern der taciteischen Erzählungen zu begreifen. Nachdem seine Schriften im Kloster Hersfeld die Jahrhunderte überdauert hatten, begeisterten sich die Humanisten an dem Gedanken, dass die von Tacitus so eindrücklich geschilderten Charaktereigenschaften der Germanen auch für die Deutschen der jeweiligen Zeit in Anspruch genommen werden könnten. »*Durch eines Römers unsterbliche schrift war ein morgenroth in die geschichte deutschlands gestellt worden, um das uns andere völker zu beneiden haben*«, jubilierte Jacob Grimm im 19. Jahrhundert. Verständlich, denn wer wollte nicht von aufrechten, moralischen und freiheitsliebenden Vorfahren abstammen. Erst die moderne Wissenschaft bemühte sich, hinter dem moralischen Impetus des Tacitus die Fakten herauszufiltern. Denn die *Germania* ist mehr als ein Sittenspiegel für verlotterte Römer. Allzu weit kann sich der antike Historiograf nicht von der Wahrheit entfernt haben, sollte seine Intention noch wirksam bleiben. So steckt in der *Germania* viel Wahres, viel Übertriebenes und sicherlich auch manche Fehlinformation. Doch sie bietet die beste Annäherung, die uns die Antike hinterlassen hat.

Viele Stämme – Wenige Spuren

»*Germanien in seiner gesamten Ausdehnung wird von den Galliern, Rätern und Pannoniern durch den Rhein und die Donau geschieden, von den Sarmaten und Dakern durch gegenseitige Furcht der Völker voreinander und durch Gebirgszüge*«, so beginnt Tacitus' Büchlein. »*Die Nordgrenze wird vom Meer gebildet, das breite Landzungen und Inseln von unermesslicher Ausdehnung umgibt.*« Die *Germania magna*, wie die Römer dieses Gebiet nannten, war ein Land enormen Ausmaßes. Es umfasste Teile der heutigen Niederlande ebenso wie die Strände der Ostsee. Die deutschen Mittelgebirge und die norddeutsche Tiefebene, das alles war »Germanien«. Bewohnt wurde es von einer Vielzahl von Stämmen, die den Römern als »Germanen« galten. In ihrer Größe und Bedeutung unterschieden sich diese Stämme erheblich. Es gab einflussreiche Stämme wie die Sueben, die in den Quellen immer wieder als gefürchtete Kriegsgegner auftauchen, daneben aber auch kleine Gruppen wie die Ampsivarier oder Tenkterer, die oft ebenso schnell von der politischen Landkarte verschwanden, wie sie aufgetaucht waren. Die meisten Stammesnamen sind durch Tacitus überliefert, der einen detaillierten Katalog der Gruppen und ihrer Siedlungsräume in seine *Germania* einbaute. Noch heute basieren die meisten Karten, die die Besiedlung Germaniens zeigen, auf Tacitus' Angaben.

Erst spät entdeckten die Schreiber und Reisenden des Mittelmeerraumes jene Stämme, die zwischen Weichsel und Rhein lebten. Jahrhundertelang war alles, was nördlich der Alpen lag, für Griechen und Römer von mäßigem Interesse. Dort lebten Barbaren – zunächst eine wertfreie Bezeichnung, die auf jeden zutraf, der des Griechischen nicht mächtig war und daher für griechische Ohren nur lallen konnte. Auch den Römern galt jeder als »Barbar«, der nicht Römer oder Grieche war. Jene Stämme im Norden waren den Mittelmeerbewohnern suspekt, vermutete man dort doch bizarre Wesen wie die pferdefüßigen Hippopoden oder die lediglich mit ihren riesigen Ohren bekleideten Panuatier. Andere Bewohner seien die Oenonen, die Sumpfvogeleier und Hafer äßen, so hieß es. Auch die Vorstellung von der Geografie des hohen Nordens war nur vage. Das Kaspische Meer floss in den nördlichen Ozean und die Mündung des Rheins lag auf einem ähnlichen Breitengrad wie die Nordküste des Schwarzen Meeres. Allein der wagemutige Pytheas von Massalia (Marseille) machte sich gegen Ende des 4. Jahrhunderts v. Chr. auf, jene unbekannten Landschaften zu erkunden. Es gelang ihm bei seiner fabelhaften Reise, weiter nach Norden vorzudringen als je ein Mittelmeerbewohner zuvor. Wahrscheinlich schaffte er es bis Britannien und segelte dann über die Nordsee in Richtung Osten. Wie weit er wirklich kam, lässt sich heute nicht mehr mit Gewissheit sagen, aber er begegnete zwei Stämmen, die man später zu den Germanen rechnete, den Guionen und den Teutonen. Als neue Volksgruppe aber definierte er sie nicht. Mit den Barbaren machte man es sich leicht und teilte die nördliche Welt einfach in zwei Hälften, deren Scheide der Don bildete. Westlich davon lebten die Kelten, östlich davon die Skythen. Erst 80 v. Chr. erwähnte der griechische Universalgelehrte Poseidonios von Apameia eine Gruppe gewisser »Germanen«. Sie seien diejenigen, die »*als Frühstück Fleischstücke (essen), welche gliedweise gebraten sind, dazu trinken sie Milch und ungemischten Wein*«. Gallien und Norditalien hatte Poseidonios bereist, doch über Germanien wusste er nicht viel. Die drei genannten Charakteristika des Fleischessens, Milchtrinkens und der Verzicht auf das Mischen des Weins gehören zum Kanon der antiken Plattitüden, die den Abscheu vor fremden Völkern ausdrücken sollten. Homers einäugige Kyklopen oder Herodots Skythen verhielten sich ähnlich scheußlich. Dennoch: Die Ehre, im ältesten bekannten Schriftzeugnis die Germanen als solche benannt zu haben, gebührt Poseidonios. Allerdings hielt auch er sie nur für eine besonders schlichte Unterart der Kelten.

Obwohl über Jahrhunderte für die mediterranen Hochkulturen nur mäßig interessant, bevölkerten zahllose Stämme das Gebiet zwischen Weichsel und Rhein, die kulturell weder zu den Kelten gehörten noch den östlichen, »skythischen«, Völkern zuzurechnen waren. In ihren Gebräuchen, ihrer Sprache, Kunst und Religion ähnelten sie sich so sehr, dass sie von Außenstehenden als zusammengehörend empfunden wurden. »Germanen« nannten sie vermutlich als Erste die benachbarten Belgen und meinten damit eine Vielzahl unterschiedlicher Stämme. Laut Tacitus lebten Usipeter und Tenkterer am Rhein nahe der Lippemündung. Die Chattuarier sah er an der unteren Lippe und die Marser im Bereich des Hellweges, die Brukterer an der Ems. Die Friesen lebten an der Nordsee, die Chauken östlich davon, die Cherusker stammten aus dem Weserraum und südlich von ihnen, im heutigen Hessen, lebten die Chatten. Damit sind nur einige der größeren Stämme benannt. Die Namen der Germanenstämme könnten Tolkiens »*Der Herr der Ringe*« entsprungen sein, so fremdartig klingen sie für heutige Ohren. Caninefaten und Ubier, Markomannen oder Tenkterer – kaum einer der antiken Stämme ist heute noch sprachlich einer deutschen Landschaft zuzuordnen. Erkennbar sind allenfalls noch die Schwaben in den Sueben und die Hessen in den damaligen Chatten. Um die Zeitenwende bildeten die Stämme eine Siedlungs- und Kultgemeinschaft, in der es mehr Einigendes als Trennendes gab. Allerdings: Als Germane hätte sich sicherlich kein Befragter bezeichnet, denn man fühlte sich Stamm und Sippe, nicht aber einem übergeordneten Ganzen zugehörig.

Bis heute haftet diesen Stämmen etwas Geheimnisvolles an, denn viele von ihnen verschwanden nahezu spurlos von der Landkarte. Neben Schriftzeugnissen vermissen Historiker Gemälde oder wenigstens Wandmalereien, die etwas über ihre Lebensweise berichten könnten. Selbst die Hauptquelle der sozialgeschichtlichen Archäologie – die Grabuntersuchung – ist uns verwehrt, da die Germanen um die Zeitenwende keine Leichenbestattung praktizierten. Sie verbrannten ihre Leichen und mit ihnen alle möglichen Erkenntnisse über Größe, Statur, Ernährung oder Gesundheit. Allerdings wurden mehr als eintausend Moorleichen geborgen, deren Körper, Kleidung und Habseligkeiten zu den wichtigsten Funden für die Geschichte der Germanen zählen. Die Moorleichen, deren prominenteste Vertreter der sogenannte »Tollundmann« oder das »Mädchen von Windeby« sind, erhielten sich aufgrund der besonderen Feuchtigkeitssituation im Moor, ähnlich dem Tiroler »Ötzi«. Ihre ledrige Haut und die oft fast unversehrten Beifunde lassen sie häufig irritierend aktuell aussehen. Die bekanntesten Moorleichen wurden in Dänemark und Jütland gefunden. Doch auch in Norddeutschland gaben die Moore nach zwei Jahrtausenden ihre grausigen Funde frei. Sie erlauben es, die antiken Beschreibungen der Germanen durch die Römer auf ihren Wahrheitsgehalt hin zu überprüfen.

Blond im Bärenfell?
Legenden und Wahrheiten über Germanen

Groß, blond und blauäugig waren die Germanen – so wird es immer wiederkehrend behauptet. Tatsächlich überragten sie ihre mediterranen Zeitgenossen um Haupteslänge. Ein durchschnittlicher Mann muss an die 1,75 Meter groß gewesen sein, eine Frau etwa zehn Zentimeter kleiner. Die Körpergröße verfehlte ihre psychologische Wirkung nicht. Ein Feind, dem man nicht einmal mehr in die Augen blicken kann, erzielt eine gehörige Schockwirkung. Auch die meist kräftige Statur und eine eher schmale, hohe Schädelform der Germanen tat das Ihrige, um den Gegner einzuschüchtern.

Auch blond waren die meisten von ihnen wirklich. Die Haare vieler Moorleichen sind im Laufe der Jahrhunderte rötlich verfärbt, was auf einen strohblonden Ursprung schließen lässt. Die dunkelhaarigen Römer bewunderten die helle Pracht, sodass Blondhaar aus Germanien in Rom zur Herstellung von Perücken äußerst begehrt war. »*Für gekaufte Ware werde ich jetzt gelobt*«, sagt eine Römerin bei Ovid, »*statt meiner rühmt er eine Sugambrerin.*« Auch unter den Germanen galt helles Haupthaar als äußerst begehrenswert. Wer keines hatte – denn wie überall in der Welt setzten sich auch in Germanien die Gene für dunkles Haar durch –, half nach. Mischungen aus Fett, Asche und Ätzkalk hellten die Haare deutlich auf, so sie denn nach dieser rabiaten Behandlung nicht ausfielen. Die Begeisterung über die semmelblonden Vorfahren hielt sich in Deutschland bis ins 19. Jahrhundert. Im Drama *Die Hermannsschlacht* Heinrich von Kleists fragt Thusnelda, die Geliebte des Helden: »*Nun haben denn die römischen Damen keine hübschen Haare?*«, und Arminius antwortet: »*Nein, sag ich! Schwarze! Schwarz und fett wie Hexen. Nicht hübsche, trockne, goldne, so wie du!*«

An anderer Stelle jedoch konnten die mediterranen Schriftquellen eindeutig überführt werden. So schüttelt sich nicht nur der griechische Historiograf Diodor im 1. Jahrhundert v. Chr. vor den »*meist halbnackten*« Germanen, die ihre Blöße nur notdürftig mit Tierfellen bedeckten. Auch andere Schreiber berichten immer wieder von kaum bekleideten johlenden Horden, die aus dem Unterholz brachen. Möglicherweise war es in der Schlacht üblich, den Oberkörper zu entblößen, um als Muskelprotz den Feind das Fürchten zu lehren. Aber dass die Germanen als Haufen wilder Nackedeis durch die Wälder gesprungen seien, ist allein schon aufgrund der klimatischen Gegebenheiten wenig wahrscheinlich. Ausgrabungen in germanischen Siedlungen förderten Webstühle und Nähzeug zutage. Wollene Kittel und lederne Schuhe gehörten zum germanischen Alltag ebenso dazu wie Pelzüberwürfe, die von schön gearbeiteten Spangen zusammengehalten wurden. Wie ihre keltischen Nachbarn trugen die Germanen Hosen. Die Römer amüsierten sich darüber ebenso wie heutzutage mancher über die berockten Schotten. Auch die oft zitierten langen Bärte trugen wohl nur die »Langobarden«, denen sie ihren Namen verliehen. Bei den meisten anderen Germanenstämmen wurde der Bart eher kurz getragen, oder aber die Männer rasierten sich ganz glatt. Moorleichen wurden meist mit Bartstoppeln aufgefunden, die wohl erst nach dem Tod gewachsen waren. Der Tote muss demnach frisch rasiert in sein modriges Grab gekommen sein. Der eigenartige Geruch, den manch römischer Schreiber den germanischen Waldbewohnern nachsagte, scheint ebenfalls ins Reich der Märchen und Mythen zu gehören. Möglicherweise verwendeten die Germanen eine Seife aus Wollfett oder Seetang. »Sapo« ist sogar ein urgermanisches Wort, das aber eher vielleicht ein Haarfärbemittel bezeichnete. Das begehrte Blondhaar striegelten die Germanen mit Bürsten aus Schweineborsten. Überreste von Zahnstochern wurden ebenso gefunden wie eine Art Wattestäbchen. Germane und Germanin wussten sich also durchaus zu pflegen und hätten im Geruchsvergleich mit einem unter seiner Rüstung schwitzenden Legionär wahrscheinlich ohne Weiteres bestanden.

Weizenbrei, Gerstensaft und tödlicher Schnupfen – Der Alltag der Germanen

Dennoch – das Leben in den germanischen Wäldern war auf eine Art unbarmherzig, die uns verzweifeln lassen würde. Die Menschen waren Krankheiten ausgeliefert, gegen die es in den allermeisten Fällen kein Mittel gab. Auch die Heilkundigen verfügten über ein nur rudimentäres Wissen um Arzneipflanzen und Kräuter. So berichtet Plinius der Ältere in seiner Naturgeschichte: »*Als Caesar Germanicus in Germanien jenseits des Rheines vorgerückt war, fand sich im Gebiet der Küste eine einzige Süßwasserquelle: wer davon trank, dem fielen binnen zwei Jahren die Zähne aus, und das Gefüge der Gelenke an den Knien löste sich ... zur Abhilfe fand sich ein Kraut, das »Britannica« genannt wird ... Die Friesen, ein uns damals treuer*

Stamm, in dessen Gebiet das römische Lager war, zeigten uns diese Pflanze.« Während die beschriebene Krankheit relativ einfach als Skorbut zu identifizieren ist, weiß man bis heute nicht, was sich hinter dem »Britannica-Kraut« verbirgt. Offenbar aber verfehlte es seine Wirkung nicht. Vielen anderen Krankheiten dagegen waren die Germanen völlig hilflos ausgesetzt. Arthrose und Knochendeformationen aufgrund von Mangelernährung müssen furchtbare Schmerzen verursacht haben, auch Karies ist keineswegs eine Zivilisationskrankheit, wie die Gebisse der Moorleichen zeigten. Ebenso quälten viele Germanen stechende Rückenschmerzen, da sie mit Bandscheibenvorfällen zu kämpfen hatten. Gegen Knochenbrüche, Wundbrand oder andere Verletzungen, die man sich auf der Jagd oder im Kampf zuziehen konnte, wusste man kein Rezept. Ein grippaler Infekt konnte tödlich enden, ein Schnitt in den Finger zu Wundstarrkrampf und damit zum Tode führen. Am härtesten traf es die Kleinsten. Nahezu jedes zweite Kind überlebte das Säuglingsalter nicht. Die katastrophal hohe Kindersterblichkeit senkte die durchschnittliche Lebenserwartung auf gerade mal 30 Jahre. Das Kindbett bildete für die Frauen zudem ein hohes Mortalitätsrisiko.

Hatte ein Germane seinen 30. Geburtstag erst mal hinter sich, bestanden für ihn gute Chancen, erheblich älter zu werden. Den meisten Moorleichen war dies nicht gelungen, viele von ihnen starben keines natürlichen Todes. Einige hatten durchschnittene Kehlen, manche trugen gar noch einen Strick um den Hals. Auf einigen Leichen wurde Flechtwerk gefunden, mit dem der Tote offenbar bedeckt worden war. All das lässt darauf schließen, dass diese Menschen einen rituellen Tod starben. Tacitus bestätigt den grausigen Verdacht, wonach die Germanen »*Feiglinge, Kriegsdienstverweigerer und körperlich Geschändete im Schlamm der Sümpfe versenken*«. Und weiter weiß er zu berichten, dass man die Leiche mit Holz festgebunden habe. Wohl um zu verhindern, dass der Geist des so übel Behandelten als Rächer wiederkehren würde.

In den vergangenen Jahrzehnten haben archäologische Ausgrabungen unser Wissen um das Leben der Germanen erheblich erweitert. In einem Weiler in Feddersen-Wierde nördlich von Bremerhaven beispielsweise, der fast ein halbes Jahrhundert lang besiedelt war, wurden die Überreste von fast 50 Gehöften mit Langhäusern, Vorrats- und

Wirtschaftsgebäuden gefunden. In seiner Blütezeit wird der Ort von bis zu 500 Menschen bewohnt gewesen sein. Zusammen mit zahlreichen anderen Ausgrabungen ergeben diese Funde heute ein recht detailliertes Bild vom Alltag der Germanen. Sie lebten in einer bäuerlichen Gesellschaft auf eine Art zusammen, die zur Zeit des Arminius seit Jahrhunderten kaum verändert existierte.

Der Tagesablauf war geprägt von der Bewirtschaftung der Felder, denn diese sicherten das Überleben in dem oftmals rauen Klima. Was im Sommer an Ernte nicht eingebracht werden konnte, fehlte im Winter auf dem Tisch und im Futtertrog der Tiere. Die Versorgung der gesamten Sippe stand auf dem Spiel, wenn ein Gewitter die Gerste verhagelte oder eine Wildschweinhorde ein frisch bestelltes Feld verwüstete. Die meisten Germanen werden das Gefühl bohrenden Hungers gekannt haben. Der Speiseplan der Ackerbauern war ohnehin karg genug. Hauptanbaugetreide war die genügsame Gerste, die bereits seit dem 2. vorchristlichen Jahrtausend kultiviert wurde. Als Graupen sollte die Gerste bis ins frühe Mittelalter auf den Tischen der Region dominieren. Auch Hafer war vertreten, seltener Weizen und Roggen. Da die germanischen Bauern keine Sense kannten, musste die Ernte mühselig mit Sicheln eingebracht werden, die nur die Ähren abtrennten und die Halme stehen ließen. Eine Sisyphusarbeit, wollte man auf diese Art und Weise mehrere Hektar abernten. Die Entkörnung der Ähren war ein erneuter Kraftakt, mit Knüppeln musste so lange auf das Korn eingedroschen werden, bis sich die Körner lösten und die Spelzen weggeblasen werden konnten.

Neben Getreide wurden in geringerem Maße auch Erbsen, Bohnen, Hanf und Flachs angebaut. Letzterer wegen seiner ölhaltigen Samen, aber auch um die Fasern zu Leinen zu verarbeiten. Da nur wenig über Düngung oder Fruchtwechsel bekannt war, laugten die Böden schnell aus und mussten aufgegeben werden. Hier mag der Mythos seinen Ursprung haben, der die Germanen immer wieder als Nomadenvolk einordnete. Tatsächlich waren sie zu Arminius' Zeiten bereits seit Jahrtausenden sesshaft. In begrenztem Maße wussten aber auch die Germanen, wie man den Ertrag eines Feldes steigern konnte. Als natürlicher Dünger wurde Kuhmist genutzt, aber auch die düngende Wirkung von Kalk kannten sie. Vielerorts fand man Gruben, in denen kalkreicher Mergel gewonnen und offenbar unter die Felder gefurcht wurde. Auch die Bestellung der Felder war ein Kraftakt, der großen körperlichen Einsatz erforderte. Überlebenswichtig waren verschiedene Möglichkeiten der Nahrungskonservierung, denn die Winter in den deutschen Mittelgebirgen konnten lang und hart sein. Die Hülsenfrüchte wurden getrocknet und in geeigneten Tongefäßen verschlossen, das Saat- und Verzehrgetreide in Erdgruben gelagert, wo es vor Feuchtigkeit und Schädlingen geschützt war.

Das Getreide bildete die Grundlage des germanischen Speisezettels. Mithilfe zweier Steine wurden die Körner zerquetscht und weitgehend ungesiebt weiterverarbeitet. Da sammelte sich manches zwischen den Zähnen, was eigentlich im Essen nichts zu suchen hat. Vor allem die Mahlreste, die die Steine im Getreide hinterließen, gaben dem Germanengebiss hart zu kauen. So wurden bei Moorleichen Zähne gefunden, die bis auf den Kiefer hinunter abgeschliffen waren. Die gequetschten Körner wurden anschließend mit Wasser oder – schon schmackhafter – mit Milch zu einer teigigen Masse verrührt. Zwar genügte diese Speise aufgrund ihres hohen Anteils an Eiweiß, Kohlenhydraten und Vitaminen durchaus gehobenen Anforderungen an gesunde Ernährung, doch in ihrer gewürzlosen Eintönigkeit dürfte sie manchem Germanen ziemlich über gewesen sein. Auch Hafermus akzeptierte wohl nur derjenige auf Dauer, der nichts anderes kannte. Allerdings: Auch im modernen England ist von größerem Protest gegen den Verzehr von Porridge nichts bekannt. Die germanische Tafel bot aber auch große Reize. Diese waren weniger in der festen als vielmehr in der flüssigen Nahrung zu suchen. Eine besondere Verwendungsart der Gerste erfreute sich äußerster Beliebtheit. Große Mengen des anspruchslosen Getreides, das nahezu immer und überall angebaut werden konnte, wurden benötigt, um das berüchtigte »Bier« zu brauen. Der enorme Durst der Germanen ist nicht nur Legende. »*Im Trinken wissen sie weniger Maß zu halten. Würde man ihrer Trunksucht Vorschub leisten und ihnen die Möglichkeit bieten, so viel zu trinken, wie ihr Herz begehrt, könnte man sie durch diese Charakterschwäche leichter zugrunde richten als durch die Gewalt der Waffen*«, schimpft Tacitus. Allerdings hatte dieses Getränk wenig mit dem Bier zu tun, das ein moderner Gaumen schätzt, sondern war lediglich vergorener Gerstensaft. »*In quandam similitudinem vini corruptus*«, schaudert Tacitus, was frei übersetzt so viel heißt wie »*in so etwas wie Wein verpanscht*«. Erst das Mittelalter brachte die schmackhaftere Mischung aus Gerste und Hopfen, die noch heute (zumindest in Deutschland weitgehend unverändert) geschätzt wird. Fataler noch die Wirkung des berüchtigten »Met«, jener vergorenen Mischung aus Wasser und Honig. Je nach Gärungsgrad konnten größere Mengen Met auch den hünenhaftesten Germanen fällen. »*Tag und Nacht durchzuzechen ist für niemanden eine Schande*«, staunt Tacitus. »*Streitigkeiten, wie sie unter Betrunkenen häufig vorkommen, enden selten mit Beschimpfungen, sondern oft genug mit Verwundungen und Totschlag.*« Ob das allerdings in Rom nach vergleichbarem Weingenuss wirklich anders war, sei dahingestellt. Doch bei aller Übertreibung der Schreiber – ein kräftiger Schluck aus dem Horn gehörte bei den Germanen offensichtlich zum guten Ton. Glaubt man Tacitus, setzten sie den Becher lediglich ab, um einem noch schlimmeren Laster zu frönen: »*Dem Würfelspiel huldigen sie merkwürdigerweise in voller Nüchternheit, als ob es sich um ein ernsthaftes Geschäft handele. Dabei sind sie in Bezug auf Gewinn oder Verlust von einer so blinden Leidenschaft besessen, dass sie, wenn sie alles andere verspielt haben, mit dem letzten, entscheidenden Wurf um ihre Freiheit und um ihren eigenen Leib kämpfen. Wer verliert, geht willig in die Knechtschaft.*«

Gemüse und Obst waren auf den Tischen zwischen Rhein und Elbe selten gesehene Vitaminlieferanten. Fast alle Obstsorten, die wir heute kennen, kamen erst durch die Römer nach Germanien. Lediglich der Apfel war hier schon früher beheimatet, doch die kleinen, schrumpeligen Früchte ähnelten den knackigen Sorten von heute nur wenig. Andere wichtige Nährstofflieferanten waren Beeren, Schlehen und Holunder, die in den meisten Gegenden in den Sommer- und Herbstmonaten in Hülle und Fülle wuchsen und gesammelt wurden.

Tierhaltung dagegen wurde in Germanien intensiv betrieben. Der Haus- und Hofhund war des Germanen bester Freund. Ausgrabungen zeigten, dass verstorbene Hunde unter Hausschwellen beerdigt wurden und so als symbolische Wächter des Hauses weiterlebten. In den meisten ausgegrabenen Weilern fanden sich erstaunlicherweise keine

Hinweise auf Geflügelhaltung. Dagegen bewährten sich Rinder, Schweine und Schafe als Nutzvieh. Sie sicherten die Fleischversorgung und lieferten Leder und Horn für Kleidung und Gebrauchsgegenstände. Auch Pferdehaltung war weitverbreitet. Doch entgegen dem Gardemaß ihrer Reiter, hatten die Germanenpferde kaum Ponygröße. Mit einem Stockmaß von gerade einmal 1,35 Meter musste vermutlich mancher Germane die Beine anziehen, wollte er nicht mit den Füßen über den Boden schleifen. Zum Reiten wurden die Pferde ohnehin weit weniger genutzt denn als Zugtiere. Die Kreuzung mit größeren Rassen erfolgte erst später und ließ auch die Pferde an Rhein und Weser etwas stattlicher aussehen. Die Kühe boten laut Tacitus ebenfalls einen wenig beeindruckenden Anblick: »*Vieh gibt es in Menge, doch ist es meist kein besonders ansehnlicher Schlag. Selbst bei den Rindern vermisst man den stattlichen Wuchs und das mächtige Gehörn. Doch nicht am Aussehen der Tiere haben die Germanen ihre Freude, sondern nur an ihrer Zahl: Viehreichtum ist ihr einziger und liebster Besitz.*« Schafe und Ziegen dagegen, so zeigten die gefundenen Skelette, entsprachen in ihrer Größe ihren heutigen Artgenossen.

Die Milch der Tiere wurde sofort verzehrt oder zu Dickmilch und Käse verarbeitet. Letzterer war vermutlich auch nicht gerade ein Gaumenschmaus, sondern eher eine Form der Konservierung, die erst im Verlauf der Jahrhunderte durch Gewürze und spezielle Zusätze schmackhafter wurde. Wildbret stand, wie die Untersuchungen von Abfallgruben ergab, viel seltener auf dem Tisch, als man angesichts der dichten Bewaldung des Landes annehmen könnte. Fast 90 Prozent der Tierknochen, die in der Nähe menschlicher Siedlungen gefunden wurden, stammten von Haustieren und Nutzvieh wie Rind, Schwein und Schaf. Doch für das Bauernvolk der Germanen war es offensichtlich naheliegender, seine Fleischversorgung durch das Nutzvieh zu sichern, als sich den Gefahren der Wälder auszusetzen. Caesar hat in *De bello Gallico* die Jagd auf Auerochsen beschrieben: »*Die Stiere sind von gewaltiger Kraft und in ihren Bewegungen trotzdem blitzschnell. Auf Menschen, die sie einmal wahrgenommen haben, gehen sie sofort los ... Die germanischen Jünglinge stählen ihre Kraft auf der Jagd nach diesen Tieren und üben ihre Tugenden. Wer die meisten Auerochsen erlegt hat und die*

Hörner zum Beweis dem Volk zeigt, der wird von allen auf das Höchste gelobt. *Was die Größe und die Form der Hörner betrifft, so unterscheiden sie sich stark von denen unserer Ochsen. Die Hörner des Ur sind bei allen außerordentlich begehrt. Den Rand fasst man mit Silber ein und benutzt sie bei den Gastmahlen als Trinkgefäße.«* Mit letzterer Bemerkung hat Caesar auch laut Archäologie recht. Wurde Wild erlegt, dienten seine Produkte als Statussymbole. Hörner wurden als Kelche oder Helmzier verwendet, die Felle wurden zu Kleidung verarbeitet und galten in Rom geradezu als Markenzeichen der Germanen. Fast immer sind diese auf Münzen, Gemälden oder Reliefs mit Fellen behängt dargestellt. Germanische Sklaven behielten ihren Kleidungsstil auch in Rom bis in die Spätantike bei. Schließlich wurde das Tragen von Fellen durch die Kaiser als »barbarisch« verboten. Der Geruch eines bärenfellbehängten Sklaven unter römischer Sonne mag recht eigen gewesen sein. Im rauen Norden dagegen waren die Tierfelle überlebenswichtiger Schutz gegen winterliche Kälte und Dauerregen.

Von Glauben und Moral – Die Werte der Germanen

Kern und Rückgrat der germanischen Gesellschaft bildete die Ehe und die Familie. Tacitus, entsetzt über den zunehmenden Sittenverfall im Rom seiner Zeit, zeigte sich von der hohen Moral der Germanen in Liebesdingen beeindruckt: *»Die Frau lebt in wohlbehüteter Schamhaftigkeit, durch keine lüsternen Schauspiele und verführerische Gelage verdorben. Eine Ehebrecherin findet keinen Mann wieder und wenn sie noch so schön, so jung und so reich wäre. Niemand lacht dort über Laster, und man nennt es nicht Zeitgeist, zu verführen und sich verführen zu lassen. Gute Sitten vermögen dort mehr als anderswo gute Gesetze.«* Ob und wie viele Ausnahmen die *»wohlbehütete Schamhaftigkeit«* erlebte, wissen wir nicht. Als erstrebenswertes Gut aber wird sie gegolten haben – ein Spiegel des moralischen Anspruches der germanischen Gesellschaft. Einziger Fleck auf der nach Tacitus reinen germanischen Sittenweste waren die hochrangigen Männer, die sich durchaus der Gunst mehrerer Frauen erfreuen durften. So berichtet Caesar beispielsweise von den zwei Frauen des Ariovist. Einige Germanen seien wegen *»ihrer vornehmen Herkunft mehrfach mit Heiratsangeboten umworben«* worden, bemüht sich Tacitus aber gleich um Rechtfertigung der Polygamie. Die Forschung geht heute davon aus, dass die Vielweiberei unter den Germanen tatsächlich eher die Ausnahme als die Regel war.

Aus den Ehen gingen viele – für die Feinde erschreckend viele – Kinder hervor. Das schnelle Bevölkerungswachstum der germanischen Stämme war Segen und Fluch zugleich. Auf der einen Seite sicherten sich die Stämme so den stets kampffähigen Nachwuchs, der sie allein durch seine Größe zum Schrecken der Nachbarn machte. Auf der anderen Seite aber entstanden so auch die häufigen Wellen großen Bevölkerungsdrucks, der zu immerwährenden Verschiebungen der Siedlungsgebiete und den damit verbundenen Konflikten führte. Tacitus wusste, wie wichtig Bevölkerungswachstum für eine Gesellschaft ist. Er kannte den chronischen Mangel an Nachwuchs in Rom, der das Reich stets abhängig machte vom Zuzug Fremder und der Auffüllung des gigantischen Militärapparates durch ausländische Helfer. Auch Caesar zeigte sich vom Kinderreichtum der Germanen beeindruckt. Er hatte eine aus biologischer Sicht eher abenteuerliche These entwickelt, nach der die Keuschheit der germanischen Jünglinge bis zu ihrem 20. Lebensjahr für ihre ungeheure Zeugungsfähigkeit in höherem Alter verantwortlich sei. Eher schon dürfte die Verpflichtung der Kinder zur Ernährung der Alten bei der hohen Nachkommenzahl eine Rolle gespielt haben. Aber auch die familiäre Harmonie, von der Tacitus berichtet, mag ihren Teil beigetragen haben. Geradezu erstaunt vermerkt der Schreiber die Liebe, die germanische Eltern ihren Kindern entgegenbrachten. Er lobte den verantwortungsvollen Umgang mit den Kleinsten, die Kinder würden von ihren Müttern persönlich gestillt. Überhaupt standen die germanischen Damen bei Tacitus hoch im Kurs. Ihr Rat sei gefragt und man höre auf sie, schreibt er und begeistert sich auch an ihrer Durchsetzungsfähigkeit in der Schlacht. Mit bloßen Brüsten hätten die Germaninnen fliehende Kämpfer wieder in die eigenen Reihen zurückgetrieben. Bei aller Wertschätzung der Frauen war die germanische Gesellschaft jedoch durch und durch patriarchalisch geprägt. Der Mann war das strafberechtigte Familienoberhaupt, er war auch das einzige Familienmitglied, das in der Stammesversammlung, dem Thing, eine Stimme hatte. Im Thing berieten die freien Männer über das Verhalten des Stammes im Kriegsfall und besprachen Rechtsangelegenheiten. Man weiß heute nur sehr wenig über die konkreten Abläufe einer solchen Thingversammlung. Wie weit ihre Entscheidungen bindend war, in welchen Abständen man zusammentraf oder wie ein Beschluss gefunden wurde, ist weitgehend unklar. Es wird vermutet, dass die Thingversammlungen oft mit periodisch stattfindenden religiösen Festen zusammen abgehalten wurden.

Auch über die Religion der Germanen ist nur wenig bekannt. Man verehrte seine Gottheiten nicht in Tempeln, sondern an speziellen Orten in der Natur, auf Berggipfeln, in Quellen oder ungewöhnlichen Felsformationen. Tacitus berichtet von großen Heiligtümern in heiligen Hainen, von denen bis heute allerdings keine Spur gefunden wurde. Caesar schreibt, Germanen hätten Sonne, Mond und Feuer verehrt, aber ansonsten keine wirkliche Gottesanbetung gekannt. Tatsächlich aber waren die Germanen in der Vielfalt ihrer Götter den Römern gar nicht unähnlich. Ihre Gottheiten trafen sich ihrerseits in einer Art Thing und griffen in die Geschicke der Menschen ein. Das Geschlecht der Götter, die Asen, hatten dereinst ein anderes Göttergeschlecht, die Wanen, im Kampf besiegt. Donar, der Donnergott, entsprach dem Blitze schleudernden römischen Jupiter bzw. dem griechischen Zeus. Ziu war zuständig für die Kriegsführung. Wodan für die Dichtung, die Weisheit und die Magie. Seine Frau Frija behütete Ehe und Mutterschaft. Im Gegensatz zur römischen Gesellschaft, die ihre toten Kaiser durch Apotheose erhoben und sie in Tempeln verehrten, galten die Mitglieder germanischer Sippen nicht als göttlich. Wohl aber versuchten die Familien, ihre Abstammung von den Göttern so direkt wie möglich nachzuweisen.

Zu Zeiten des Tacitus erzählten germanische Barden einen Ursprungsmythos aller Germanen. So glaubte man an den zweigeschlechtlichen Gott Tuisto, der der Erde entsprungen war und durch seinen Sohn Mannus, der wiederum drei Söhne hatte, die Geschlechter der Germanen begründete. Aus diesen gingen die Völker der Ingaevonen, Herminonen und Istvaeonen hervor. Allerdings – so räumt Tacitus ein – gäbe es auch andere Stämme der Germanen, die sich direkt auf göttlichen Ursprung beriefen, darunter die Sueben und die Marser. Bei Plinius dem Älteren zählten außer diesen auch noch die Bastarnen und Vandalen zu den Stämmen mit göttlichen Vorfahren. Letztlich berief sich offenbar jeder Stamm auf seine göttlichen Urahnen.

Um die Zeitenwende verdichtete sich der Kontakt der Germanen mit der römischen Welt. Immer häufiger fanden, wie die Quellen berichten, Handelsgüter der Nachbarn ihren Weg nach Germanien. Gefunden wurde von der römischen Ware allerdings nur wenig. Es sind fast ausschließlich römische Münzen ausgegraben worden, die wegen ihres Metallgehaltes hoch geschätzt wurden. Silber galt nebenbei bemerkt mehr als Gold. Andere Güter scheinen sich ebenso wenig erhalten zu haben wie die germanischen Gegengaben, die wohl aus Vieh und Rohstoffen bestanden haben dürften. Nicht zu vergessen die zahlreichen germanischen Sklaven, die als Arbeitskräfte, Leibwächter oder Soldaten den Weg ins Römische Reich antreten mussten. Ganz selten sind Bronze- und Silbergefäße, Glas oder Keramik römischer Herkunft bei rechtsrheinischen Ausgrabungen aufgetaucht. Der berühmteste und wertvollste Fund dieser Art ist der Hildesheimer Silberschatz. 1868 fand ein preußischer Infanterist 70 hervorragend erhaltene Silbergefäße, die offenbar gezielt vergraben worden waren. Viele der Stücke, die das Tafelgeschirr bildeten, sind von ungewöhnlicher Qualität. Ein Teller zeigt die Göttin Athena, ein anderer einen kleinen Herkules im Hochrelief. Da sich auch Silbertabletts und ein aufklappbarer Dreifuß für einen Tisch fanden, wurde der Silberschatz lange für das »Campinggeschirr« des Varus gehalten. Wahrscheinlich zu Recht. Ein derartiges Prunkgeschirr gehörte zur Ausstattung eines Generals, der damit seine Gäste beeindruckte. Zwar ist die Datierung der einzelnen Gefäße umstritten, doch gibt es bisher keine plausiblere Erklärung als die, dass es sich um Beutegut handelt. Wer anders als Varus kommt dafür als Vorbesitzer infrage? Vorstellbar zumindest ist, dass der Feldherr mit klappernden Tellern durch die germanischen Wälder zog, um es sich auch in der Wildnis gut gehen zu lassen.

Der Hildesheimer Silberschatz besteht aus 70 Silbergefäßen,
die 1868 gefunden wurden.

Um den Silberschatz als Handelsgut zu interpretieren, fehlt zudem die wertvolle Gegengabe. Umfangreichen Handel zwischen Rom und Germanien gab es um die Zeitenwende nicht. Man stand sich an den Grenzen gegenüber. Skeptisch und einander fremd.

4. FEINDE, NACHBARN, UNTERTANEN? DIE GESCHICHTE ZWEIER VÖLKER

»Es ist noch nicht lange her, dass wir einige Völker dieser Landstriche und ihre Könige kennengelernt haben: Der Krieg hat sie uns erschlossen«, so schreibt Tacitus. Tatsächlich war das römisch-germanische Verhältnis über die Jahrhunderte ein schwieriges. Es gab nicht viel, was Germanen und Römer im Frieden zueinanderzog. Zu krass waren die kulturellen Unterschiede und zu bedrohlich erschienen den mediterranen Politikern die blonden Hünen und ihr Gebaren. Die Furcht vor den Horden aus dem Norden reichte in Rom bereits Jahrhunderte zurück. 387 v. Chr. war es den Kelten gelungen, bis nach Italien vorzustürmen und Rom zu zerstören. *»Vae victis – Wehe den Besiegten«* ist seither ein geflügeltes Wort. Es wird dem Keltenführer Brennus zugeschrieben, der mit diesem höhnischen Satz sein Schwert zu den Gewichten legte, mit denen die Tributzahlung der geschlagenen Römer gemessen wurde. Wehe auch den Ängstlichen, denn die Eroberung durch die Kelten war der Beginn eines Nordmanntraumas, das die römische Geschichte über Jahrhunderte beeinflussen sollte.

Die Schatten der Vergangenheit – Der Zug der Kimbern und Teutonen

Zwei Jahrhunderte lang blieb es an den nördlichen Grenzen des römischen Reiches friedlich, doch dann zog der Reiz des Südens erneut Völker aus unwirtlicheren Regionen an. Vermutlich aus Jütland brachen die Kimbern auf. Antike Autoren glaubten, dass eine Sturmflut sie aus ihrer Heimat vertrieb. Die Stämme der Ambronen, Haruden und Tiguriner schlossen sich ihnen an und vor allem die Teutonen, mit denen die Kimbern seither in sprachlichem Zweiklang vereint sind. Dass Letztere später zum Synonym für den Namen der Deutschen wurden, ist übrigens kein Zufall, da ihr Stammesname mit dem Wort *diutisk* für *deutsch* verwandt ist. *Theuda* hieß einfach Volk.

Der Zug der Kimbern und Teutonen versetzte Rom in Angst und Schrecken, da die Stämme sich von den bislang unterworfenen oder bekämpften Völkern stark unterschieden. Für Kimbern und Teutonen gab es keine Heimat zu verteidigen oder zu verlieren. Sie waren sehr risikofreudig und setzten alles auf eine Karte. Die Andersartigkeit der Nordmänner irritierte die Römer zutiefst. Noch in der Kaiserzeit suchte der römische Architekt Vitruv eine Erklärung für das Auftreten der nördlichen Nachbarn, auf das er sich offenbar keinen Reim machen konnte:

>»Die Völker, die im Norden leben, sind mit ungeheuer großen Körpern, heller Farbe, geraden und rötlichen Haaren, blauen Augen und viel Blut gebildet infolge der Fülle der Feuchtigkeit und des kalten Klimas. Die aber zunächst dem Südpol und unter der Sonnenbahn wohnen, werden infolge der starken Sonnenbestrahlung mit kürzeren Leibern, dunkler Farbe, krausem Haar, schwarzen Augen, schwachen Beinen und mit wenig Blut geschaffen. Daher sind sie auch, weil sie wenig Blut haben, ängstlicher, dem Eisen Widerstand zu leisten, aber Hitze und Fieber ertragen sie ohne Furcht, weil ihre Glieder mit der Hitze aufgewachsen sind. Daher fürchten die Körper, die im Norden geboren werden, das Fieber mehr und sind anfällig; infolge ihrer Blutfülle aber leisten sie dem Eisen ohne Furcht Widerstand.«*

Um etwa 120 v. Chr. begannen die Stämme im Norden Jütlands zu wandern und erreichten binnen kürzester Frist den Donauraum. Bei Noreia, einem bis heute nicht genau lokalisierten Platz in Kärnten, schlugen die Nordvölker 113 v. Chr. zwei komplette römische Legionen. Nur ein Unwetter verhinderte, dass die römische Streitmacht vollends aufgerieben wurde. Zur Erleichterung der Römer nutzten die Sieger ihren Triumph nicht voll aus, indem sie nach Rom marschierten. Sie wandten sich vielmehr nach Westen und überschritten in der Nähe der Mainmündung den Rhein. Der Einfall der Kimbern und Teutonen war

76

wohl weniger eine Invasion als eine Migration, denn mehrere Berichte sprechen von Gesuchen der Eindringlinge nach Siedelland. Doch sie blieben ungebetene Gäste. Bei Arausio (Orange), wo 105 v. Chr. der Legende nach 80 000 Römer fielen, fügten die Nordvölker Rom eine der größten Katastrophen seiner Militärgeschichte zu. In Gallien teilten sich die Massen, und die Kimbern wandten sich nach Spanien, die Teutonen und Ambronen verblieben im gallischen Raum und richteten hier große Zerstörungen an. Schließlich aber trafen die Heerhaufen zwischen Loire und Seine wieder zusammen und drohten nun Italien in einer Zangenbewegung einzuschließen. Die Teutonen zogen die Rhone entlang südwärts, die Kimbern wählten den Weg über die Alpen. Immer wieder stellten sich ihnen römische Legionen in den Weg und steckten empfindliche Niederlagen ein. Nichts schien die Nordmänner aufhalten zu können. *»Unwiderstehlich in ihrer Tollkühnheit, ihrem Wagemut und der Kraft ihrer Arme, griffen sie bei den Schlachten mit der Schnelligkeit und Gewalt eines Feuersturms an; keiner leistete ihrem Andringen Widerstand, sondern alle, auf die sie trafen, wurden wie Beutegut festgenommen und fortgeschleppt«*, gruselt sich Plutarch. Was die Römer besonders erschütterte, war der rasende Zorn, der die Legionen traf. *»Die Feinde, die eine unermessliche Beute gemacht hatten, vernichteten infolge eines ungewöhnlichen Schwures alles, was in ihre Hände gefallen war: Die Gewänder wurden zerrissen und in den Kot getreten, das Gold und Silber in den Strom geworfen, die Panzer der Männer zerhauen, der Schmuck der Pferde vernichtet, die Pferde selbst in den Strudeln des Stromes ertränkt, die Menschen mit Stricken um den Hals an Bäumen aufgehängt, sodass der Sieger keine Beute erhielt, der Besiegte kein Erbarmen erfuhr«*, so berichtet der Historiker Livius.

Angesichts dieser Bedrohung entschlossen sich die Römer zu einem für die wertkonservative Republik ungewöhnlichen Schritt: Sie wählten kein Mitglied der Nobilität, sondern Gaius Marius, einen Mann aus dem Volk, zum obersten Feldherrn im Kampf gegen die wilden Horden. Tatsächlich organisierte der versierte Feldheer das römische Heer neu und trat mit frischen, Disziplin gewohnten Truppen auf den Plan. 102 v. Chr. stellte er die Teutonen bei Aquae Sextiae (Aix-en-Provence) und schlug sie vernichtend. Der zweite Streich folgte ein Jahr später mit dem Sieg über die Kimbern bei Vercellae, dem heutigen Vercelli in

Norditalien. Seither feierten ihn seine Landsleute als den dritten Gründer Roms. Die Auseinandersetzung der Römer mit Kimbern und Teutonen hatte ein Ausmaß erreicht, das den Bürgern der Stadt noch Jahrhunderte später Angst machte. Die Alpenüberwindung der Kimbern blieb in unangenehmer Erinnerung: »*Nackt ließen sie sich einschneien und kletterten durch Eis und tiefen Schnee auf die Gipfel, legten oben ihre breiten Schilde unter ihre Körper, stießen sich ab und fuhren die Bergwände mit ihren spiegelglatten Stellen und klaffenden Eisschlünden hinunter*«, so wurde berichtet. Kimbern und Teutonen hätten ihre Gefangenen übel behandelt, hieß es. Viele unterlegene Gegner seien aufgehängt worden, deren Pferde ertränkt und die Beute zerstört worden. Mit schauderhaften Gesängen und wilden Vorstößen hätten sie ihre Gegner verwirrt. Besonders suspekt war den mediterranen Schreibern das Verhalten der Frauen, die mit dem Heer zogen. Sie hätten ihre Männer im Kampf angefeuert, diese aber auch im Falle von Feigheit vor dem Feind getötet. Nach verlorener Schlacht hätten sie die Wagenburg verteidigt und sich das Leben genommen, um nicht in Gefangenschaft zu geraten. »*Ihre kleinen Kinder erwürgten sie mit den Händen und warfen sie unter die Räder oder unter die Füße der Zugtiere; dann brachten sie sich selbst um. Eine Frau, sagt man, hing an einer aufgerichteten Deichsel, ihre Kinder hatte sie, mit Stricken an ihren Knöcheln festgebunden, zu beiden Seiten erhängt*«, so Plutarch. Zu wild und unzivilisiert schienen die Barbaren, um sie mit römischen Mitteln in die Knie zu zwingen. Wer es schaffte, ihnen Einhalt zu gebieten, dem war die Dankbarkeit von Volk und Senat gewiss.

Die Weitsicht des Julius Caesar – Ein Feldherr verzichtet auf Eroberung

Jahrzehnte nach den Siegen des Marius machte sich ein anderer auf, es ihm gleichzutun. Der Feldherr Julius Caesar witterte 58 v. Chr. seine Chance auf Ruhm. Zwölf Jahre zuvor hatte der Suebenführer Ariovist mit einer etwa 15 000 Mann starken Vielvölkertruppe den Rhein überschritten und Gallien verwüstet. Die Römer nannten ihn einen *rex Ger-*

manorum, einen »*König von Germanen*«, wohl um auszudrücken, dass er unter den Stammesführern eine Sonderstellung innehatte. Ariovist ist damit der erste germanische Machthaber, der aus der anonymen Masse der rechtsrheinischen Stämme hervortritt. Er hatte eine innergallische Fehde zwischen den Stämmen der Sequaner und Haeduer für sich zu nutzen gewusst, indem er die Haeduer besiegte und anschließend von den Sequanern Siedlungsland in Ostgallien nahm. Die Kunde vom schönen Leben im Elsass verbreitete sich, und andere Stämme jenseits des Rheins schickten sich an, dem Vorbild Ariovists zu folgen und sich links des Rheins niederzulassen. 120000 Krieger, so heißt es, sollen schließlich im linksrheinischen Raum gestanden haben. Sollten sie sich gegen Rom wenden, würden sie zu einer massiven Bedrohung werden. Der römische Senat versuchte es zunächst mit Freundlichkeit und begrüßte Ariovist schmeichlerisch als *rex et amicus*, als »*König und Freund*«. Der aufstrebende Politiker Julius Caesar allerdings erkannte das politische Potenzial dieser Situation. Er malte den Römern die militärische Situation in den schwärzesten Farben. Gallien müsse schleunigst erobert werden, warnte Caesar, denn würde es germanisch, drücke die gewaltige Masse dieser unberechenbaren Hünen ungebremst auf Italien. Flugs erhielt Caesar, was er gewollt hatte: ein Kommando in Gallien. Den bedrängten Haeduern kam der römische Retter gerade recht, hofften sie doch, dass er die lästigen Eindringlinge vertreiben würde. Der Feldherr versuchte zunächst, Ariovist mit guten Worten zum Verlassen Galliens zu bewegen, drohte allerdings unverhohlen, ihn anderenfalls gewaltsam zu vertreiben. Der Germanenführer zeigte Mut und wies das Ansinnen brüsk zurück. Er sei immerhin einst von den Galliern gerufen worden und habe so ein größeres Recht auf Anwesenheit als Caesar und seine Römer. Ein Gipfeltreffen von Ariovist und Caesar, die sich mit jeweils zehn Bewaffneten persönlich trafen, verlief ergebnislos. Allerdings erwies sich der Germane als über innerrömische Querelen durchaus gut informiert. Er würde zahlreichen Römern einen Gefallen tun, so prophezeite er kühn, würde er Caesar töten. Dennoch: Militärisch waren Ariovists Truppen unterlegen. Bereits kurz nach dem Treffen der Heerführer schlugen die römischen Legionen die germanischen Stämme im Elsass. Nur wenige, darunter der schwer verwundete Ariovist, konnten sich über den Rhein nach Osten retten. Für Caesar war damit zumindest vorerst eine Front beruhigt und er konzentrierte sich auf die Niederringung des Widerstandes in Gallien. 52 v. Chr. errang er mit der Schlacht bei Alesia und der Niederlage des gallischen Heerführers Vercingetorix einen grandiosen Erfolg. Ein Jahr später zerstörte Caesar die letzten Widerstandsnester in Gallien und das Römische Reich war um ein gigantisches Territorium erweitert. Trotz des fatalen Schicksals Ariovists lockten jedoch die höhere Lebensqualität und das angenehmere Klima immer wieder Stämme aus dem Osten, den Rhein zu überschreiten. Für Caesar stellten sie eine ständige Bedrohung der sich gerade erst festigenden Ordnung links des Rheins dar. Als Usipeter und Tenkterer 55 v. Chr. noch einmal einen Vorstoß wagten und Caesar um Land baten, setzte er kurzerhand ihre Unterhändler fest. Anschließend nahm er ihre Anführer gefangen und richtete unter den Germanen ein grausames Blutbad an, dem auch Frauen, Kinder und Alte zum Opfer fielen. Sein brutales Vorgehen verstieß gegen alle Regeln der diplomatischen Etikette. Im Senat in Rom forderte Cato der Jüngere, Caesar wegen des Massakers unverzüglich an die Germanen auszuliefern. Dieser recht durchsichtige Versuch, sich des ehrgeizigen Feldherrn zu entledigen, blieb allerdings ohne Erfolg. Caesar setzte den Usipetern und Tenkterern sogar nach und überquerte in einer perfekten Propagandainszenierung den Rhein. Auch östlich des Stromes wollte er nun zeigen, wer der Herr der Region war. In angeblich zehn Tagen ließ er eine Brücke bei Neuwied über den Rhein errichten, die ihn und seine Truppen zu ihrer Strafexpedition führten. Warum er nicht einfach per Boot übersetzte, bedurfte einer komplizierten Erklärung in *De bello Gallico*: »*Caesar hatte aus den genannten Gründen den Rheinübergang beschlossen. Aber die Verwendung von Schiffen hielt er einerseits für nicht sicher genug, andererseits aber auch unter seiner und der Würde des römischen Volkes.*« Tatsächlich war die Brücke auch ein Signal dafür, wie leicht es den Römern fallen würde, jederzeit in Germanien einzufallen. 18 Tage lang durchzog Caesar mit seinen Truppen die rechtsrheinische Region, brannte Dörfer nieder und verwüstete Felder. Nach seinem Rückzug ließ er die Brücke wieder abbrechen. Diese Machtdemonstration wiederholte er noch einmal zwei Jahre später. Tatsächlich zeigten sich die Germanen tief beeindruckt von der militärischen Stärke der römischen Legionen unter diesem genialen Feldherrn. Was rechts des Rheins war, sollte zunächst auch tatsächlich rechts des Rheins bleiben. Gleichzeitig hatte Caesar mit seinen Kurzexpeditionen aber auch noch ein anderes Zeichen gesetzt. Er selbst und seine Truppen hatten kein echtes Interesse am rechtsrheinischen Gebiet. Die Niveaulosigkeit der dort hausenden Germanen und ihre jämmerliche Kultur, die Caesar in *De bello Gallico* nicht müde wird zu schelten, seien nicht einen einzigen toten römischen Legionär wert, so viel wollte er klarmachen. Seine Ambitionen als Feldherr waren mit den Siegen in Gallien zufriedengestellt, so seine Rechtfertigung an Rom.

Ob Caesar besonders gut informiert war oder ob er instinktiv richtig handelte, wissen wir nicht. Doch sein Verzicht auf einen weiterführenden Feldzug in Germanien erwies sich als richtig. Seine militärischen Möglichkeiten wären mit einer Ausweitung der Kampfhandlungen auf das rechte Rheinufer übermäßig strapaziert worden. Das römische Heer hätte dort keine schnellen Siege erringen können, denn der Gegner war viel schwieriger zu greifen als in Gallien. Gegen wen wollte Caesar zu Felde ziehen, wenn es keine Städte gab? Wen wollte er schlagen, wenn es keinen eindeutigen Führer gab, sondern meist ganze Führungssippen auftraten? Wie einen Gegner schlagen, der sich, in Hunderte kleine Einzelgruppen zersplittert, im Unterholz aufhalten konnte? Caesar ahnte, dass ein jahrelanger Guerillakrieg drohte, der ihm hohe Verluste und wenig Ruhm einbringen würde. Der Feldherr tat für seine Zwecke das einzig Richtige: Er ließ die Finger vom rechtsrheinischen Germanien und manifestierte damit den Strom als Grenze zwischen dem römisch besetzten und dem sogenannten freien Germanien. Eine Entscheidung, die bis heute kulturelle Folgen zeigt: Die Germanen und ihre territorialen Nachfolger blieben in der Wahrnehmung ihrer Nachbarn immer ein rechtsrheinisches Volk, ganz gleich, wie die Grenzen der Reiche und Staaten wirklich verliefen. Bis heute ist manchem linksrheinischen Teil Deutschlands, beispielsweise dem Saarland, Paris kulturell näher als Berlin.

Die teuerste Grenze des Reiches –
Augustus sichert den Rhein

Allerdings war der Fluss als Grenze zunächst nur unzureichend gesichert. Die römischen Truppen hielten sich vor allem im Inneren Galliens auf und ließen den Rhein über viele Jahre nahezu ungeschützt. Zwar konnten die Legionen durch ein gutes Straßennetz relativ schnell den Strom erreichen, doch bisweilen waren die Germanenstämme schneller. 16 v. Chr. eskalierte die Lage, als Cherusker, Tenkterer, Sugambrer und Usipeter unter ihrem Anführer Maelo den Rhein überschritten und Gallien verwüsteten. Römische *centurios*, die vermutlich bereits begonnen hatten, Abgaben einzufordern, wurden gefangen und gekreuzigt. Der römische Feldherr Marcus Lollius versuchte die Eindringlinge mit der V. Legion zu stoppen und erlitt eine katastrophale Niederlage, bei der sogar der Legionsadler verloren ging. Besonders blamabel, da Rom genau zu diesem Zeitpunkt die Rückgabe der gegen die Parther verlorenen Legionsadler öffentlich gefeiert hatte. Der römische Schriftsteller Sueton bezeichnete die Niederlage »*als mehr ehrenrührig denn vernichtend*«. Tatsächlich zogen sich die eingefallenen Stämme alsbald wieder über den Rhein zurück und rückten auch den Legionsadler wieder heraus. Doch die Schmach blieb, gerade in einer Region, in der die römische Herrschaft noch auf wackeligen Füßen stand. Cassius Dio bezeichnete die Schlacht als Desaster für die römischen Interessen in Gallien. Spätestens jetzt war klar, dass die Nordostgrenze des Römischen Reiches einer ordentlichen Sicherung bedurfte. Wie sie ausgeführt werden sollte, lag in den Händen des neuen mächtigen Mannes in Rom: Augustus.

16 v. Chr. verließ der *Princeps* höchstpersönlich Rom und zog über die Alpen, um die Angelegenheiten Galliens und Germaniens selbst in die Hand zu nehmen. Zwar war Gallien durch Caesar erobert worden, doch noch fehlte eine politische Ordnung, die die Provinz auf Dauer ruhiggestellt hätte. Eine Steuerschätzung bereitete nun die ökonomische Ausbeutung vor, und in Lugdunum, dem heutigen Lyon, wurde ein Altar für »*Roma und Augustus*« errichtet, der das neue Zentrum der Pro-

vinz werden sollte. Aber war auch das Gebiet rechts des Rheins schon bereit, in eine derartige Ordnung eingebunden zu werden? Mit Augustus' Ankunft nördlich der Alpen begann auch der Kampf um Germanien, der die Region in den kommenden drei Jahrzehnten in Atem halten sollte.

Der *Princeps* verlegte sechs Legionen, ein Fünftel der gesamten römischen Streitmacht, an den Rhein. Seine Stiefsöhne Drusus und Tiberius führten während dieser Zeit Feldzüge in der Alpenregion durch. Tiberius zog mit seinen Legionen von Gallien ostwärts am Alpenrand entlang, sein Bruder Drusus kam von Italien aus über die Berge und gelangte bis ins südliche Bayern. Militärisch waren die Züge keine sonderliche Herausforderung, auch wenn die Quellen berichten, die Brüder hätten die Stämme unter *»Strömen von Blut«* gezähmt, da sie *»durch die Lage ihrer Wohnsitze sehr gut geschützt, schwer zu erreichen und von großer Zahl und grimmig in ihrer Wildheit waren«*. Propagandistisch waren die Alpenfeldzüge für Augustus ein Coup erster Güte, da sie auch ein Zeichen an die Völker nördlich des Gebirges darstellten. Die Prägung einer Münzserie machte den Triumph im Reich bekannt. Sie zeigte die siegreichen Brüder Tiberius und Drusus, denen von Augustus auf dem Thron Lorbeerkränze überreicht werden. Dazu ließ der *Princeps* an der Mittelmeerküste ein gigantisches Monument des Sieges über die Alpenvölker errichten, das ihn selbst in Bronze zeigte, zu seinen Füßen kauerten Gefangene. In der Inschrift hieß es: *»Dem Kommandeur und Feldherrn, Sohn des vergöttlichten Caesar … widmen der Senat und das römische Volk dieses Monument, weil unter seiner Führung und Planung die Alpenvölker vom Tyrrhenischen Meer bis zur Adria unter römische Kontrolle gebracht wurden.«*

Doch nun stand eine schwerere Aufgabe an. Die Regionen nördlich der Alpen waren für Rom noch immer Terra Incognita. Wie ein riesiger Keil zeigte die *Germania magna* auf das Römische Reich, und was sich in ihrem Inneren abspielte, blieb den Römern weitestgehend verborgen. Die Nord-Ost-Grenze war die verwundbare Flanke des gigantischen Reiches. Augustus und seine Söhne begannen nun mit einer systematischen Abriegelung der Rheingrenze. 50 Kastelle entstanden entlang des Flusses, die bekanntesten sind die Militärbasen von Nijmegen, Xanten, Moers-Asberg, Neuss und Mainz. Nie war eine Grenze für das Römische Reich teurer als dieser Strom. Hunderte Kilometer am mäandernden Rhein entlang mussten dauerhaft gesichert werden, denn ein Einfall der Germanen konnte überall stattfinden, wie die vergangenen Jahre gezeigt hatten. Bei Aufständen konnten die dort stationierten Truppen ins noch immer unruhige Gallien abgezogen werden, doch ihre Hauptaufgabe war die eines Bollwerks gegen die Germanen von Nordosten. Gleichzeitig waren die Kastelle Ausgangsorte der nun beginnenden Feldzüge ins rechtsrheinische Gebiet. Vor allem Xanten und Mainz boten sich hier an, denn sie lagen gegenüber den Mündungen der Lippe bzw. des Mains, die ins Herz Germaniens führten. Der Aufbau einer Flotte sollte die Versorgung der ostwärts ziehenden Truppen sichern. Während spätere Lager über feste Bebauungen hinter kräftigen Verteidigungswällen verfügten und den dort stationierten Truppen ein durchaus komfortables Leben bieten konnten, waren die Stützpunkte um die Zeitenwende noch recht provisorisch. Die Wohn- und Nutzgebäude bestanden aus Holz, genau wie Wachtürme und Tore. Ein Graben und ein Wall schützten sie vor Angriffen und sie boten den bis zu 70 000 Mann, die in diesen Jahren hier stationiert wurden, einen sicheren Hort. Die Legionen verbrachten jeden Winter in einem dieser Rheinlager. Nur im Sommer mit seinen erträglichen Temperaturen und einigermaßen einschätzbaren Wetterbedingungen verließen sie die sicheren Wälle und setzten über den Rhein, um weiter nach Osten vorzustoßen. Dabei folgten sie dem Oberbefehl von Augustus' Lieblingsfeldherrn Drusus.

Schneisen nach Germanien – Die Feldzüge des Drusus

12 v. Chr. begann der charismatische Stiefsohn des Augustus tiefer in germanisches Gebiet vorzudringen. Seit einem Jahr war er *legatus Augusti pro praetore*, der Statthalter Augustus' für die drei Teile Galliens. Als die Sugambrer mit einigen Verbündeten erneut den Rhein überschritt, um von Unruhen in Gallien zu profitieren, ergriff Drusus die Gelegenheit beim Schopf, schlug sie zurück und setzte ihnen nach, um ihr Stammesgebiet zu verwüsten. Auf dem Rückweg geriet er in eine Situation,

die der römischen Streitmacht einen Vorgeschmack auf das geben sollte, was sie Jahre später erwartete. »*Die Feinde setzten ihnen nämlich, zumal durch Hinterhalte, hart zu*«, schreibt der römische Historiker Cassius Dio, »*ja einmal schlossen sie ihn sogar in eine enge Schlucht ein und hätten ihn beinahe vernichtet.*« Durch Geländekenntnis und Wagemut hatten sich die Germanen offensichtlich in eine so gute Ausgangsposition gebracht, dass es Drusus nur knapp gelang, eine militärische Katastrophe zu verhindern.

Dass der Feldherr den Übertritt der germanischen Stämme ahndete, wäre allein noch nicht ungewöhnlich gewesen, zog doch eine kriegerische Aktion in der Regel die nächste nach sich. Drusus aber gab sich mit dem Sieg über die Sugambrer nicht zufrieden, sondern führte einen neuen Feldzug nach Osten. Diesmal fuhr er mit einer beachtlichen Flotte rheinabwärts in die Nordsee, gewann die Friesen beim Durchzug als Bundesgenossen und erreichte die Landschaften der Chauken im Bereich der Wesermündung. Wie noch oft in der römischen Militärgeschichte überschätzte der Befehlshaber allerdings das seemännische Geschick seiner Truppen. Auf dem Rückweg in die Winterlager strandeten die Männer des Drusus an der Nordsee und mussten von den neuen friesischen Verbündeten gerettet werden. Auch wenn die Expedition recht schmählich endete, hatte sich Drusus weit in unbekanntes Gebiet vorgewagt. Von den dort lebenden Stämmen hatte man bis dahin allenfalls gerüchtehalber gehört. Bereits im folgenden Frühjahr wagte er sich wieder gen Osten. Diesmal verlief sein Weg südlicher durch das Stammesgebiet der Sugambrer und er erreichte die Cherusker, den Stamm des Arminius, an der Weser. Wieder ein Jahr später leistete er sich Scharmützel mit den Chatten im heutigen Hessen. Der Zug im Jahr 9 v. Chr. führte durch suebisches Gebiet wiederum zu den Cheruskern. Vielleicht führte diese Begegnung der Römer mit dem streitbaren Stamm dazu, dass der kleine Fürstensohn Arminius in römische Hände gegeben wurde. Drusus zumindest wandte sich noch nicht wieder nach Westen, sondern zog weiter und weiter, »*alles plündernd und brandschatzend, was er auf seinem Wege antraf*«, wie Cassius Dio schreibt. Erst an der Elbe hielten die Heere an. Die Quellen berichten von einer unheimlichen Begegnung. Eine riesenhafte germanische Priesterin sei am ge-

genüberliegenden Ufer erschienen und habe Drusus zugerufen: »*Wohin in aller Welt willst du, unersättlicher Drusus? Es ist dir nicht beschieden, alles hier zu schauen. Kehr um! Denn das Ende deiner Taten und deines Lebens ist da!*« Für die leidenschaftlich abergläubischen Römer war dies ein schauderhaftes Omen, das die Truppen in Angst und Schrecken versetzte. Mag der Wahrheitsgehalt dieser Geschichte auch zweifelhaft sein, so ist doch historisch verbürgt, dass es genau so kam, wie die Priesterin prophezeit hatte. Drusus stürzte auf dem Rückweg vom Pferd und verletzte sich so schwer, dass er nach wochenlangem Todeskampf starb. Sein Tod wurde von den Zeitgenossen als dramatisch empfunden, da der Feldherr beim Volk sehr beliebt gewesen war. Der Geschichtsschreiber Cassius Dio schmückte den Unglücksfall dramatisch aus. Den »*populärsten Prinzen des kaiserlichen Hauses*« nannte ihn der Historiker Theodor Mommsen. Tiberius eilte auf Geheiß von Augustus tief nach Germanien hinein an das Sterbelager seines Bruders. Nur ein einziger Germane begleitete ihn auf seinem halsbrecherischen Ritt, der ihn innerhalb von 24 Stunden 200 Meilen weit ins germanische Gebiet gebracht haben soll. Er traf Drusus noch lebend an, doch er konnte nichts mehr für ihn tun. Tiberius geleitete die Leiche mit dessen Truppen nach Mainz zurück. Dort erinnert der »Eichelstein«, das Ehrenmal für Drusus, bis heute an den Feldherrn. Der fast 20 Meter hohe Steinsockel war damals von beiden Seiten des Rheins zu sehen und erinnerte die Legionäre an den Feldherrn, der so tragisch früh sein Leben hatte lassen müssen.

Was hatten Augustus und Drusus mit den Ritten nach Osten bezweckt? Wie Nadelstiche drangen die Züge tief in die *Germania magna* ein. Beabsichtigte Rom lediglich eine Politik des *Containment* – der Eindämmung des Feindes? Wollte es die Germanen durch die militärische Präsenz beeindrucken und so von weiterem Vordringen nach Westen abhalten? Oder steckte doch mehr dahinter? Für die älteren Forscher, allen voran Theodor Mommsen, plante Augustus, die Grenze des Römischen Reiches bis an die Elbe vorzuschieben. Er habe so vor allem Gallien sichern wollen. Heute rätseln die Historiker eher darüber, ob Rom bereits zu diesem Zeitpunkt Germanien zu einer ordentlichen Provinz machen wollte. Es wäre durchaus vorstellbar, dass Augustus sich durch die Eroberung Germaniens als würdiger Nachfolger des großen Feldherrn Caesar beweisen wollte. Dieser sollte als letzten Plan gehegt haben, die gesamte Region vom Rhein bis zum Kaspischen Meer dem Reich einzuverleiben. War der *Princeps* nun auch von solchen Weltherrschaftsfantasien übermannt worden? Die systematisch nord-südliche Abfolge der Drususzüge jedenfalls könnte darauf hindeuten, dass römische Truppen sich einmal im gesamten Gebiet der Germanenstämme zeigen sollten, um ihre Ansprüche zu untermauern. Seltsam allerdings bleibt, warum im Jahre 10 v. Chr. in Rom die Türen des Janustempels geschlossen werden sollten. Dieses von Augustus wieder eingeführte althergebrachte Zeichen zeigte den Frieden im ganzen Reich an. Eine weitere kriegerische Unternehmung in Germanien durch Drusus war demnach zumindest zu diesem Zeitpunkt nicht vorgesehen. Was auch immer der Stiefsohn des Augustus in Germanien vorgehabt hatte, er konnte es nicht vollenden. Sein Bruder Tiberius trat die Nachfolge im Rheinkommando an und unternahm ebenfalls Sommerfeldzüge gen Osten. Es gelang ihm, mit zahlreichen germanischen Stämmen Verträge abzuschließen. Die Sugambrer siedelten sogar auf das linke Rheinufer über und kultivierten die Gegenden in der Nähe der Lager Castra Vetera (Xanten) und Novaesium (Neuss). *»Siegreich durchzog er alle Gebiete Germaniens, und zwar ohne jeglichen Verlust für die ihm anvertrauten Truppen«*, jubelt der Historiograf Velleius Paterculus in seiner *Römischen Geschichte.*

In den Folgejahren geschah im Nordosten nichts Neues. Zumindest nichts, was die Quellen für berichtenswert hielten. Überliefert ist lediglich eine Aktion des Feldherrn Lucius Domitius Ahenobarbus, der von der Donau aus zur Elbe vorstieß und sie überschritt, um einen Augustusaltar zu errichten. Doch die Ruhe in der einst so kriegerischen Region scheint trügerisch gewesen zu sein. Kurz nach der Zeitenwende erhoben sich die Stämme der Caninefaten, Actuarier, Brukterer, Chauken und Langobarden gegen die römische Herrschaft. Von einem *immensum bellum,* einem gewaltigen Krieg, spricht Velleius Paterculus. Unter den aufständischen Stämmen waren auch die Cherusker. Lucius Domitius Ahenobarbus hatte offenbar vergebens versucht, einen Teil des Stammes, der von seinem Siedlungsland vertrieben worden war, zurückzuführen. Für die Cherusker Anlass genug, sich der Erhebung anzuschließen. Dass so viele Stämme von der Rebellion erfasst wurden, versetzte Augustus in Alarmstimmung. Er nahm die Situation so ernst, dass er erneut seinen Stiefsohn Tiberius schickte. Eine durchaus pikante Entscheidung, hatte dieser sich doch aus der aktiven Politik und Kriegführung zurückgezogen. Augustus selbst hatte seinen Stiefsohn ins Exil nach Rhodos getrieben, da er ihn gezwungen hatte, seine rebellische Tochter Julia zu heiraten. Diese sorgte im klatschsüchtigen Rom für eine Kette von Skandalen, da sie sich unverhohlen mit ihren Liebhabern amüsierte. »Ich habe zwei Töchter, die mir schwer zu schaffen machen«, seufzte Augustus, »die res publica und Julia.« Der gehörnte Tiberius floh schließlich vor dem Spott Roms auf die griechische Insel, um sich nur noch den Wissenschaften zu widmen. Ernsthafte Hoffnungen auf eine Nachfolge Augustus' machte er sich nicht mehr. Längst hatte der Princeps klargemacht, dass er seine Herrschaft an einen seiner Enkel, Gaius oder Lucius Caesar, übergeben würde. Die beiden waren die Söhne der Julia aus ihrer Ehe mit Augustus' Freund Agrippa. Nun aber erforderte es die schwierige Situation in Germanien, dass Augustus über seinen Schatten springen musste. Er brauchte einen fähigen Feldherrn, der sich mit den rebellischen Stämmen im Norden auskannte. Das germanische Kommando bot für Augustus und Tiberius zugleich die Chance, ihr Verhältnis neu zu regeln. Augustus adoptierte seinen Stiefsohn und erklärte ihn zu seinem designierten Nachfolger, da seine beiden Enkel überraschend verstorben waren. In den Jahren 4 und 5 n. Chr. gelang es Tiberius, die römische Herrschaft wieder zu stabilisieren. »Nichts gab es mehr in Germanien, das man hätte besiegen können, außer dem Stamm der Markomannen«, freut sich Velleius Paterculus. Auf die Dauer aber konnte Tiberius nicht in Germanien bleiben. An zu vielen Stellen wurde der künftige Nachfolger des Augustus gebraucht. Während er in Pannonien den nächsten Aufstand niederkämpfte, trat der Mann auf die historische Bühne, der wenig später als der größte Verlierer der römischen Geschichte gelten würde: Publius Quinctilius Varus.

Varus – Eine römische Karriere

Als der etwa 53-jährige Varus im Jahr 6 n. Chr. nach Germanien kam, hatte er bereits eine glänzende Militärkarriere hinter sich. Erst kurz zuvor hatte ihn der Kaiser von seinem Posten in Syrien abgezogen, nun erhielt er den Oberbefehl über alle am Rhein stationierten Truppen. Seiner Order unterstanden fünf komplette Legionen mit ihren Auxiliareinheiten – ein enorm prestigeträchtiger Posten, der zudem von seinem Inhaber in absehbarer Zeit nicht allzu viel abzuverlangen schien.

Quinctilius Varus stammte aus einer alteingesessenen Adelsfamilie, die allerdings in den letzten Jahren nicht mehr sonderlich hervorgetreten war und den Zenit ihres Ansehens wohl schon überschritten hatte. »*Quinctilius Varus, aus einer mehr bekannten als vornehmen Familie*«, nennt ihn Velleius Paterculus spöttisch. Sein Vater, der Quästor Sextus Quinctilius Varus, nahm sich im Jahr 42 v. Chr. aus nicht überlieferten Gründen das Leben. Vermutlich hatte er in den Bürgerkriegen einmal zu oft auf der falschen Seite gestanden. Publius, der wahrscheinlich 47 oder 46 v. Chr. in Alba Longa, dem heutigen Castel Gandolfo, geboren worden war, genoss eine vorzeigbare Ausbildung. Möglicherweise wuchs er im Haushalt seines Verwandten Quinctilius Varus Cremonensis auf, in dessen Villa nahe dem heutigen Tivoli ein reger kultureller Gesellschaftsverkehr unterhalten wurde. Vergil, Horaz und andere Größen ihrer Zeit gaben sich hier die Klinke in die Hand. Horaz verewigte das Haus sogar in einem seiner Werke. Varus könnte demgemäß von Jugend an bereits mit der intellektuellen Elite Roms verkehrt haben. In jedem Fall aber reichte seine gesellschaftliche Platzierung, um trotz des skandalösen Endes seines Vaters 22 v. Chr. zum Quästor aufzusteigen, dem niedrigsten Amt der senatorischen Ämterlaufbahn, das oftmals den Einstieg in eine römische Ämterkarriere bedeutete. Er nutzte seinen ersten Posten, um engere Bande zum Kaiserhaus zu knüpfen, denn vermutlich begleitete er Augustus auf dessen Orientreise in den Jahren 22 bis 19. v. Chr. Sechs Jahre später, 13 v. Chr., wurde er gemeinsam mit Augustus' Stiefsohn Tiberius Konsul und hatte damit das höchste Amt Roms inne, auch wenn es zu dieser Zeit bereits an realem politischen

Einfluss stark eingebüßt hatte. Die enge Bindung zum Kaiserhaus baute Varus in dieser Zeit weiter aus. Seine Frau Claudia Pulchra war eine Großnichte des Kaisers. Velleius Paterculus beschreibt ihn als einen »*Mann von mildem Wesen, ruhigem Charakter*«, der aber »*an Körper und Geist wenig regsam*« gewesen sei. Seine schwungvolle Karriere in der römischen Ämterhierarchie allerdings spricht eine andere Sprache.

In den Jahren 7 und 6 v. Chr. wurde Varus laut Münzfunden Statthalter der Provinz Africa, dem afrikanischen Küstenstreifen entlang des Mittelmeeres. Schriftquellen aus dieser Zeit sind nicht überliefert. Dennoch wird man davon ausgehen können, dass er seine Mission ordentlich erledigte, denn ihm wurde – wie nur wenigen Statthaltern – erlaubt, sein eigenes Gesicht auf dort geschlagene Kupfermünzen zu prägen. Wir können uns also eine Vorstellung davon machen, wie der Mann ausgesehen hat, der der legendären Schlacht seinen Namen geben musste. Verschiedene Geldstücke mit dem Konterfei des Varus sind bekannt, die in ihrer Präzision aber stark variieren. Während die Münzen aus Hadrumetum kaum individuelle Züge erkennen lassen, kann man auf den Funden aus Achulla so viele Eigenheiten entdecken, dass das Porträt des Varus durchaus wirklichkeitsnah wiedergegeben sein könnte.

Römische Bronzemünze aus Achulla mit dem Kopf des Varus

Ein vierschrötiges Gesicht ist da zu sehen mit prägnanter Nase und kurzem Haar. Eine mächtige, spitz zulaufende Nase thront oberhalb gerader Lippen und eines starken Halses, den die Münzschneider mit hervortretendem Adamsapfel darstellten. Der Historiker Victor Gardthausen hat sich angesichts des Varusbildes zu einem vernichtenden Urteil hinreißen lassen: »*Das bartlose Gesicht mit der geraden Stirn, der großen, spitzen Nase, den weit zurücktretenden Augen und dem blöden Zug um den Mund macht keineswegs einen bedeutenden oder auch nur angenehmen Eindruck. Und dieser erste Eindruck verstärkt sich sogar noch bei näherem Zusehen. Das breite Gesicht und der fette Hals lassen auf einen wohlbeleibten, phlegmatischen Herrn schließen, der sich weder geistig noch körperlich gern anstrengte.*« Hier allerdings scheint der Tenor der Quellen, die ein wenig schmeichelhaftes Urteil über Varus fällten, den visuellen Eindruck geprägt zu haben. Denn ebenso gut könnte man im Münzbild einen rundlichen, freundlichen Herrn erkennen, wenn man denn wollte. Doch dem späteren Verlierer war es nicht vergönnt, viele Anwälte zu finden, selbst was sein Äußeres angeht. Allzu leicht fiel es, auch in seinem Münzporträt das Gegenstück zum jugendlichen Helden Arminius zu sehen. Mehr als einen Eindruck von der Physiognomie des Statthalters kann das Münzbild nicht liefern, doch es übt einen großen Reiz aus, da es unter all den gesichtslosen Protagonisten der Varusschlacht wenigstens einen einzigen ein wenig aus dem Dunkel der Geschichte hervortreten lässt.

Direkt im Anschluss an Afrika wurde Quinctilius Varus Statthalter in der Provinz Syrien, ein ausgesprochen heikler Posten, da Syrien die Grenze zum Partherreich bildete. Die Parther kontrollierten das Land östlich des Euphrat bis zum Hindus. Das mögliche Einfallstor dieser gewaltigen Macht im Osten zu sichern, war eine schwierige Aufgabe, aber auch eine prestigeträchtige. Um sie zu meistern, befehligte Varus nun mit drei kompletten Legionen einen der stärksten Heeresverbände des Reiches. Der »*legatus Augusti pro praetore*«, wie Varus offizieller Titel lautete, musste sich um Palästina ebenso kümmern wie um das verbündete judäische Königreich des Herodes, als dessen Berater Varus auftrat.

Als Herodes, der König von Judäa, im Jahr 4 v. Chr. starb, brachen in der jüdischen Bevölkerung Unruhen aus. Varus griff hart durch, wie der jüdische Geschichtsschreiber Flavius Josephus berichtet. Er stationierte drei römische Legionen in Jerusalem, um die Lage unter Kontrolle zu bringen – allerdings vergebens. Erneute Aufstände flammten auf, in deren Folge die Römer den Tempelbezirk verwüsteten und den Tempel plünderten. Ausgehend von Jerusalem erfasste die Flamme des Aufstands die gesamte Provinz Judäa. Wiederum zögerte Varus nicht lange und zwang mit zwei weiteren Legionen die Aufständischen nieder. 2 000 Aufrührer habe er kreuzigen lassen, so die Quellen. Sein rigoroses Vorgehen hatte sein Ziel insofern erreicht, als in der Region Ruhe einkehrte. Der Statthalter hatte zudem seine Fähigkeit gezeigt, die Legionen geschickt zu führen und in einer Region mit wechselhaften Allianzen den Überblick zu behalten. Das spöttische Urteil des Velleius, Varus sei »*mehr an das Nichtstun im Lager als an wirklichen Kriegsdienst gewöhnt*«, scheint nicht zuzutreffen. Wahrscheinlich im Jahr 3 n. Chr. wurde der Statthalter aus Syrien abgezogen, ohne dass wir die genauen Gründe dafür erfahren. Seinen Abschied aus der Provinz versüßte er sich laut Velleius Paterculus mit einem kräftigen Griff in die provinzielle Staatskasse. »*Wie wenig er übrigens das Geld verachtete, zeigte er in Syrien, dessen Statthalter er gewesen war. Arm kam er in die reiche Provinz und reich ging er aus der armen fort*«, so der Geschichtsschreiber. Dieser Satz ist wohl der am häufigsten zitierte, um den Charakter des Varus zu beschreiben, doch das harsche Urteil des Velleius wird ihm nicht gerecht. Wir wissen nicht, in welchem Maße Varus in Syrien Raubbau betrieben hat. Doch er machte genau das, was alle anderen auch taten: Es entsprach absolut den Gepflogenheiten der Zeit, sich reichhaltig aus dem jeweiligen Machtbereich zu bedienen, solange man dazu die Gelegenheit hatte. Niemand Geringeres als Caesar hatte während seiner Statthalterschaft in Südspanien in kaum einem Jahr seinen hoffnungslos überschuldeten Haushalt komplett saniert.

Hoch beladen verließ also das Schiff des Statthalters den Nahen Osten und Varus machte sich auf nach Norden, um seinen neuen Posten als Oberbefehlshaber der Rheintruppen anzutreten. Das Kommando war nicht ungefährlich, doch zumindest im Jahr 6 n. Chr. sah es so aus, als könnten es auch einige ruhige Jahre am Rhein für Publius

Quinctilius Varus werden. Ein idealer Posten für den Mann, den der jüdische Geschichtsschreiber Flavius Josephus als *»geistig bequem und körperlich behäbig«* beschrieb.

Provinz Germanien?
Neue Grabungen und erstaunliche Erkenntnisse

Sein Weg wird Varus direkt in eines der Rheinlager, möglicherweise nach Xanten oder Mainz, geführt haben. Wahrscheinlich nahm er, wie alle anderen Statthalter dieser Zeit auch, seine gesamte private Entourage mit, seien es Familienangehörige, Freunde oder Sklaven. So gestalteten die Amtsträger ihre oft jahrelange Abwesenheit von Rom durchaus in vertrautem Rahmen. Wie überall im Römischen Reich übernahm der Statthalter der jeweiligen Provinz auch den militärischen Oberbefehl über die dort stationierten Truppen. Zivile und militärische Angelegenheiten griffen nahtlos ineinander über. Die Legionen standen nicht ausschließlich für Kampfeinsätze bereit, sondern zu ihren Aufgaben gehörte das Eintreiben von Steuern ebenso wie der Aufbau einer wirtschaftlichen Infrastruktur oder der Straßenbau. Die Forschung ist sich weitgehend einig, dass es Varus' Aufgabe ab dem Jahr 7 n. Chr. war, nun im rechtsrheinischen Germanien den Aufbau römischer Verwaltungsstrukturen einzuleiten. Die *Germania magna* sollte römische Provinz werden. Nur wie? Zwar hatten Drusus, Tiberius und ihre Nachfolger hier Siege gefeiert. Über Tiberius hatte der Historiograf Velleius Paterculus sogar gejubelt: *»Er unterwarf Germanien so vollständig, dass er es fast zu einer tributpflichtigen Provinz machte.«* Auch der Geschichtsschreiber Aufidius Bassus vertritt die Meinung, die Germanen zwischen Elbe und Rhein hätten sich der römischen Herrschaft unterworfen. Und Florus schwadronierte gar: *»Schließlich herrschte ein solcher Frieden in Germanien, dass die Menschen wie verwandelt, das Land verändert und selbst das Klima milder und angenehmer als gewöhnlich erschien.«*
Aber was hieß das schon in einem gigantischen Gebiet, das bestenfalls minimal von römischen Reitern gestreift worden war? Die meis-

ten der zwei Millionen Einwohner der *Germania magna* hatten niemals einen Römer zu Gesicht bekommen. Konnte man das riesige Territorium im Nordosten als Provinz bezeichnen? Zahlreiche Indizien sprechen für eine zumindest offizielle Einverleibung der *Germania magna* in das Römische Weltreich. So wurde 7 v. Chr. das *pomerium*, die sakrale Stadtgrenze Roms, erweitert. Sie stand als Symbol für die Ausdehnung des Reiches, die man nach dem Triumph des Tiberius in Germanien offenbar als saturiert ansah. Der verstorbene Drusus erhielt den zukünftig in seiner Familie vererbbaren Titel *Germanicus*, was die Quellen mit dem »*cognomen ex provincia: Germanicus*« vermerken. Doch selbst wenn die Region den Römern als Provinz galt – war sie das auch für die Germanen? Es hatte keine Schlacht gegeben, als deren Ergebnis sich »die Germanen« als Gesamtheit ergeben hätten. Die Region war eher durchstreift als erobert worden. Zwar waren immer wieder einzelne Stämme besiegt oder per Vertrag befriedet worden, aber was interessierte das den Nachbarstamm? Ein Brukterer fühlte sich nicht unterworfen, weil sich die Cherusker oder eine andere Stammesgemeinschaft gebeugt hatten. Keine Hauptstadt, kein Zentrum war erobert worden, auf dessen Marktplatz die siegreichen römischen Truppen hätten paradieren können. Von einer flächendeckenden Beherrschung des Gebietes waren die Römer meilenweit entfernt. Cassius Dio beschreibt die Lage in Germanien: »*Die Römer hatten gewisse Teile davon in Besitz, nicht zusammenhängende Gebiete, sondern nur solche Bezirke, wie sie gerade unterworfen worden waren, weshalb dann auch hiervon keine Erwähnung geschah.*«

Die Archäologen haben diese »gewissen Teile« vor allem in den vergangenen Jahrzehnten mehr und mehr entdeckt und ausgegraben. Vom Rhein ausgehend hatten die Römer mit den Zügen des Drusus Schneisen gen Osten geschlagen und diese mit einer Reihe von Lagern befestigt. Sie beschleunigten das Fortkommen in der *Germania magna* enorm und stellten eine einigermaßen gesicherte Möglichkeit für die römischen Truppen dar, von ihren Winterlagern am Rhein Sommer für Sommer nach Osten zu ziehen. Die eine reichte vom Lager Vetera (Xanten) über die Lager Holsterhausen, Haltern, Oberaden und Anreppen bis Bielefeld. Die römischen Namen dieser Stützpunkte sind nicht überliefert. Vor allem mit dem Lager Oberaden bei Bergkamen, das aller

Wahrscheinlichkeit nach zwischen 11 und 7 v. Chr. angelegt wurde, verfügte Rom über einen beeindruckenden Vorposten in der *Germania*. 680 Meter lang und 840 Meter breit umschlossen die Wälle des Lagers fünf Hektar Land. Der das Lager umgebende Graben war fünf Meter breit und drei Meter tief – ein unüberwindbares Hindernis für angreifende Germanen. Allein das Haus des Lagerkommandanten, das *Praetorium*, hatte gigantische Ausmaße. Es war ähnlich imposant gestaltet wie eine römische Villa und verfügte über eine Vorhalle und einen großen Innenhof. Oberaden demonstrierte den Machtanspruch Roms in dieser für das Reich noch entlegenen Gegend. Vorgelagert war eine kleine Hafenanlage im wenige Kilometer entfernten Beckinghausen an der Lippe, über die der Stützpunkt mit dem Notwendigen versorgt werden konnte. Während Oberaden bereits in den Jahren 8/7 v. Chr. wieder aufgegeben wurde, bestanden andere Posten länger. Eine zweite Region römischer Präsenz ragte von Mainz über Friedberg nach Rödgen und Bad Nauheim. Der am weitesten nach Osten reichende Punkt sind die Lager von Hedemünden an der Werra. Ein dritter Keil zog sich durch das Lahntal bis ins hessische Waldgirmes. Die provinzialrömische Archäologie hat gerade in den vergangenen Jahrzehnten zahlreiche Spuren römischen Straßenbaus im rechtsrheinischen Gebiet nachweisen können. So wurde bei Haltern eine Gräberstraße außerhalb des Lagers ausgegraben. Auch in der Nähe von Holsterhausen und Anreppen sind Überreste von Straßen aufgetaucht. Zwar entsprechen die Oberflächen nicht den ansonsten von Römerstraßen bekannten Pflasterungen, sodass man wohl besser von Pisten sprechen sollte, doch wurden sie offenbar von den Truppen rege genutzt. Eine neun Meter breite Straße bei Anreppen etwa zeigt sogar noch Wagenspuren und Abdrücke römischer Schuhnägel. Andere, wie die Straßen bei Holsterhausen und Haltern, sind 37 bzw. 40 Meter breit, sodass die Legionen hier in voller Marschbreite aufmarschieren konnten.

Doch auch wenn die Archäologie in der näheren Zukunft noch mehr Funde im Bereich der römischen Wege in Germanien erwartet – von einer wirklich flächendeckenden Durchdringung des rechtsrheinischen Gebietes durch Rom kann keine Rede sein. Wie einsame Inseln lagen die Stützpunkte inmitten eines unbekannten Gebietes. Es dauerte Tage, bis eine Truppe das jeweils nächste Lager erreichte und mancher Legionär dürfte aufgeatmet haben, wenn sich die Lagertore hinter ihm schlossen und er die düsteren Wälder Germaniens hinter sich lassen konnte. Die Stützpunkte müssen den Germanen sehr fremdartig erschienen sein, erhoben sie sich doch wie ein »*frühneuzeitliches Fort in den Kolonialgebieten*«, wie der Historiker Reinhard Wolters formuliert, mitten in ihrem Stammesgebiet. Was waren die Römer für die indigene Bevölkerung? Ungebetene Gäste oder doch mittlerweile schon mehr? Die Chronisten berichten, es habe längst freundschaftliche Annäherungen zwischen Römern und Einheimischen gegeben. »*Und römische Soldaten lagen dort in Winterquartieren, und man begann eben mit der Anlage von Städten. Die Barbaren selbst passten sich den neuen Sitten an, gewöhnten sich an die Abhaltung von Märkten und trafen sich zu friedlichen Zusammenkünften*«, so Cassius Dio. Wo aber könnten diese Städte sein? Wo trafen sich Römer und Germanen zum Markt? Bislang konnten nur wenige Handelskontakte nachgewiesen werden. So nutzten die Römer die rechtsrheinischen Erzvorkommen im Bergischen Land und im Sauerland. Auf einem Acker bei Brilon im Hochsauerland beispielsweise wurden Gussreste und 30 Bleibarren gefunden. Einer der Barren trug eine Inschrift, die um die Zeitenwende eingeordnet werden kann. Viel mehr friedliche Kontakte aber konnten bislang nicht nachgewiesen werden, sodass die »Städte und Märkte« des Cassius Dio in der Forschung lange ins Reich der Fantasie verwiesen wurden.

Rom in der Wildnis – Die Siedlung Waldgirmes

1993 aber wurde in Waldgirmes zwischen Wetzlar und Gießen ein etwa acht Hektar großer Komplex ausgegraben, der ganz neue Rückschlüsse auf das Verhältnis zwischen Germanen und Römern zu Zeiten des Quinctilius Varus zulässt. Zunächst erschien den Archäologen der Platz – spektakulär genug – ein weiteres augusteisches Militärlager zu sein. Das gesamte Areal war von einer mehr als drei Meter breiten Holz-Erde-Mauer umgeben, die von zwei vorgelagerten Spitzgräben verstärkt wurde. Zwei Hauptstraßen gliederten das Geländeinnere in vier bebaute Abschnitte. Ein System von Leitungen sorgte für die Versorgung mit Frisch- und den Abtransport von Brauchwasser. Bis hierher fügte sich das Bild noch in die Reihe der anderen römischen Lagerplätze in der *Germania magna*. In der Mitte der Anlage allerdings erhob sich ein mächtiges Gebäude von 2 200 Quadratmetern Größe.

Rekonstruktion des Forums von Waldgirmes

Allein die Halle, die den mehrflügeligen Bau nach Norden abschloss, war 12 mal 45 Meter lang. Der Innenhof hatte die üppigen Ausmaße von 32 mal 24 Metern. Noch ungewöhnlicher: Das Gebäude war in Fachwerktechnik aus Kalkstein errichtet worden und bildet damit die erste und bislang einzig bekannte Anlage mit Steinmauern auf der östlichen Rheinseite aus augusteischer Zeit. Diese Funde ließen nur einen Schluss zu: Es handelte sich hier um das Forum einer römischen Stadt, das heißt einer zivilen Siedlung und damit der ersten und bislang einzigen, die diesseits des Rheins ausgemacht werden konnte. Die Kleinfunde von Waldgirmes bestätigten dieses Bild. Während Waffen und Militaria nur spärlich vertreten waren, fanden sich zunehmend Werkzeuge, Töpferöfen und andere Zeugnisse täglichen Lebens

Einheimische und römische Gefäßkeramik aus Waldgirmes

Neben der roten gestempelten Keramik, der römischen *Terra Sigillata*, und feinem römischen Essgeschirr gab es zahlreiches gröberes einheimisches Geschirr. Ebenso tauchten verschiedenste Formen von Fibeln auf, hübschen Gewandspangen, die sowohl römischer als auch germanischer Herkunft waren. Hier war sie also, eine der Städte, von denen Cassius Dio gesprochen hatte.

In der Anlage fanden sich Atriumhäuser, Gebäude mit großen Hofarealen, die vermutlich landwirtschaftlich genutzt wurden, und zahlreiche Bauwerke, die zur Straße hin offene Räume hatten. Wahrscheinlich handelte es sich hier um Ladenlokale. Andere Häuser wiederum hatten so breite Toröffnungen, dass sie wahrscheinlich für die Einfahrt von Fuhrwerken vorgesehen waren. Die spektakulärste Entdeckung hielt eine verfüllte Grube bereit, auf deren Boden mehr als einhundert Bruchstücke einer Bronzestatue aufgefunden wurden. Da unter den Stücken die Darstellung eines Pferdefußes und ein Teil des rankenverzierten Brustgurtes eines Pferdes war, muss es sich bei der dargestellten Person um einen Reiter gehandelt haben. Mit aller größter Wahrscheinlichkeit war hier Augustus selbst zu sehen, der in Waldgirmes seinen Machtanspruch über die Region demonstrierte.

Die Lage von Waldgirmes war strategisch so ideal, dass die Forschung heute davon ausgeht, es nicht mit einer zufälligen Siedlung zu tun zu haben. Vielmehr war hier wohl bewusst ein römisches Zentrum gegründet worden, um die neu eroberten Gebiete zu erschließen und zu verwalten. Von der mittleren Lahn aus war Kastell Arnsburg nicht weit, für das eine militärische Nutzung auch in frührömischer Zeit angenommen wird. Zudem konnte über die Lahn der Rhein und die Mosel erreicht werden und damit auch Gallien. Zwar war der Fluss nicht durchgehend schiffbar, doch in Waldgirmes gefundene Kalksteinquader aus dem Moselgebiet zeigen, dass die Flachstellen überwunden werden konnten.

Waldgirmes scheint nicht die einzige Siedlung der Region gewesen zu sein, in der Römer und Germanen miteinander lebten und Handel trieben. Neuere Funde belegen auch für das Lager Haltern, dass dort eine zumindest teilweise zivile Nutzung stattfand. Hier an der Lippe, etwa 40 Kilometer flussaufwärts von Xanten, wurden mehrere Gebäude gefunden, die eindeutig nicht militärisch genutzt wurden

Ein besonders repräsentatives Haus verfügte über einen Peristylhof.

Haltern: Modell des Hauptlagers

Möglicherweise wohnten hier Beamte, die den Aufbau der zivilen Verwaltungsstrukturen steuern sollten. Auch lassen die Funde darauf schließen, dass in Haltern in größerem Stil Keramik hergestellt wurde, was eher zu einem Marktort als zu einem Militärstützpunkt passen würde. Als größtes Gebäude des Lagers fand sich ein 80 mal 44 Meter großes *valetudinarium*, ein Krankenhaus, dessen Krankenzimmer um einen Innenhof herum angeordnet waren.

Die stationierten Legionäre hatten in Haltern offenbar eine neue Heimat gefunden, wie spektakuläre Funde in den Achtzigerjahren bewiesen. Eine Schrebergärtnerin war zufällig auf eine römische Urne gestoßen und alarmierte die Archäologen. In langjährigen aufwendigen Grabungen legte man seither eine nach Westen verlaufende Gräberstraße frei, an der mindestens 100 Römer bestattet wurden. Menschen verschiedenster Sozialklassen hatten hier ihre letzte Ruhe gefunden. So schmückte manchen Urnenplatz lediglich eine Stele, andere wiederum waren von mächtigen Grabdenkmälern überbaut, die bis zu 14 Meter Durchmesser hatten. Auch die Gräber römischer Frauen und Kinder fanden sich in Haltern, doch die meisten Verstorbenen waren römische Soldaten. Getreu dem römischen Motto: »*Ubi bene, ibi patria – Wo es mir gut geht, da ist mein Vaterland*«, wollten die Legionäre nach ihrem Ableben in der Fremde bestattet werden, die ihnen ans Herz gewachsen war.

Realisten versus Idealisten – Wollten die Germanen Römer werden?

Wie aber sah die Situation in den Gebieten aus, die nicht im Einflussbereich der römischen Militärschneisen lagen? Beäugte man dort skeptisch, was in der Nachbarschaft vorging oder bereitete man sich bereits darauf vor, ebenfalls von der römischen Kultur erreicht zu werden?

Lebhafte Diskussionen müssen in jenen Jahren auf den germanischen Gehöften oder im Thing geführt worden sein. Mancher Stammesführer war bereits mit den Römern in Kontakt gekommen. Möglicherweise hatte er einen Ort wie Waldgirmes besucht oder die Sicherheit steinerner Häuser erlebt und das silberne Tafelgeschirr eines römischen Offiziers bewundert. Eine römische Fußbodenheizung dürfte manchem Germanen wieder ins Gedächtnis gekommen sein, wenn er sich an einem kalten Wintertag in seine Felldecke hüllte. Die Üppigkeit der Speisen und nicht zuletzt ein Tropfen guten Weines gehörten ebenfalls zu den vielen Annehmlichkeiten des *roman way of life*, der den Germanen nun vor die eigene Haustür getragen wurde. Doch es ging nicht nur um die Verlockungen des süßen Lebens. Das Zivilisationsgefälle zwischen der römischen und der germanischen Welt war für viele Germanen offensichtlich. Das Fehlen größerer Siedlungen oder Städte war ein Mangel, bringt doch das Zusammenleben von Menschen in größeren Gruppen zu allen Zeiten stets besondere Leistungen hervor. Im direkten Austausch und auch Vergleich mit dem Nachbarn wachsen Menschen über sich hinaus und suchen nach neuen Wegen. Eine Gesellschaft wie die germanische, deren Mitglieder in ihren kleinen Dörfchen im eigenen Saft schmorten, lief Gefahr, rückständig zu werden. Sie verfügte über keinerlei Verwaltung, kein geschriebenes Recht. Ihr Leben prägten überkommene Gesetze, die jedoch nirgends fixiert waren. Die Römer dagegen organisierten mit ihrem Beamtenapparat ein Weltreich und verließen sich auf ein Rechtssystem, das bis heute die Grundlage der europäischen Verfassungen ist. Wo die Germanen noch eisenzeitlichen Tauschhandel betrieben, verfügte Rom über eine pulsierende Wirtschaft mit geregeltem Münzwesen. Und mehr noch: Die römische Kultur versprach Frieden in einer Region, in der Krieg der gesellschaftliche Normalzustand war. Friede definierte sich in Germanien als die Abwesenheit von Kampfhandlungen. Den weitsichtigeren unter den Germanen werden die Vorteile eines solchen Zusammenlebens reizvoll erschienen sein. Die pragmatischeren könnten einfach erkannt haben, dass es klüger war, sich mit den neuen Besatzern gut zu stellen. Allzu oft hatten sie bereits erlebt, was es hieß, sich mit den Römern anzulegen. Immer wieder waren ihre Aufstände unter hohen Verlusten niedergeschlagen worden. Und wollte man wirklich gegen etwas rebellieren, das man eigentlich recht angenehm fand? »*Daher empörten sie sich auch nicht über die Veränderung ihres Lebens, solange sie nur allmählich und gewissermaßen schrittweise mit (der nötigen) Vorsicht (seitens der Römer) ihre*

Eigenart verlernten«, so formuliert Cassius Dio. Lag hier überhaupt ein *clash of cultures* vor? Wie die Lebensart der USA von vielen modernen Ländern imitiert wird, so adaptierten zumindest einige Germanen durchaus freiwillig das Neue. Doch wie weit würde die Assimilation gehen? Würde die römische Kultur die *Germania magna* ebenso vereinnahmen, wie sie es mit so vielen anderen Ländern gemacht hatte? *»Nicht die Samniten, nicht die Karthager, nicht die Gallier, nicht die Spanier, nicht einmal die Parther haben uns so oft herausgefordert wie die Germanen«*, schreibt Tacitus, *»ja gefährlicher noch als die Macht der Arsakiden ist dieses Volk mit seinem Freiheitswillen.«* Augenscheinlich waren viele Germanen nicht bereit, für die Annehmlichkeiten des römischen Lebens mit der Aufgabe ihrer überkommenen Kultur zu bezahlen. *»Sie (die Germanen) gewöhnten sich an ihre Märkte und hatten friedliche Zusammenkünfte«*, berichtet Cassius Dio. *»Aber den Geist der Väter, ihren angeborenen Charakter, ihre selbstherrliche Lebensweise und ihre Freiheit aufgrund ihrer Wehrhaftigkeit hatten sie nicht vergessen.«* Gleich modernen Globalisierungsgegnern getrauten sich einige Idealisten, das Ungeheuerliche zu denken: Den Aufstand gegen die Großmacht wagen!

5. DER PERFEKTE PLAN

Spätestens im Frühjahr des Jahres 9 n. Chr. kehrte Arminius, der Sohn des Cheruskerfürsten, nach Germanien zurück. Wahrscheinlich war er mit den Männern seiner Auxiliareinheit direkt vom Einsatz in Pannonien nach Norden geschickt worden. Rom versprach sich einiges von den germanischen Soldaten. Sie kannten die Kampfesweise ihrer Landsleute und sie verstanden deren Sprache. Darüber hinaus verfügten viele von ihnen über profunde Ortskenntnisse und konnten als Kundschafter und Boten gute Dienste leisten. Sie wussten um den Verlauf der vielen Flüsschen und konnten die Hügel des Weserberglandes, des Rothaargebirges oder des Bergischen Landes voneinander unterscheiden, die für Ortsfremde zum Verwechseln ähnlich waren. Arminius, als nobel geborener Cherusker, war sicherlich auch als Vermittler zu den Führern der Stämme vorgesehen. Er scheint schnell die Nähe des Statthalters gesucht zu haben, denn die Quellen nennen ihn dessen Tischgenossen. Es ist davon auszugehen, dass der Cherusker und seine Männer mit den Römern zum Sommerfeldzug aufbrachen. In nahezu jedem Frühjahr verließen die Legionen die Lager am Rhein und zogen für einige Monate nach Osten ins rechtsrheinische Gebiet. Sobald der Herbst kam, drehten die Truppen um und kehrten in die Stützpunkte links des Rheins zurück. Freiwillig hätte keine Legion den Winter mit seinen gefürchteten Stürmen und eisigen Regengüssen außerhalb der befestigten Stützpunkte verbracht. Ob die Männer des Arminius militärische Auseinandersetzungen erwarteten oder sie gar gegen Landsleute würden kämpfen müssen, war zu diesem Zeitpunkt nicht absehbar. Für Arminius bot das Kommando nach all den Jahren die Gelegenheit zum Wiedersehen mit seiner Familie. Ob er seinen Vater Segimer noch lebend antraf, ist unsicher. Irgendwann in diesen Jahren muss der alte Cheruskerfürst gestorben sein, da er in den Quellen nicht mehr erwähnt wird. Arminius' Mutter aber lebte noch, und der Sohn wird eine Möglichkeit gefunden haben, sein Elternhaus zu besuchen. Gut vorstellbar ist, dass er von seinem verstorbenen oder bereits kranken Vater die Führung des Stammes übernahm. Der alte Segimer aber hatte keineswegs die Cherusker als Gesamtheit geführt. Sein Bruder Inguomer und der Verwandte Segestes hatten eine ähnlich hohe Stellung in der Führung des Stammes, der nach allen Querelen der vergangenen Jahrzehnte nun als romfreundlich galt. Segestes jedenfalls hatte schnell Kontakt zum neuen Statthalter Varus aufgenommen und wird in den Quellen ebenfalls als dessen Tischgenosse bezeichnet.

Mit eiserner Hand – Varus in Germanien

Seit Arminius nach Süden gegangen war, hatte sich sein Heimatland verändert. Folgt man den Quellen, standen die Zeichen vielerorts auf Sturm und daran war – darin sind sich die Geschichtsschreiber einig – niemand Geringeres als der kaiserliche Statthalter Varus selbst schuld. Er sei, so Velleius Paterculus, außerordentlich arrogant den Einheimischen gegenüber aufgetreten. »*Als er (Varus) das Heer in Germanien befehligte*«, schreibt Velleius, »*bildete er sich die Meinung, dass die Bewohner Menschen seien, die außer der Stimme und den Gliedern nichts von Menschen an sich hätten.*« Der neue Statthalter setzte, wie schon bei seinem Einsatz in Syrien, auf eine Politik von Recht und Gesetz. Mit aller Macht versuchte er, die römischen Bestimmungen buchstabengetreu durchzudrücken, indem er Gerichtsverhandlungen hielt. Er war der Meinung, so schreibt Velleius, »*dass sie, die durch das Schwert nicht unterworfen werden konnten, durch das Recht gefügig gemacht werden könnten*«. Eine Gesellschaft, die wie die germanische überhaupt kein niedergeschriebenes Recht kannte, muss hiervon irritiert gewesen sein. Und welche Bedeutung sollte das Recht eines fernen römischen Kaisers in einem Land haben, in dem eine Vielzahl von Stammesfürsten die Geschicke ihrer Sippen lenkten? Laut Velleius Paterculus nutzten die Germanen listig die Begeisterung des Varus für pompöse Gerichtsverhandlungen aus. »*Sie erfanden einen Rechtsstreit*

nach dem anderen; bald schleppte einer den anderen vor Gericht; bald bedank-
ten sie sich dafür, dass das römische Recht ihren Händeln ein Ende mache, dass
ihr ungeschlachtes Wesen durch diese neue und bisher unbekannte Einrichtung
allmählich friedsam werde und, was sie nach ihrer Gewohnheit bisher durch
Waffengewalt entschieden hätten, nun durch Recht und Gesetz beigelegt würde.«
Der eitle Varus sei, so Velleius, bereitwillig in die Falle getappt. *»Er fühlte*
sich eher als Stadtprätor, der auf dem römischen Forum Recht spricht, denn als
Oberbefehlshaber einer Armee im tiefsten Germanien«, schreibt er. Ob tatsächlich so viel Ironie im Spiel war, wenn der ein oder andere Germane
bei Nachbarschaftsquerelen Rückhalt beim Römer suchte, sei dahingestellt. Diejenigen, denen Varus Recht gab, dürften zumindest zeitweise
mit dem römischen Rechtssystem durchaus einverstanden gewesen
sein.

Für allergrößten Unmut aber sorgten die finanziellen Forderungen,
die der neue Statthalter erhob. In der *Germania magna* war auf den ersten Blick nicht allzu viel zu holen. Es gab keinerlei Edelmetall und auch
größere Anbauflächen für Getreide fehlten. Doch das Land war unend-
lich groß und weitgehend unerschlossen. Mit ein wenig Zeit konnte es

Eine Kupfermünze aus Kalkriese mit dem Gegenstempel des Varus

sich für römische Ansprüche als durchaus lohnend herausstellen. Darüber hinaus war die Einforderung von Tributen ein Herrschaftsinstrument, das für die Konsolidierung einer neuen Provinz unerlässlich war. Dass die schmalen Erträge und vermutlich auch das hoch geschätzte Vieh allerdings konfisziert wurden, erzürnte die Germanen enorm. Als der Statthalter »*Geldzahlungen von ihnen wie von Untertanen eintreiben wollte, war ihre Geduld zu Ende*«, schreibt Cassius Dio. Aus römischer Sicht war Varus' Verhalten völlig normal. Durch das Eintreiben von Tributen kam er einmal den finanziellen Forderungen Roms nach und demonstrierte darüber hinaus, wer der neue Herr in der *Germania magna* war. Für Varus stand der Herrschaftsanspruch Roms außer Frage. Er agierte, als stehe er bereits einer regulären Provinz vor. Zahlreiche in den Rheinlagern und im niedersächsischen Kalkriese gefundene Kupfermünzen, die im gallischen Lyon geprägt worden waren, zeigen ein Porträt des Augustus und den Gegenstempel des Varus in Form des Kürzels »VAR«.

Sie könnten das speziell gekennzeichnete Zahlungsmittel des Varus für verdiente Legionäre und Truppenteile gewesen sein. Der Statthalter schickte sich also an, mit den Legionen der Rheinarmee eine dauerhafte Besatzungsstruktur zu schaffen. Dabei ließ er es aber offenbar an Fingerspitzengefühl fehlen. Germanen seien von den Besatzern hingerichtet worden, berichtet Tacitus. Damit verstießen die Römer gegen ein ureigenes germanisches Recht. »*Übrigens ist es allein den Priestern erlaubt, zu strafen oder zu fesseln oder auch nur zu züchtigen, nicht wie zur Strafe und auch nicht auf Befehl des Heerführers, sondern wie auf Geheiß des Gottes, der, wie sie glauben, den Kämpfern beisteht*«, so der Schreiber.

Der junge Ritter Arminius sah all das, als er im Auftrag Roms durch die germanischen Wälder und Weiler ritt. Er mag durch Dörfer gezogen sein, in denen die Römer das Saatgut konfisziert hatten, das den Bewohnern das Überleben gesichert hätte; er mag Höfe gesehen haben, denen das Vieh genommen wurde, weil ihre Besitzer ihre Steuerlast nicht begleichen konnten. Und sicherlich hörte er – zum ersten Mal seit Jahren wieder in seiner Muttersprache – die Klagen der Germanen. Vielleicht auch die Anklagen, denn immerhin erschien er in der Uniform der fremden Macht. Arminius' Familie, die Führungssippe der Cherusker, stand sich mit den Römern offenbar ausnehmend gut und

Varus bestraft die Germanen

gehörte zu den Kriegsgewinnlern. Segimund, der Sohn des Segestes, diente als Priester am Augustusaltar in Oppidum Ubiorum, dem späteren Köln. Arminius' Bruder Flavus stand wie er in römischem Militärdienst. Segestes und Arminius selbst waren im Lager des Varus gern gesehen. Und doch war der junge Cherusker an einem Scheideweg angekommen: Mit kaum 25 Jahren entschied er sich gegen Rom.

Sinneswandel – Arminius wechselt die Fronten

Warum Arminius zum Feind Roms wurde, ist Gegenstand leidenschaftlicher historischer Forschung. Was brachte ihn dazu, sich gegen diejenigen zu wenden, bei denen es ihm all die Jahre gut ergangen war? Immerhin hatte er bei den Römern eine solide Ausbildung genossen und in der Armee schnell Karriere gemacht. Schlug plötzlich wieder sein germanisches Herz? Wollte er seinen Platz innerhalb des cheruskischen Stammes manifestieren und sich so als rechtmäßigen Nachfolger seines Vaters wieder in Erinnerung bringen? Oder witterte er die Chance, sich mit einem abenteuerlichen Coup ewigen Ruhm zu verdienen? Versuchte er gar, durch Lenkung vieler Stämme eine Art »König der Germanen« zu werden? Über die Gründe lässt sich trefflich spekulieren, da die Quellen zu diesem wichtigen Punkt schweigen oder nur widersprüchliche Angaben machen. Die Erklärungsansätze innerhalb der Forschung sind dementsprechend vielfältig und werden einerseits in den Tiefen seiner Psyche, andererseits in den Fakten seiner Lebenswelt gesucht. Psychologisch mag die Kehrtwende des jungen Mannes durchaus erklärbar sein. Arminius hatte seine Landsleute in der Kindheit als selbstständige, stolze Krieger erlebt. Als Heimkehrer traf er sie nun machtlos an – eine Erfahrung, die seinen Zorn geweckt haben könnte. Viele Stammesobere, die wahrscheinlich der älteren Generation angehörten, hatten sich mit den Römern arrangiert. Wohl dem, der weiß, wann er zu gehorchen hat. Arminius könnte sich zum Sprecher der jungen Wilden aufgeschwungen haben, die ihre eigenen Erfahrungen in der Auseinandersetzung mit den Römern noch nicht gemacht hatten und daher risikobereiter waren. Doch ist es wirklich angemessen, den antiken Helden auf die Couch zu legen? Zu spekulativ scheinen die Konstrukte. Die jüngere Forschung suchte dementsprechend nach konkreteren Erklärungen. Denn möglicherweise hatte Arminius gar nicht im Sinne, was später geschah. Er habe eigentlich nur eine Revolte der germanischen Hilfstruppen geplant, so der Historiker Dieter Timpe. Die Auxiliarsoldaten in römischen Diensten murrten oft über geringschätzige Behandlung und schlechten Sold. Für einen energischen Führer dürfte es in dieser Situation durchaus möglich gewesen sein, die Männer zur Rebellion zu bewegen. Und was eher als eine Art gewaltsame Tarifverhandlung geplant gewesen war, habe sich zum mächtigen Aufstand ausgewachsen. Der Bataveraufstand der Jahre 70/71 n. Chr. kam tatsächlich so zustande. Doch wäre ein derartiger Flächenbrand im Jahre 9 n. Chr. schon möglich gewesen, wenn es nur um die Interessen der Auxiliareinheiten ging?

Anderen Historikern zufolge war der Plan des Arminius nicht primär gegen das Römische Reich, sondern vielmehr gegen die Rivalen in der eigenen Familie gerichtet. Als Heimkehrer und möglicher Nachfolger seines Vaters Segimer musste er sich durch eine Tat ungeheuren Ausmaßes Respekt verschaffen. Tatsächlich scheinen die Friktionen innerhalb der Sippe des Arminius gewaltig gewesen zu sein. Wer braucht Feinde, wenn er eine solche Familie hat? Verrat, Raub, Entführung und Mord – all das geschah in der Familienchronik des Arminius in nur wenigen Jahren. Durch die Wiederherstellung der Ehre seines Stammes, die von den Römern verletzt worden war, hätte sich der Heimkehrer auf einen Schlag an die Spitze setzen können. Folgt man dem Historiker Reinhard Wolters, gingen Arminius Pläne sogar noch weiter. Er sei »durch unsere Niederlage berühmt« geworden, schreibt Velleius Paterculus. Vielleicht wollte er durch seine Tat einen Herrscher im Osten beeindrucken: Marbod, den Herrn der Markomannen und damit fraglos einen der mächtigsten Germanenherrscher seiner Zeit. Wie Arminius hatte Marbod, oder Maroboduus, wie ihn die Römer nannten, sein Handwerk in Rom gelernt. Er war dort ausgebildet worden und wahrscheinlich ebenfalls römischer Bürger. Anders als Arminius aber zog er aus seiner Kenntnis des römischen Militärs den Schluss, dass es weiser sei, dem übermächtigen Gegner auszuweichen bzw. mit ihm zu kooperieren. Sein Königreich, das für die Zeit erstaunlich modern war, stellte für Rom eine existenzielle Bedrohung dar. Es sei nur 300 Meilen von den Grenzen des Reiches entfernt, schauderte Velleius Paterculus. 70 000 Fußsoldaten und 4 000 Reiter stünden dort unter Marbods Befehl. Diesen wiederum schildert der Schreiber durchaus respektvoll und dürfte damit auch die Einstellung Roms zum mächtigen Gegner zum Ausdruck bringen. Marbod sei mehr nach seiner Abstammung als nach seinen geistigen Möglichkeiten ein Barbar. Er besitze eine unangefochtene Befehlsgewalt, die er selbst errungen und nicht durch Zufall oder seine Stammesgenossen erhalten habe. 6 n. Chr. hatte Tiberius versucht, das Marbod-Reich in einer gigantischen Zangenbewegung einzuschließen. Zwölf Legionen wurden hierzu eingesetzt, mehr als je zuvor in diesem Raum. Trotz allen Geschicks hätte der Markomannenkönig diesem gigantischen Heer nur wenig entgegenzusetzen gehabt. Doch Marbod kam davon. Just in dem Moment, in dem er in die Zange genommen werden sollte, brach der Aufstand in Pannonien aus. »*Die Furcht vor diesem Krieg war so groß, dass sie sogar den standhaften und durch die Erfahrungen aus so großen Kriegen gefestigten Mut des Kaisers Augustus zum Wanken brachte und aufs Tiefste erschreckte*«, schreibt Velleius Paterculus. Augenblicklich wurden die Truppen gegen Böhmen abgezogen und alle verfügbaren Kräfte nach Pannonien geschickt. Darunter auch eine cheruskische Hilfstruppe unter einem Führer namens Arminius. Was Marbod widerfahren war, bestärkte viele Germanen in dem Glauben, dass er von besonderem Heil gesegnet war, einer Segnung der Götter, die ihm eine große Gefolgschaft sicherte. Es könnte die Absicht des Arminius gewesen sein, hier ein Kräftemessen anzustreben. Sollte es Arminius gelingen, die Römer zu schlagen, hätte er mit Marbod gleichgezogen und sich seinerseits eine enorme Gefolgschaft aus verschiedenen Stämmen gesichert. Der nächste Schritt wäre möglicherweise die Herrschaft über diese Stämme gewesen und damit quasi eine königsgleiche Position. Wahrscheinlich besaß Arminius diesen Ehrgeiz, doch er hatte seine Pläne ohne die Verwandtschaft gemacht. Denn wie der Historiker Alexander Demandt formulierte: »*Das Problem des germanischen Königtums war nie das Volk, sondern immer der Adel.*«

Aber erklären derartige Ansätze das nahezu selbstmörderisch mutige Verhalten des Arminius? Er setzte seine Existenz aufs Spiel, denn sollte auffliegen, dass er Teil der Verschwörung gegen Rom, ja gar ihr Anführer war, gab es für ihn keinen Weg zurück in die römische Armee. Und sollten die Germanen im Kampf unterliegen, gab es für ihn auch keinen Weg zurück nach Germanien. Denn für einen glücklosen Führer war bei den Cheruskern kein Platz. Geprägt vom Urteil des Tacitus, nach dem Arminius »*fraglos der Befreier Germaniens*« war, sah die ältere Forschung in ihm stets denjenigen, der die zerstrittenen Stämme einen wollte und somit der Urvater der Nation wurde. »*Nie werden die Germanen sich damit abfinden, dass sie zwischen Elbe und Rhein Beil, Rutenbündel und die Toga sehen*«, zitiert er den Cherusker. Doch hier prägte ein Ergebnis den Anfang; denn im Jahr 9 n. Chr. gab es zunächst nicht mehr als einen verwegenen Plan: Arminius wollte mit einer germanischen Streitmacht dem gewaltigen Legionszug des Varus auf dem Rückweg in die Winterlager auflauern und ihn zerstören. »*Die Römer könnten vernichtet werden, das war seine Behauptung, mit der er auch überzeugte*«, so Velleius Paterculus. »*Er ließ den Beschlüssen Taten folgen und legte den Zeitpunkt für den Hinterhalt fest.*«

Logistik eines Aufstandes – Arminius mobilisiert die Stämme

Doch was sollte ein Mann allein gegen eine Weltmacht ausrichten? Arminius benötigte Rückendeckung nicht nur bei seinen eigenen Leuten. Er musste so viele germanische Stämme wie möglich hinter sich bringen. Velleius folgend verfügte der Cherusker über außergewöhnliches Charisma. »*Schon sein Gesichtsausdruck und seine Augen verrieten das Feuer seines Geistes*«, schwärmt der Schreiber. Möglicherweise aber bedurfte es gar nicht mehr so großer Überzeugungsarbeit, um die Stämme aufzuwiegeln. Überall im Land gärte die Unzufriedenheit und nun kam einer, der die Sache in die Hand nahm. Nach Velleius Paterculus weihte Arminius »*anfangs nur wenige, dann aber mehrere in seinen Plan ein; er behaup-*

tete und überzeugte sie davon, dass die Römer überwältigt werden könnten«.
Außer den Cheruskern schlugen sich die Brukterer, die Marser, die Angrivarier, Chauken und Chatten auf die Seite der Aufständischen. Wahrscheinlich waren sogar noch weitere Stämme beteiligt, die die Quellen nicht namentlich nennen. Wie es Arminius gelang, die Gruppen, die teilweise mehr als 100 Kilometer vom vermutlichen Kampfplatz entfernt siedelten, zu informieren, gehört bis heute zu den großen Rätseln der Geschichte. Möglicherweise bediente er sich des Schneeballprinzips und überzeugte einige Stammesführer, die wiederum andere mit ins Boot holten. Deren Gefolgsleute verbreiteten die Nachricht vom kommenden Aufstand weiter und weiter, bis schließlich eine komplette Region informiert war. Noch ungewöhnlicher ist es aber, dass es Arminius gelang, die Vertreter verschiedener Stämme auf ein gemeinsames Ziel einzuschwören. *»Möchte doch, das ist mein Wunsch, den Völkern Germaniens, wenn nicht Liebe zu uns, so doch wenigstens ihr gegenseitiger Hass auf die Dauer erhalten bleiben!«,* so der Stoßseufzer des Tacitus bei anderer Gelegenheit«. *»Denn wenn das Schicksal an des Römischen Reiches Pforten pocht, ist das größte Geschenk, das es uns noch machen kann, die Zwietracht der Feinde.«* Anders formuliert: Der schlimmste Feind der Germanen waren die anderen Germanen. Kriege wurden nicht nur gegen Völker jenseits einer Grenze geführt, sondern gegen Nachbarstämme, Nachbardörfer oder auch gegen einen anderen Zweig der eigenen Sippe. Loyalitäten konnten blitzschnell wechseln und hielten sich weder an regionale noch an ethnische Vorgaben. Nie zuvor hatte sich eine derart große Gruppe Germanen zusammengeschlossen, nie hatte eine identische Absicht mehr als wenige Stämme oder Familien zusammengebracht.

Das hehre Ziel, die eigene Kultur vor dem drohenden Untergang zu bewahren, mag manche bewegt haben, sich dem Aufstand anzuschließen. So schildert der Geschichtsschreiber Florus: *»… jene aber, die es schon längst schmerzte, dass ihre Schwerter verrosteten und ihre Pferde schlapp würden, griffen unter der Führung des Arminius zu den Waffen, sobald sie merkten, dass Toga und Recht grausamer waren als Waffen.«* Plausibel sind aber auch ganz handfeste Gründe, die dazu beitrugen, dass sich immer mehr Männer vom Plan des Arminius überzeugen ließen. Da war einmal die Aussicht auf Beute. Drei komplette Legionen, Tausende römische Legionäre und mehr noch der Tross, der sie begleitete, boten fantastische Aussichten. Metallenes Geschirr, Münzen, Waffen – all das gab es in der *Germania magna* nicht oder nur selten. Sich auf dem Schlachtfeld bedienen zu können, muss wie die Aussicht auf den Griff in eine Schatzkiste gewirkt haben. Doch es muss mehr gewesen sein, das die Germanen bewegte, das enorme Risiko einzugehen. Denn die Kämpfer setzten nicht nur ihr eigenes Leben aufs Spiel, sondern auch das ihrer Familien, ihre Höfe und ihre Felder. Die Römer hatten schon andernorts bewiesen, dass sie durchaus bereit waren, auch an Frauen und Kindern Rache zu nehmen.

Der entscheidende Grund könnte gewesen sein, dass sich die Stämme im höchsten Gut ihrer Gesellschaftsordnung angegriffen fühlten: der Ehre. Ein Germane war nur im Vollbesitz seiner Ehre, wenn niemand sein materielles Gut, seine Person und seine Gedanken angriff. Treffen die Schilderungen der Historiografen zu, hatten die Römer die Ehre der Stämme in vielfacher Hinsicht verletzt. Sie hatten Tribute erhoben, Prozesse nach eigenem Gutdünken geführt und den Germanen ein ihnen fremdes Weltbild aufgezwungen. Die Ehre musste unbedingt wieder hergestellt werden, denn ansonsten ging der Stamm des Heils verlustig, des zweiten Pfeilers der germanischen Gesellschaftsordnung. Heil, lateinisch *fortuna*, konnte nur jemand besitzen, dessen Ehre unbefleckt war. Umgekehrt war der ehrenhafte Germane meist auch derjenige, dem viel Heil zukam. Heil war eine Art Steigerung von Glück, die alles gelingen ließ, was der Betreffende anpackte. Erwies sich also ein Heerführer als von besonderem Heil gesegnet, konnte er sich einer großen Gefolgschaft sicher sein, denn jeder wollte daran teilhaben.

Arminius, der römische Rückkehrer, hatte in den Augen seiner Stammesgenossen offenbar ausreichend Heil. Binnen Kurzem gelang es ihm, ein beeindruckendes Heer auf die Beine zu stellen und im späteren Operationsgebiet zusammenzuziehen. Folgt man der Annahme, dass sich im fraglichen Gebiet etwa alle 1500 Meter eine Siedlung mit durchschnittlich 20 Personen fand, könnten etwa 17 000 Kämpfer Arminius zur Verfügung gestanden haben, errechneten Studien. Es mögen weniger gewesen sein, doch mindestens mehrere Tausend müssen unter dem Kommando des Arminius in Richtung des Schlachtfeldes gezogen sein. Dass all dies von den Römern nicht bemerkt wurde, ist höchst mysteriös und hat Historiker vieler Generationen rätseln lassen. Eine jüngst diskutierte These des Historikers Wilm Brepohl fand innerhalb der Forschung einige Anerkennung. Laut Brepohl nutzte Arminius ein religiöses Stammestreffen, das Tausende Krieger am 23. September, der Tag-und-Nacht-Gleiche im Herbst, in einem heiligen Hain zusammenführte. Im Jahr 9 n. Chr., so die Astronomen, war am 23. September zudem Vollmond, was dem Datum eine zusätzliche Heiligkeit verlieh. Dieses Treffen, um das die Römer durchaus gewusst hätten, ermöglichte größte Menschenbewegungen, ohne das Misstrauen der Besatzer zu erregen. Tacitus gibt in der *Germania* eine lebhafte Schilderung, wie man sich eine derartige Stammesversammlung vorzustellen hat:

»Wenn nicht etwas Zufälliges und Plötzliches eintritt, versammeln sie sich zu bestimmten Terminen, entweder bei Neumond oder bei Vollmond, sie halten das nämlich für den verheißungsvollsten Beginn, die Dinge zu behandeln ... Wie es der Menge passt, lassen sie sich bewaffnet nieder. Durch die Priester, die dann auch das Strafrecht ausüben, wird Schweigen geboten. Darauf hört man den König oder die Fürsten, je nach ihrem Alter, ihrem Adel, ihren Auszeichnungen im Kriege und ihrer Redegewandtheit, wobei ihre Überzeugungskraft mehr (wiegt) als ihre Befehlsgewalt. Hat eine Meinung Missfallen erregt, verwirft man sie durch ein Murren, hat sie aber gefallen, schlägt man die Speere zusammen.«

Sollte tatsächlich ein religiöses Fest der Anlass zur Versammlung der Truppen gewesen sein, ergäbe sich laut Brepohl ein weiterer schwerwiegender Grund für die Germanen, sich einem Aufstand anzuschließen. Sollte nämlich Arminius den Varus und seine Legionen genau in Richtung des heiligen Hains gelotst haben, war der Friede des Heiligtums gestört und damit ein Anlass zu äußerstem Zorn gegeben. Ob heimlich oder ganz offen: Überall im Gebiet zwischen Rhein und Weser müssen in den Spätsommertagen des Jahres 9 n. Chr. Germanen ihre Höfe verlassen haben. Sie trugen zusammen, was sie an Waffen aufbieten konnten und verabschiedeten sich von ihren Familien. Viele von ihnen sicher in der Furcht, nie wieder zurückzukehren. Viele aber wahrscheinlich auch in der Überzeugung, hier an etwas teilzuhaben, was es lohnte, das Leben zu riskieren. Auf Geheiß des Arminius versammelte sich an einem Ort in den Wäldern die vielleicht größte germanische Armee aller Zeiten und wartete auf den Feind.

Horden gegen Heere – Die Kämpfer des Arminius

Auch wenn die Truppen des Arminius durch ihre Größe beeindruckten: Sie waren Bauern und von zweifelhafter Verlässlichkeit. Die Germanen kannten keine Berufssoldaten. Nur wenige hatten bereits in einer römischen Auxiliareinheit Dienst getan und beherrschten Grundzüge geordneter Kriegführung. Die meisten von ihnen hatten stets so gekämpft, wie sich die Situation ergab: Zwei einander verfeindete Stämme stürzten sich voller Wut mit ähnlich bescheidener Bewaffnung aufeinander, bis die stärkere der beiden Seiten gewann. Wie aber sollte man mit einem solchen Haufen drei römischen Legionen entgegentreten? Manöver abzuhalten und sich aus den Bauern eine Kampfeinheit zusammenzuschmieden, dazu fehlte die Zeit, und derartige Truppenbewegungen wären den Römern wohl kaum verborgen geblieben. Fast alle Kämpfer des Arminius waren zu Fuß unterwegs. Nur wenige germanische Stämme, wie beispielsweise die Tenkterer, verfügten über eine Tradition in berittener Truppe. Die germanischen Pferde waren einfach zu klein, um sie wirksam als Kavallerie einzusetzen. Zudem waren die Kosten für die Haltung eines Reitpferdes für die meisten Germanen zu hoch. Pferd und Reitzubehör waren begehrte Statussymbole, die sich nur Stammesfürsten oder andere Exponierte leisten konnten. So lag die Stärke der Germanen zwangsweise in der Infanterie, deren Bewaffnung allerdings der römischen weit unterlegen war. »*Nur wenige haben Schwerter oder Speerspitzen von größerer Länge und Breite*«, schreibt Tacitus, »*sie tragen Stoßlanzen oder – nach ihrer eigenen Bezeichnung – »Framen« mit einer schmalen und kurzen, aber so scharfen und praktisch gut verwendbaren Eisenspitze, dass sie, je nach den Erfordernissen der Kampflage, mit derselben Waffe aus geringerer oder größerer Entfernung kämpfen können.*

Der Reiter begnügt sich mit Schild und Frame; die Fußkämpfer schleudern auch kleinere Wurfspieße – jeder mehrere – und sie schnellen ungeheuer weit.« Dass es, wie Tacitus behauptet, in Germanien nur geringe Eisenerzvorkommen gegeben habe und seine Bewohner sich auf die Bearbeitung dieses Metalls nicht verstanden hätten, stimmt jedoch nicht. Auch rechts des Rheins war die Eisenproduktion zu dieser Zeit möglich und üblich. Vor allem in Nord- und Ostgermanien gab es erhebliche Vorkommen von eisenhaltigem Gestein. In zahlreichen Siedlungen, vor allem in Schleswig-Holstein, fand man Überreste von Eisenerzverhüttung, meist in Form von einfachen Schmelzöfen. In der Regel war ein solcher Ofen nicht mehr als ein Erdloch mit einem Kamin darüber, in den per Blasebalg Luft zugeführt werden konnte. Hier wurde das Eisenerz dann mit Holzkohle verhüttet und anschließend vom Schmied zu Schmiedeeisen gereinigt, das wiederum zu Waffen oder Werkzeugen verarbeitet werden konnte. Manche Siedlungen waren offenbar regelrechte Industriegebiete, denn man fand bis zu 80 derartige Öfen. Um die Mitte des 1. Jahrhunderts v. Chr., der Zeit des caesarischen Gallienkrieges, hatte die Waffenproduktion offenbar auch bei den rechtsrheinischen Stämmen erheblich zugenommen. Seit dieser Zeit finden sich häufiger Waffen als Beigaben in germanischen Urnengräbern. Dennoch: Metalle waren in Germanien ein seltenes Gut. In der Ausrüstung der germanischen Truppen spielten sie nur eine untergeordnete Rolle. Die Krieger mussten sich zu ihrer Verteidigung auf einen Schild verlassen, der meist aus Holz oder aus Leder geflochten war. Teilweise fand man auch Leder- oder Eisenbeschläge, mit denen die Stabilität verstärkt wurde. Einen Körperschutz in Form einer Rüstung scheint es nicht gegeben zu haben. Auf römischen Reliefs wurden Germanen gern nahezu nackt kämpfend dargestellt, was sicherlich nicht der Realität entsprach. Doch war der Mangel an Panzerung tatsächlich ein erhebliches Manko für die germanischen Truppen. Kam die Maschinerie der römischen Armee ins Rollen, waren die Krieger dem Speerhagel der Römer nahezu schutzlos ausgeliefert. Gelang es den Römern, ein wallumwehrtes Lager zu errichten, waren die Germanen ohnehin nahezu chancenlos. Sie verfügten weder über Rammböcke noch über Katapulte, mit denen sie einen Wall hätten attackieren können.

Der Kampf der ungleichen Gegner war jedoch so aussichtslos nicht. Denn es gab Faktoren, die den Germanen in die Hände spielten. Einen gravierenden militärischen Vorteil sicherte ihnen die landschaftliche Beschaffenheit ihrer Heimat. Zu allen Zeiten haben Invasionsheere, die in Gebirgen und Wäldern gegen Einheimische kämpfen mussten, auf schwierigem Posten gestanden. Noch heute zeigen Kriege in unzugänglichen Regionen, dass die Kenntnis um die strategisch wichtigen Höhen, die Engpässe und die Sackgassen den Verteidigern einen kaum einzuholenden Vorteil sichert – wie unterlegen sie auch sein mögen. Auch die Germanen konnten von den Hügeln die im Tal ziehenden Römer aufs Beste beobachten. Sie konnten Kundschafter vorausschicken, die sie vom Gegner unbemerkt über jede Bewegung des römischen Heeres informierten. Sie konnten sich mit den Einheimischen verständigen und im Zweifelsfall auf deren Ressourcen zurückgreifen. Und nicht zuletzt konnten sie auf deren Verschwiegenheit hoffen.

Darüber hinaus sollte sich manches vermeintliches Manko der germanischen Kampfesweise in der Auseinandersetzung mit Römern als durchaus vorteilhaft erweisen. Die römischen Quellen berichten von den Feldzügen des Drusus, wie seltsam die Taktik der Germanen gewesen sei. Immer wieder hätten sie den Römern einfach den Durchzug ermöglicht, ohne sich dem Kampf zu stellen. Dieses Vorgehen war keineswegs im Sinne des römischen Feldherrn, dem eine ordentliche Schlacht mit anschließendem Sieg und Triumph in Rom erheblich lieber gewesen wäre. Genau das verweigerten ihm die germanischen Gegner und verhinderten so eben auch, besiegt zu werden. Die römischen Quellen überbieten sich in Verachtung für die Disziplinlosigkeit des Gegners. Die Barbaren würden vollkommen wild angreifen und sich ebenso ungeordnet wieder zurückziehen. Doch was die römischen Schreiber hier als Schwäche der Germanen monieren, war den Römern gegenüber ihre eigentliche Stärke. Arminius scheint das erkannt zu haben, er wählte eine Kampfesweise, die der Logik der Römer widersprach: Den Guerillakrieg, der in Vielem dem Begriff des asymmetrischen Kriegs entspricht. Das heißt, er stellte sich den Römern nicht zu einer offenen Schlacht. Pfeilschnell erfolgte der Angriff aus dem Hinterhalt und die Kämpfer zogen sich zurück, noch ehe die Römer ihre Kampfesaufstellung eingenommen hatten. Dass er mit seinen Männern keine ordentlich aufgestellte Legion schlagen konnte, wusste Arminius als erfahrener römischer Soldat nur zu gut. Seine Pfunde waren das Überraschungsmoment und die Ahnungslosigkeit des Gegners. »*Keineswegs unklug hatte er beobachtet, dass niemand schneller vernichtet werden kann, als der, welcher nichts fürchtet, und dass sehr häufig der Anfang einer Niederlage in der Sorglosigkeit liegt*«, so Velleius Paterculus. Entscheidend für das Gelingen des Plans waren die Wahl eines geeigneten Ortes und die Kunst, das römische Heer an genau diesen Ort zu locken. Der Zeitpunkt war relativ leicht zu bestimmen. Irgendwann im Herbst würde sich der Feldherr mit seinen Truppen nach Westen aufmachen, um vor Einbruch des Winters die festen Lager am Rhein zu erreichen.

Trotz zahlloser Theorien ist die Frage, wo das Sommerlager des Varus lag, nicht schlüssig beantwortet. Einig sind sich die Forscher lediglich in dem Punkt, dass es in der Nähe eines schiffbaren Flusses, möglicherweise der Weser, gelegen haben muss. Die Versorgung dreier Legionen wäre auf dem Landweg sehr schwierig gewesen. Vor allem die regelmäßigen Getreidelieferungen stellten die Legionen immer wieder vor größte Probleme, denn pro Jahr verbrauchte eine Legion geschätzte 1500 Tonnen Getreide. Die drei Legionen des Varus, die sich mindestens ein Vierteljahr in der *Germania magna* aufgehalten haben mögen, benötigten dementsprechend etwa 1200. Und damit waren lediglich die Soldaten, nicht aber das sie begleitende Volk des Trosses versorgt. Zwar war auch der Landweg von der Weser an den Rhein für germanische Verhältnisse gut erschlossen. Die Römer hatten ihn zur Verteidigung und wohl auch zur Nachrichtenübermittlung mit Posten bestückt, wie Funde auf der Sparrenberger Egge bei Bielefeld belegen. Dennoch war es die erheblich aufwendigere und wohl auch unsicherere Art der Versorgung, sodass sich das Heer des Varus nicht allzu weit von einem Fluss entfernt haben dürfte.

Der Weg von der Weser an den Rhein war den Römern mittlerweile relativ gut bekannt. Immerhin hatten seit dem ersten Feldzug des Drusus immer wieder Sommerfeldzüge in die Region geführt. Ein Hinterhalt auf dieser Route war ein Unding, das war Arminius und den anderen Verschwörern klar. Sie mussten Varus auf unerschlossenes Terrain lotsen. Auch hierbei fiel die Schlüsselrolle Arminius selbst zu. Er nutzte seine Nähe zum römischen Statthalter und berichtete ihm scheinbar dienstbeflissen, in einer bestimmten Region sei ein Aufstand ausgebrochen, der dringend der persönlichen Anwesenheit des Feldherrn mit seinen Legionen bedurfte. *»Da empörten sich zuerst aufgrund geheimer Verabredung einige entfernt wohnende Stämme, damit Varus, wenn er gegen diese zöge, sie auf dem Marsche, in dem Glauben, durch befreundetes Land zu ziehen, umso leichter zu überrumpeln und nicht, wenn sich plötzlich auf einmal das ganze Land gegen ihn erhöbe, auf seiner Hut wäre«,* so Cassius Dio. Ob es diesen Aufstand tatsächlich gab, ist umstritten. Als revoltierende Stämme wurden beispielsweise die an der Ems siedelnden Ampsivarier vermutet. Möglicherweise aber wurde auch nur das Gerücht eines Aufstandes gestreut, um die Römer auf eine falsche Fährte zu locken. Der Köder war ausgelegt. Nun musste Varus nur noch anbeißen.

Feindliche Familie – Der Verrat des Segestes

Um die Falle vorzubereiten, müssen Hunderte, wenn nicht Tausende vom Plan des Arminius gewusst haben. Und für nicht wenige mag die Verlockung groß gewesen sein, sich durch Verrat die Dankbarkeit der Römer zu sichern. Doch die Tatsache, dass augenscheinlich alle Beteiligten dichthielten, zeigt, unter welchem Leidensdruck die Germanen standen und wie entschlossen sie waren, nun zu handeln. Doch Arminius hatte nicht alle Germanen auf seine Seite bringen können. Der größte Konkurrent war ihm im eigenen Stamm erwachsen, und der schickte sich nun an, seine letzte Chance wahrzunehmen, den Plan des Arminius zu vereiteln. Es war Segestes, der offenbar ebenbürtige Mitführer der Cherusker. An einem Septemberabend des Jahres 9 n. Chr. war er, ebenso wie Arminius, beim Statthalter Varus zu einer Art Abschiedsempfang zu Gast. Am nächsten Morgen sollten die drei Legionen, mit denen der Statthalter seinen diesjährigen Sommerfeldzug absolviert hatte, wieder gen Westen aufbrechen. Die Sommeraktionen waren ohne nennenswerte Vorkommnisse verlaufen, sodass die Stimmung entspannt gewesen sein dürfte. Segestes allerdings bereitete dem harmonischen Gelage ein jähes Ende, als er sich erhob und ungeheuerliche Anschuldigungen vorbrachte. Die Revolte des entfernten Stammes sei eine Finte, in Wahrheit solle der Zug des Varus in eine Falle gelockt werden. Eine Rebellion größten Ausmaßes bedrohe die römische Herrschaft in Germanien. Um die Dringlichkeit seines Anliegens zu betonen, schlug er vor, »*ihn selbst, Arminius und die übrigen Großen gefangen zu nehmen*«, bis die Gefahr gebannt sei, so der Geschichtsschreiber Florus. Mit allen Mitteln suchte Segestes den Varus davon zu überzeugen, dass er sehenden Auges in sein Unglück rannte. Nach Tacitus rühmte sich der Cherusker später selbst den Römern gegenüber: »*Also habe ich Arminius, der das Bündnis mit euch brach, bei Varus, der seinerzeit das Heer führte, angeklagt. Als ich dank der Trägheit des Feldherrn vertröstet wurde, drängte ich ihn, weil Gesetze zu wenig Schutz boten, dass er mich, Arminius und die Mitwisser verhafte: Jene Nacht ist Zeuge, wäre sie doch meine letzte geblieben.*« Demnach nannte Segestes Arminius sogar namentlich als Anführer der Verschwörung. Doch der selbstsichere Feldherr zeigte sich unbeeindruckt. »*All denen aber, welche die Vorgänge argwöhnisch verfolgten und ihn zur Vorsicht mahnen, schenkte er keinen Glauben, machte ihnen sogar Vorwürfe, als seien sie ohne Grund beunruhigt und wollten seine Freunde nur verleumden*«, schreibt Cassius Dio. Möglicherweise hat Segestes die gesamte Episode seines vermeintlichen Verrates selbst erfunden, um sich nachträglich bei den Römern lieb Kind zu machen. Zu denken gibt zumindest, dass er nach Tacitus selbst mitkämpfte und sein Sohn, der Priester am Augustusaltar, »*die Kopfbinden zerrissen hatte und zu den Aufständischen übergelaufen war*«. Auch Segimer, der Bruder des Segestes, und dessen Sohn Sesithacus waren unter den Kämpfern. Doch selbst wenn es sich alles so zugetragen haben sollte, wie Segestes behauptete: Offenbar vermutete Varus nur eine der üblichen Querelen, bei denen ein Germane den anderen anschwärzte, um bei den Besatzern Punkte zu sammeln. Eigentlich konnten den Römern derartige Friktionen der Stämme und Sippen untereinander ganz recht sein. Der alte Grundsatz des »*divide et impera*«, des »teile und herrsche«, hatte schließlich schon andernorts prächtig funktioniert. Zudem mag Varus von einem pikanten Nebenaspekt der

120

Rivalität zwischen Arminius und Segestes gewusst haben. »... *der Hass vermehrte sich (noch) im privaten Bereich, weil Arminius dessen Tochter, die einem anderen versprochen war, geraubt hatte. Der Schwiegersohn war verhasst, die Schwiegereltern verfeindet und was bei Einträchtigen die Bande der Liebe sind, waren bei den sich feindlich Gesinnten Triebkräfte des Zorns*«, so Tacitus. Was hier anmutet wie die besonders dramatische Folge einer Seifenoper, war offenbar die fatale Verknüpfung einer politischen Gegnerschaft mit privaten Querelen: Arminius hatte sich ausgerechnet in die Tochter des Segestes verliebt, jenes Mannes, der in seiner Familie nah dem anderen Ende des politischen Spektrums stand. Thusnelda, so der Name der jungen Schönen, war ebenfalls für den 25-jährigen entflammt und bereitwillig mit ihm durchgebrannt. Noch heute erfreut sie sich zweifelhaften Ruhmes als namensgebende Mutter aller »Tussis«. Heinrich von Kleist ließ in seinem Drama *Die Hermannsschlacht* den verliebten Helden nach seinem »Tuss-chen« rufen. Geplagte Schüler, für die die Lektüre der schweren Kost lange Pflicht war, übertrugen diesen Namen auf alle schnippischen Ehefrauen oder Hausangestellten. Von dort war es nicht mehr weit zur heutigen spöttischen Verwendung für besonders oberflächliche Mädchen und Frauen.

Segestes jedenfalls hatte die Widerspenstigkeit seiner Tochter nur zu gut kennengelernt. Er hatte sie einem anderen versprochen und stand nun wortbrüchig da. Wann genau sich dieses heikle Kapitel abspielte, ist in der Forschung umstritten. Sollte Thusnelda aber zum Zeitpunkt der Varusschlacht bereits in den Armen des Arminius gelegen haben, dürfte hier sicherlich ein Großteil der Motivation des Segestes zu sehen sein, den unliebsamen Liebhaber seiner Tochter elegant aus dem Weg zu räumen.

Zum Entsetzen des Segestes ging Varus auf die dramatische Warnung nicht ein, sondern fertigte ihn als Intriganten ab. Aus der Rückschau wirkt es, als habe der Feldherr bereits hier die entscheidende Weiche in Richtung Untergang gestellt. »*Das Schicksal war schon stärker als die Entschlusskraft des Varus und hatte die Klarheit seines Verstandes völlig verdunkelt*«, so Velleius Paterculus. »*Denn so geht es ja: Wenn ein Gott das Glück eines Menschen vernichten will, dann trübt er meist seinen Verstand und bewirkt damit – was das Beklagenswerteste daran ist –, dass dieses Unglück auch noch scheinbar verdientermaßen eintrifft und sich Schicksal in Schuld verwandelt.*« Im Jahr 9 n. Chr. aber stellt sich die Sache etwas anders dar. Während seiner Statthalterschaft am Rhein war Varus schon häufig mit der Unzufriedenheit der Germanen konfrontiert worden. Unruhen innerhalb eines Landesteils, der sich gegen die römische Unterjochung auflehnte, müssen ein für Varus' Ohren völlig normales Ereignis gewesen sein. Seit dem *immensum bellum* waren erst wenige Jahre vergangen und besser eine kleine Erhebung im Keim ersticken, als einen Flächenbrand zuzulassen. Die Aktion, die Arminius dem Varus vorschlug, nämlich auf dem Rückmarsch ins Winterlager einen kleinen Abstecher zu machen und die Sache quasi im Vorbeimarsch zu erledigen, muss ihm plausibel erschienen sein. Ob eine solche Erledigung überhaupt zwingend militärischen Charakter haben würde, musste sich ja erst einmal erweisen. Möglicherweise würde es bereits ausreichen, massive militärische Präsenz zu zeigen.

Hinzu kommt, dass Arminius – zumindest soweit wir wissen – bis dahin den Römern nie Anlass gegeben hatte, an seiner Treue zu zweifeln. Er war für seinen Vorgesetzten ein zuverlässiger Mitarbeiter, auf dessen besonderes Wissen um die germanischen Gegebenheiten man vertrauen konnte. Dass ein junger Mann, der sich in römischem Dienst bewährt hatte, nun für seine Stammesgenossen eintrat und sich gegen die römische Militärmacht stellen sollte, war für einen Vertreter der römischen Oberschicht völlig unvorstellbar. Möglicherweise kannten ihn Mitglieder des Stabs noch persönlich vom Pannonienfeldzug und hatten ihn dort als verlässlich schätzen gelernt. In römischen Augen war er einer von ihnen. Varus setzte auf Arminius und schlug Segestes' flammende Rede in den Wind. Eine folgenschwere Entscheidung. Wenige Tage später würde Varus sie von Herzen bereuen. »*Nach diesem ersten Warner blieb für einen zweiten keine Gelegenheit mehr*«, bemerkt Velleius Paterculus lapidar.

6. DIE SCHLACHT

Als Varus und seine Legionen zum Marsch in die Rheinlager aufbrachen, neigte sich der September bereits dem Ende zu. Vielleicht hatten die Temperaturen schon abgekühlt und der Tag begann mit dem für die deutschen Mittelgebirge typischen Schnürregen. Schwere Wolken bedeckten den Himmel und verhießen nichts Gutes für das Wetter der nächsten Tage. Aus der Kenntnis der römischen Armeeroutine lässt sich der Aufbruch des Varus mit seinen Truppen recht gut rekonstruieren, ohne dass wir konkrete Quellen darüber haben. Nachdem ein durchdringendes Hornsignal die Legionäre im Morgengrauen aus dem Schlaf gerissen hatte, begann der geordnete Abbau der Zelte und das Zusammenpacken des Marschgepäcks. Drei Legionen, drei Reiterregimenter und sechs leichte Kohorten Fußtruppen sollten an diesem Morgen in Bewegung gesetzt werden – insgesamt über 20 000 Mann. Dabei hatte Varus einige Truppenteile sogar schon im Land verteilt, wie Cassius Dio berichtet, nicht ohne den Feldherrn für dessen militärischen Leichtsinn zu rügen: »*Varus behielt daher seine Legionen, wie es in Feindesland richtig gewesen wäre, nicht beisammen, sondern verteilte viele seiner Soldaten an schwache Gemeinwesen, die ihn darum baten, angeblich zu dem Zweck, entweder verschiedene Punkte zu bewachen oder Räuber festzunehmen oder gewisse Lebensmitteltransporte zu geleiten.*« Die Forschung ist sich allerdings einig, dass Varus' Kampfeskraft dadurch nicht erheblich geschwächt war und seine Truppen noch immer durch ihre Größe beeindruckten. Reihe für Reihe passierten die Legionäre das Tor und nahmen Aufstellung zur Marschformation. Auch außerhalb der Lagerwälle herrschte in den frühen Stunden bereits geschäftiges Treiben, denn der Tross machte sich ebenfalls abmarschbereit: Handwerker, Sklaven, Kaufleute und Dirnen, Spielleute, Frauen und Kinder und all jene, die im Gefolge des römischen Heeres auf Anschluss oder ein gutes Geschäft hofften. Auf zweirädrigen Karren, die von Maultieren oder Pferden gezogen wurden, transportierten manche ihre Ware und ihre persönliche Habe. Ein solcher Tross konnte beeindruckende Ausmaße annehmen. So berichtet Livius, bei der Schlacht von Arausio seien 80 000 Soldaten und 40 000 Knechte des Trosses getötet worden. Übertragen auf die Truppenstärke des Varus könnte man also von vielen Tausend zivilen Begleitern ausgehen. Selbst vorsichtige Schätzungen nehmen an, dass an jenem Morgen mindetens 25 000 Menschen, mehrere Tausend Pferde und Hunderte Karren den drei Legionsadlern folgten. Passierte ein Militärzug unsicheres Gelände, wurde der Tross in aller Regel in die Mitte genommen, um die wehrlosen Zivilisten im Falle eines Angriffs schützen zu können. Quinctilius Varus aber entschied sich anders: »Zahlreiche Burschen und Weiber und der übrige riesige Tross folgten ihnen. Auch dieser Umstand veranlasste sie, den Marsch in aufgelöster Ordnung zu machen«, berichtet Cassius Dio. Das heißt, der Tross marschierte am Ende des Zuges und war eventuellen Angriffen von hinten schutzlos ausgeliefert.

Wahrscheinlich im vorderen Abschnitt des Zuges nahm der Feldherr seinen Platz ein. Quinctilius Varus glaubte sich sicher. In wenigen Tagen würde er bereits wieder in seinem festen Lager am Rhein sein, und für die Wintermonate waren die Truppen und ihr täglicher Drill den Offizieren überlassen. Für Varus würde wenig zu tun bleiben, während der Schnee die germanische Landschaft bedeckte. In Anbetracht seines fortgeschrittenen Alters machte sich der Feldherr vielleicht auch schon Gedanken über seinen Abschied aus dem Militärdienst. Der Sommerfeldzug des Jahres 9 n. Chr. war aller Wahrscheinlichkeit ohnehin als der letzte Zug des Varus geplant. Seine Amtsvorgänger Lucius Domitius Ahenobarbus, Marcus Vinicius und Sentius Saturninus hatten ebenfalls drei Sommer lang die Rheintruppen geführt und den Posten dann weitergegeben. Dank der Reichtümer aus seiner Statthalterschaft in Syrien erwartete ihn ein wohlversorgtes Leben in Rom. Sollte es ihm gelingen, auch noch seine Zeit in Germanien halbwegs würdevoll zu beenden, stand einem ehrenhaft müßigen Lebensabend in der Metropole oder seiner Prachtvilla in Tivoli nichts mehr im Wege.

An Varus' Seite ritten vermutlich seine ranghöchsten Kommandeure, sein Neffe Lucius Nonius Asprenas und der Legionslegat Gaius

Numonius Vala. Letzteren kannte der Statthalter bereits aus Kinder-
tagen, denn ihrer beider Familien bewegten sich im Umfeld des Dichters Horaz in Rom. Für das Führungstrio dieses Feldzuges ging eine Zeit
zu Ende, in der sie sich keinen sonderlichen Ruhm erdient, sondern
brav und unspektakulär ihren Dienst verrichtet hatten. Doch auch die
angehende Provinz ruhig gehalten zu haben, war ein Verdienst, das
Rom ihnen hoch anrechnen würde, denn noch immer litt das Reich an
den Folgen des Pannonienkrieges und konnte keinen weiteren Kriegs-
schauplatz verkraften.

Der unbekannte Soldat – Die Legionen des Varus

Wir wissen wenig über die Männer, die an diesem Morgen hinter dem
sicheren Lagerwall hervorkamen und Schritt für Schritt auf ihren Untergang zusteuerten. Fast alle Soldaten der XVII., XVIII. und XIX. Legion würden sterben, ohne dass ihre Namen überliefert wurden. Nur

Grabstein des Marcus Caelius

ein einziger Legionär ist neben Varus und wenigen höheren Befehlshabern namentlich bekannt: Marcus Caelius. Der Grabstein des *centurio* der XVIII. Legion wurde in Xanten gefunden, wo Caelius offenbar stationiert gewesen war.

Der 1,37 Meter hohe Stein zeigt das Porträt des Verstorbenen und gibt die wichtigsten Daten aus seinem Leben. Demnach wurde er in Bologna geboren und starb im Alter von 53 Jahren. Er hatte Zeit seines Lebens eine erfolgreiche Militärkarriere absolviert. Auf der Darstellung trägt er einen Brustpanzer, der mit zahlreichen Auszeichnungen verziert ist. Auf dem Kopf thront ein Kranz aus Eichenblättern, den man ehrenhalber erhielt, wenn man einen römischen Bürger gerettet hatte. Die Gerte in seiner rechten Hand weist Marcus Caelius als *centurio* aus. »*Cecidit bello Variano Ossa Inferre Licebit – Gefallen in der Varusschlacht. Gebeine dürfen hier bestattet werden*«, heißt es in der Inschrift, die Publius Caelius, der Bruder des Verstorbenen, anbringen ließ. Da die Leiche auf dem Schlachtfeld verschwunden war, handelt es sich hier um ein Kenotaph, das Denkmal für ein Leergrab. Auf dem Stein sind rechts und links des Verstorbenen die Köpfe zweier Sklaven zu sehen, denen er die Freiheit schenkte: Marcus Caelius Privatus und Marcus Caelius Thiaminus.

Die Namen aller anderen Legionäre des Varus haben nicht überdauert, und nur aus dem, was über die Gepflogenheiten in der römischen Armee bekannt ist, kann man auf ihr Leben schließen. Wie alle einfachen Legionäre des augusteischen Heeres mussten auch die Männer der Varuslegionen ledig sein. Rom versprach sich eine größere Bereitschaft zur Mobilität, wenn ein Legionär nicht durch familiäre Bande an einen Ort gebunden war. Zudem entfiel für den Todesfall die Verpflichtung zur Versorgung von Hinterbliebenen. Viele römische Legionäre waren qua Geburtsort keine wirklichen Römer. Die meisten kamen nicht einmal aus Italien. Vielleicht waren sie in Gallien oder dem Nahen Osten geboren worden. Aus dem römischen war schon um die Zeitenwende längst ein Vielvölkerheer geworden. Der Dienst in den römischen Legionen war nicht unbeliebt, bot er doch eine gewisse Sicherheit und ein akzeptables Auskommen. Die Legionäre erhielten in augusteischer Zeit einen Sold von 225 Silberdenaren pro Jahr, der meist in drei Raten ausgezahlt wurde. Ein Denar entsprach 16 Assen, von denen eines den Gegenwert einer Wochenration Getreide oder eines billigen Liter Weins hatte. Zwar mussten die Soldaten für ihre Verpflegung und ihre Bedarfsgüter selbst aufkommen, doch wurde der Sold auch oftmals durch Prämien oder Geschenke des Kommandeurs nach Siegen oder besonderen Strapazen aufgebessert. In der Regel reichte das Geld in der Soldatenbörse noch, um ein wenig davon auf Märkten der Regionen oder in Tavernen zu lassen. Hauptnahrungsmittel der Legionäre war Weizen, der meist zu Brot oder Brei verarbeitet wurde. Häufiger bereicherte Gemüse, seltener Fleisch den recht eintönigen Speiseplan. Zum Würzen verwendeten sie verschiedene Kräuter und das beliebte Garum, eine salzige Soße aus vergorenem Fisch, wie sie heute noch in der fernöstlichen Küche üblich ist. Hauptgetränk war mit Wasser verdünnter Wein. Im Verhältnis zu manchem Zivilisten also führten die Soldaten ein durchaus komfortables Leben und waren mit allem Notwendigen versorgt. Erlebte ein Legionär das Pensionsalter, wurde er meist mit einer großzügigen Abfindung heimgeschickt, die ihm sein Leben als Veteran finanzierte. Wie gefährlich der Dienst an der Waffe im Auftrag Roms war, hing stark vom Einsatzgebiet ab. Die Sicherung der Rheingrenze bot in diesen Jahren eine gute Chance, von ernsthaften Kämpfen verschont zu bleiben, da man sich nur in den Sommermonaten auf ungesichertem Territorium bewegte. Aber auch der feldzugsfreie Alltag war mit täglichen Übungen und regelmäßigen Manövern gut ausgefüllt. Zudem hatten viele Legionäre im Stützpunkt feste Aufgaben handwerklicher Art, im Lazarett, bei Besorgungen oder bei diversen Bauarbeiten in der näheren Umgebung. Wirklich freie Zeit war ausgesprochen knapp bemessen. Tacitus berichtet für das Jahr 14 n.Chr: »*Dann beschwerten sie sich über die … Härte des Dienstes und ausdrücklich über das Schanzen an Wall und Gräben, das Herbeischaffen von Futter, Baumaterial, Brennholz und andere Arbeiten, die gerade nach Bedarf oder auch nur gegen die Untätigkeit im Lager ersonnen werden.*« Was die Legionäre persönlich bewegte, welche privaten Ereignisse, Hoffnungen oder Enttäuschungen sie erlebten, fand kein Historiograf erwähnenswert. Erst ein Jahrhundert später datieren Briefe aus einem Lager am englischen Hadrianswall, die ein wenig Aufschluss über das Privatleben von Legionären geben. »*Ich habe Dir … Socken aus Sattua, zwei Paar Sandalen und zwei*

Paar Unterhosen geschickt«, steht da zu lesen. Oder: *»Für den 3. Tag vor den Iden des September, Schwester, für den Tag meiner Geburtstagsfeier, lade ich dich sehr herzlich ein, um sicherzugehen, dass du zu uns kommst und um den Tag mit deiner Ankunft umso erfreulicher zu gestalten.«* Vielleicht hätten solche oder ähnliche Nachrichten auch zu den Legionären gepasst, die im Sommer 9 n. Chr. zu den Legionen des Varus gehörten.

In aller Regel konnte sich ein Feldherr auf seine Legionen verlassen. In der Erwartung, fast ihr gesamtes Leben im Dienst zu verbringen, entwickelten viele Soldaten ein hervorragendes Pflichtbewusstsein und große Opferbereitschaft. Sie fühlten sich ihren Kameraden zugehörig und wollten einander auch in schwierigen Situationen nicht im Stich lassen. Versagte das Pflichtgefühl oder geriet eine Einheit aus anderen Gründen in aufrührerische Stimmung, galten drakonische Strafmaßnahmen. Die härteste, die Dezimierung, bei der jeder zehnte Legionär einer Einheit getötet wurde, war zwar in augusteischer Zeit faktisch nicht mehr in Anwendung, doch theoretisch existierte sie. Auf der anderen Seite lockten Belohnungen für diejenigen, die sich in der Schlacht besonders bewährten. Die höchste Ehrung, die eine Einheit erringen konnte, war die Gewährung eines Triumphes an ihren Feldherrn. In einem pompösen Umzug wurde der siegreiche Schlachtenführer unter dem Jubel der Römer durch die Straßen Roms gefahren. Die Sieger präsentierten Kriegsbeute und prominente Gefangene. Hinter den Wagen marschierten die Soldaten, denen nur bei einem solchen Anlass überhaupt gestattet war, sich innerhalb der Stadtgrenzen Roms aufzuhalten. Aus den Zeiten der Bürgerkriege hatte die Metropole die Lehre gezogen, dass es sicherer für alle war, eine Zusammenziehung militärischen Potenzials in der Stadt selbst zu unterbinden.

Ruhe vor dem Sturm – Der Marsch nach Westen

Ein Triumph war nach dem eher ereignislosen Sommerfeldzug nicht zu erwarten. Dennoch waren viele Legionäre an jenem Herbstmorgen sicher in Hochstimmung. Nur wenige Tage, dann lockten die vertrauten

Der sogenannte Eichelstein in Mainz, zum Gedenken an den 9 v. Chr.
gefallenen römischen Feldherrn Drusus

I

Die Externsteine im Teutoburger Wald, womöglich Schauplatz kultischer Verehrung durch die Germanen

Bataverhelm aus dem 1. Jahrhundert (RömerMuseum im Archäologischen Park Xanten). Das Besondere sind die korrodierten Reste kunstvoll geflochtener Strähnen aus Pferdehaar.

Römische Legionäre, perfekt gedrillt. Aquarell

Friedrich Gunkel: Die Hermannsschlacht (1862)

J. H. Wilhelm Tischbein: Hermann und Thusnelda (1822). Klassizistisch-romantisches Gemälde mit leuchtendem Steingrab links und mächtig überwölbender Eiche.

*Johann Heinrich Tischbein d. Ä. Der Triumph Hermanns nach seinem Sieg
über Varus (1758)*

*Karl Theodor von Piloty: Thusnelda im Triumphzug des Germanicus (1873, Ausschnitt).
Besonders herausgearbeitet ist der ungebrochene Stolz der Gattin Arminius',
daneben ihr Sohn Thumelicus.*

Caspar David Friedrich: Gräber gefallener Freiheitskrieger (1812)

Anselm Kiefer: Wege der Weltweisheit – die Hermannsschlacht (1978)

Der Kampfplatz in Kalkriese, fotografiert vom Dach des Museums. Am linken Rasenrand verlief die germanische Wallanlage.

Der rekonstruierte Wall auf dem Oberesch, der während der Kampfhandlungen teilweise einstürzte und Fundstücke unter sich begrub.

Die römische Eisenmaske, das Prunkstück der Funde von Kalkriese

Maskenbecher aus dem Hildesheimer Silberschatz, gefunden 1868

Das RömerMuseum im Archäologischen Park Xanten, fertiggestellt im August 2008

Amphietheater in Xanten

Germanische Speere. Filmszene

Cherusker auf heimischem Terrain. Filmszene

Legionäre in der legendären Schildkröte. Filmszene

Legionäre in Erwartung germanischer Attacken aus dem Unterholz. Filmszene

Krieger vor dem Kampf. Filmszene

Augustus-Statue am Eingang des Römerkastells Saalburg

Das Hermannsdenkmal bei Detmold (eingeweiht 1875)

Rekonstruierte Ruine des Hafentempels Xanten. Das von Augustus 15 v. Chr. angelegte Militärlager Vetera Castra wurde unter Trajan um 100 n. Chr. zu einer römischen Stadt, die das Kulturgefälle zum freien, sich selbst überlassenen Germanien verkörperte.

Die rekonstruierte Saalburg bei Bad Homburg (ausgebaut ab 135 n. Chr.), gelegen am Limes, der die nassen Grenzen von Rhein und Donau miteinander verband.

Friedrich August von Kaulbach: Germania (1914). Die ominöse Germania hat im Laufe der Zeit viele Damen verkörpern müssen, von der trauernden Thusnelda bis zur waffenstarrenden Kriegerin für Deutschland.

Unterkünfte und die bekannten Gesichter aus der Umgebung des Rheinlagers. In Anbetracht der Größe des marschierenden Heeres werden einige unter den Legionären gerade ihren letzten Sommerfeldzug beendet haben und wollten nun ein neues Leben als Veteran beginnen. Andere hatten sich über den Sommer besonders bewährt und freuten sich, im Stützpunkt mit ihren Auszeichnungen protzen zu können. Die Erfahreneren unter den Legionären werden den Weg durch einen unbekannten Teil Germaniens sicher auch mit Konzentration und Skepsis erwartet haben. Mancher mag auf den Feldzügen des Drusus bereits die überraschende Schlagkraft germanischer Überfälle kennengelernt haben. Die XIX. Legion beispielsweise hatte den Stiefsohn des Augustus auf dessen Alpenfeldzug begleitet und dort die Erfahrung gemacht, wie schwierig der Kampf in bergigem Gelände sein konnte. Und sie alle fürchteten sich vor den Wäldern Germaniens, dem undurchdringlichen Wirrwarr von Bäumen und Dickichten. Sie waren gewohnt, kilometerweit frei über die im Sommer sonnenverbrannten Felder und Küstenstreifen schauen zu können. In Germanien dagegen konnte man oft nicht sehen, was sich hinter der nächsten Biegung des Trampelpfades versteckte, auf dem man sich gerade mühselig vorwärtskämpfte. Rollten zudem Nebelwände durch die Täler oder setzte Dauerregen ein, konnten die Marschierer vielleicht gerade noch drei oder vier Reihen vor sich erkennen. Den Rest des Trosses verschluckte das Wetter, nur noch das Knallen der eisenbenagelten Sohlen auf den Steinen war zu hören. Brach die Herbstsonne noch einmal durch das Laub oder öffnete sich der Weg auf eine Lichtung oder Weide, atmeten die Legionäre erleichtert auf. Wie viele Römer waren auch die Soldaten extrem abergläubisch. Sie vertrauten der Eingeweideschau oder der Interpretation des Vogelfluges und fürchteten sich vor Waldgeistern. Das gleichmäßige Dahintrotten in Marschformation ließ den Gedanken Raum, sich auszumalen, was in den Sümpfen und Dickichten verborgen sein konnte. Körperlich sonderlich anstrengend war der Weg nicht, den sie zu gehen hatten. Ein einigermaßen trainierter Soldat steckte einen solchen Marsch problemlos weg. Möglicherweise dachte mancher an eine Frau, die sich in den Tross geschmuggelt hatte und die er hoffte, im Rheinlager wiederzufinden. Andere mögen Geldsorgen geplagt haben, denn beim abendlichen Würfeln konnte man sich problemlos um Kopf und Kragen spielen. Wieder andere mögen sich überlegt haben, wohin der Militärdienst sie als Nächstes verschlagen würde. Noch weiter in diesen unwirtlichen Nordosten oder vielleicht endlich in lieblichere Gefilde?

Reihe für Reihe in eineinhalb Metern Abstand schoben sich die Legionäre nach Westen. An Engstellen staute sich der Zug bisweilen. Sobald er wieder Geschwindigkeit aufnahm, bildeten sich Lücken, die schleunigst geschlossen werden mussten. Den Tross mit eingerechnet, zog sich der gesamte Heerzug über die sagenhafte Länge von fünfzehn Kilometern. Nur die Vorderen konnten auf Anhöhen sehen, wohin der Weg führte. Die weiter hinten Ziehenden folgten dem Rucksack ihres Vordermanns, den dieser an einem Stock über der Schulter trug – Stunde um Stunde im gleichmäßigen Marsch. Mehr als drei Stunden könnte es gedauert haben, bis das komplette Aufgebot des Varus einen bestimmten Punkt passiert hatte. Sollten die Legionen etwas Abstand gehalten haben, mag es sogar noch länger gewesen sein.

Jeder der drei Legionen wurde ein vergoldeter Legionsadler aus Bronze vorangetragen, der mit weit ausgebreiteten Flügeln auf einer Stange saß. Blitze in den Klauen gaben ihm zusätzliche Dramatik. Die Adler waren der Stolz der gesamten Legion. Ihr Verlust kam der Niederlage in einer Schlacht gleich, denn er wurde als größte Schande und böses Omen zugleich gewertet. Einer Legion gehörten offiziell 6 000 Mann an, die sich wiederum in zehn Kohorten, bestehend aus drei Manipeln gliederten. An der Spitze der Manipel, der etwa 200 Mann starken Untereinheit der Legion, trug ein Reiter das jeweilige Feldzeichen, eine geschmückte Lanze, die die Auszeichnungen der Einheit zeigte. Im Feldzeichen verborgen wähnten die Legionäre die *genii*, ihre Schutzgeister, sodass es für die Soldaten eine enorme Bedeutung hatte. Der Träger des Feldzeichens, der *signifer*, war oftmals mit einem Tierfell geschmückt, dessen Kopf auf dem Helm auflag, während das Fell über den Rücken des Trägers hing.

Jeder der marschierenden Legionäre kannte seinen Nebenmann wie ein Familienmitglied, vielleicht sogar besser, da die Männer vielfach mehrere Jahre miteinander gelebt hatten. Jeweils acht Soldaten bildeten eine Gemeinschaft, das *contubernium*, die sich ein Zelt teilte und ihre Mahlzeiten gemeinsam kochte. Die Männer verteidigten einander auf dem Schlachtfeld und im schlimmsten Fall starben sie auch zusammen. Nahezu alles, was die Soldaten für ihr tägliches Leben benötigten, trugen sie selbst mit sich. Zelt und schweres Gerät wurde in der Regel von einem Maultier getragen, doch für Verpflegung, Kleidung und Waffen war ein Soldat stets selbst zuständig. Die Belastung durch das Marschgepäck war erheblich. Einen Großteil des Gewichts machte die Bewaffnung aus. So verfügte jeder Legionär über ein Kettenhemd, das ihm etwa bis zum Oberschenkel reichte. Ein Helm schützte Kopf, Wangen und Nackenpartie, mit dem Langschild konnte der gesamte Vorderkörper gegen einen Angreifer abgeschirmt werden.

Römische Waffen, gefunden in Kalkriese

Kam es zum Kampf Mann gegen Mann, war der Römer somit fast komplett gegen feindliche Treffer abgeschirmt. Neben diesen Schutzwaffen führten die Soldaten das *pilum* mit sich, einen hölzernen Wurfspeer mit einer Eisenverstärkung, die in einer kleinen vierseitigen Spitze auslief.

131

Das *pilum* war optimal ausbalanciert und verfügte über eine hohe Ziel-
sicherheit. Die über zwei Meter lange Waffe konnte, über viele Meter
geschleudert, tödliche Wirkung erzielen, da sie vergleichsweise schwer
war und auch einen Körperschutz des Gegners zerschlagen konnte.
Einmal im Ziel, konnte das *pilum* vom Gegner nicht herausgezogen und
zurückgeworfen werden, denn die Eisenspitze verbog sich beim Eintritt
in das Fleisch oder einen Schild zu stark.

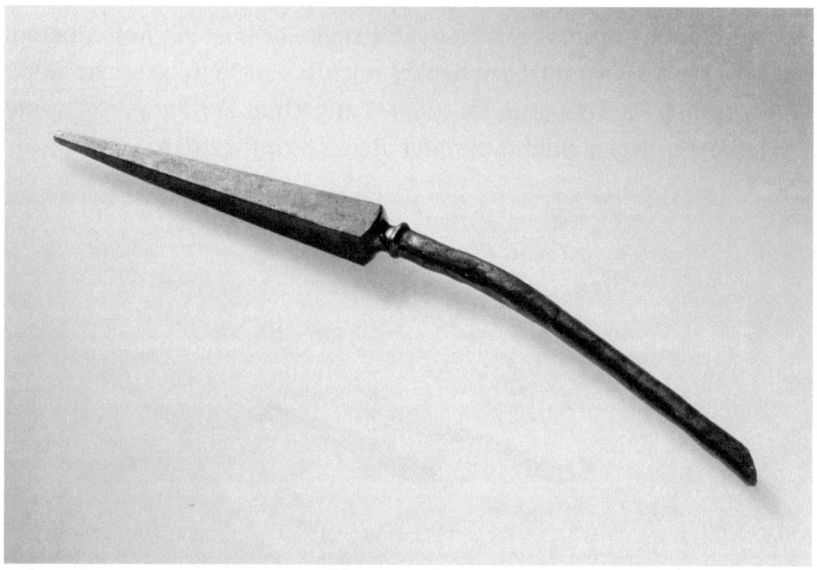

Eine verbogene römische Pilumspitze, gefunden in Kalkriese

Im Nahkampf kam der *gladius*, das bis zu 60 Zentimeter lange zwei-
schneidige Schwert, zum Einsatz. Es verfügte über eine besonders
gehärtete Spitze und fügte entsetzliche Wunden zu. Traf es auf einen
ungeschützten Körper, konnte es ganze Gliedmaßen abtrennen und
lebensbedrohliche Fleischwunden reißen.

Die Legionäre spürten das Gewicht der Ausrüstung nach jahrlangem
Training kaum noch. Ihre Waffen waren das Ergebnis der technischen
Weiterentwicklung in jahrzehntelangen Kriegen. In voller Gefechtsbe-
reitschaft war eine römische Legion eine Tötungsmaschine, die einen

unterlegenen Gegner vernichten konnte, ohne selbst nennenswerte Verluste zu erleiden.

Auf dem Marsch aber war das Gepäck des Legionärs ein gewaltiger Ballast, der ihm die Bewegungsfreiheit nahm. Der Cherusker Arminius, der jahrelang in der römischen Armee gedient hatte, wusste das.

Die Falle

Die knappen Kommandos der Offiziere und das Klappern der Trosswagen dürften weithin zu hören gewesen sein, sodass es für Beobachter nicht schwer war, den Zug des Varus zu orten. Ohnehin gab es nur wenige Wege, die überhaupt für eine Menschenmenge dieses Ausmaßes geeignet waren. Die Späher der lauernden Germanen hatten demnach leichtes Spiel, ihre Heerführer rechtzeitig über den aktuellen Standort der Römer zu informieren.

Das Haupt der Verschwörung aber ritt selbst sogar noch in den Reihen des Feindes mit. Nach Cassius Dio besaßen Arminius und einige andere Verschwörer die Kaltblütigkeit, scheinbar dienstbereit mit Varus aufzubrechen. Erst im Verlauf des ersten Marschtages entfernten sie sich von der Truppe, und das nicht einmal heimlich, sondern ganz offiziell. »*Zuerst gaben ihm die Verschworenen beim Ausmarsch das Geleite, dann beurlaubten sie sich, um angeblich verbündete Kontingente zu sammeln und ihm damit rasch zur Hilfe zu kommen*«, so Cassius Dio. Dann aber »*übernahmen sie die Führung ihrer schon bereitstehenden Truppen ... nachdem man allerorts die dort befindlichen Garnisonen niedergemacht hatte*«. Offenbar war es der erste Teil des genialen Arminiusplans, die im Land stationierten römischen Posten auszuschalten, denn sollte es Legionären aus dem Varuszug gelingen, während des germanischen Angriffs die Reihen zu durchbrechen und Hilfe zu holen, hätten sich die Germanen womöglich eines zusätzlichen römischen Angriffs von hinten erwehren müssen. So aber waren die Helfer bereits tot, bevor die Schlacht begonnen hatte. Gleich einem versierten Kriegsstrategen scheint der kaum 25-jährige Arminius weit vor der eigentlichen Schlacht alle möglichen Szenarien durchgespielt zu haben, die seinen Erfolg vereiteln konnten. Seine Weitsicht würde sich wenig später bezahlt machen.

Der Zug des Varus absolvierte seinen ersten Marschtag ohne besondere Vorkommnisse. Am zweiten aber gelangten die Legionen in bewaldetere Gegenden. Cassius Dio spricht sogar von »*undurchdringlichen Wäldern*«. Die Landschaft schildert der Schreiber weiter: »*Die Berge, ohne Ebenen, waren nämlich von den Schluchten durchzogen, außerdem standen Baumriesen dicht nebeneinander, sodass die Römer bereits vor dem feindlichen Überfall mit dem Fällen der Bäume, der Anlage von Wegen und der Überbrückung von Geländeabschnitten, wo solches nötig war, Mühe genug hatten.*« Wie aber waren die Römer in derart schwer passierbares Gelände geraten? Was den Feldherrn bewogen haben könnte, von der Hauptstraße, die Weser und Rhein verband, abzubiegen, ist eine der vielen ungelösten Fragen der Varusschlacht. Selbst wenn man den Quellen folgt, die den Grund für den Umweg im vermeintlichen Stammesaufstand sehen, stellt sich noch immer die Frage, warum Varus nicht lediglich einen Teil seines gigantischen Truppenkontingentes schickte und mit der Hauptstreitmacht auf bekanntem Terrain blieb. Sich mit 20 000 Soldaten und deren Tross im Unterholz zu verlieren, lässt auf eine militärische Kurzsichtigkeit schließen, die für den erfahrenen Feldherrn Varus kaum anzunehmen ist. Eine Möglichkeit bietet hier die Erklärung des Historikers Wilm Brepohl, der von einem religiösen Stammestreffen der Germanen in jener Region ausgeht. Dort – auf Geheiß des Arminius – mit einer möglichst großen Zahl von Legionären zu erscheinen und die Präsenz Roms in Germanien zu betonen, könnte ein Grund gewesen sein, den kompletten Zug auf einen den Römern unbekannten Nebenweg zu führen. So wäre auch erklärlich, dass Varus sich offenbar so sicher glaubte, dass er auch auf den Abzweig den Tross mitnahm. »*Wie mitten im Frieden*«, so Cassius Dio, »*führten sie viele Wagen und auch Lasttiere mit sich; dazu begleiteten sie zahlreiche Kinder und Frauen und noch ein stattlicher Sklaventross, die sie ebenfalls zu einer gelockerten Marschformation zwangen.*« Möglicherweise aber hatten germanische Kundschafter in römischen Diensten das Heer auch schlichtweg in die Irre geführt. Die Frage, wo Varus und seine Mannen vom rechten Weg abkamen, spielt eine wichtige Rolle in der Suche nach dem späteren Schlachtfeld und hat Historiker und interessierte Laien seit Generationen gefesselt. Die Quellenangaben sind jedoch vage und nur mit Unterstützung eines archäologischen Befundes weiterführend. Dieser jedoch ist lange ausgeblieben.

Fest steht: Varus und seine drei Legionen gerieten am zweiten Marschtag auf ein Terrain, das für eine Kampftruppe dieser Größe denkbar ungeeignet war. In einer Schlacht des römischen Heeres hatte alles seine angestammte Ordnung. In der Regel begann ein Angriff mit einer Welle von Pfeilen und Katapultgeschossen. Hatte man damit die Feindesreihen verwirrt und auseinandergerissen, rückten die Truppen zum Nahkampf vor. Die Legionäre schützten sich mit ihren Schilden, die nahezu den ganzen Körper bedeckten, und näherten sich bis auf Reichweite ihres Speerwurfes. All das würde nun unmöglich sein. In engem, unwegsamem Gelände konnte sich die Kraft der Legionen nicht entfalten. Wenn der Weg derart eng und rutschig war, dass die Formationen ihre Reihen nicht halten konnten, geriet Sand ins Getriebe der Militärmaschinerie. Und einmal aus dem Tritt gebracht, konnten die Truppen nicht mehr Fuß fassen. Genau das war die Situation, die Arminius hatte herbeiführen wollen. Varus war in die Falle gegangen.

Es ist eine ungewöhnliche und gleichwohl zweifelhafte Ehre, die dem Feldherrn Publius Quinctilius Varus zuteilwurde. Die Schlacht wurde nach ihm und nicht nach dem Sieger benannt. Seit zwei Jahrtausenden ist somit der Name des Varus gleichbedeutend mit einer der größten militärischen Katastrophen in der Geschichte Roms. Ihren Namen erhielt die Varusschlacht als »*Clades Variana* – die Varusniederlage« von den römischen Historiografen, und sie sind auch die einzigen, die Angaben zu deren Verlauf machen. Generationen von Historikern haben versucht, anhand der wenigen Quellen den Hergang der Schlacht zu rekonstruieren. Velleius Paterculus, der seine *Römische Geschichte* 30 n. Chr. veröffentlichte und damit dem Geschehen zeitlich am nächsten ist, liefert lediglich eine Kurzversion des Verlaufes und kündigte an, die Details in einem späteren Werk zu nennen, zu dem es aber offenbar nie kam. Zumindest ist das angekündigte Buch nicht erhalten. Wesentliche zusätzliche Fakten liefert Tacitus in seinen *Annalen*, in denen er den Feldzug des Germanicus schildert, der den Sohn des Drusus auch an den Ort der Varusschlacht führte. Bereits recht wirr schildert Florus in seiner Schrift *Epitoma de Tito Livio bellorum omnium annorum DCC libri Duo* vom Beginn des 2. Jahrhunderts n. Chr. das Geschehen. Die ausführlichste Quelle ist die Schlachtbeschreibung des Cassius Dio, die zwar mehr als zwei Jahrhunderte nach dem Geschehen verfasst wurde, deren lebhafte Darstellung aber heute als weitgehend zuverlässig gilt und die Grundlage der allermeisten Untersuchungen ist. Gleich mehrere Kapitel des 56. der insgesamt 80 Bücher umfassenden *Römischen Geschichte* des Historikers und Senators behandeln das Schlachtgeschehen des Jahres 9 n. Chr. Im Gegensatz zu den anderen Schreibern erzählt Cassius Dio relativ sachlich und nüchtern und bietet so eine Logik des Ablaufes, die die anderen Quellen vermissen lassen. Allerdings wurde oft infrage gestellt, ob eine Schrift, die so lange nach dem Geschehen verfasst wurde, noch verlässlich sein kann. Die Forschung ist sich einig, dass Cassius Dio eine Vorlage benutzte, die heute verschollen ist. Diese sei wahrscheinlich sogar direkt nach dem Geschehen verfasst worden, also sogar noch vor der Darstellung des Velleius Paterculus, da sie noch weitgehend ohne Wertung des Geschehens auskommt und auch mit dem Verlierer Varus viel milder ins Gericht geht, als dies Velleius tut. Doch selbst bei Cassius Dio umfasst die Gesamtdarstellung der Varusschlacht lediglich wenige Seiten. Aus diesen spärlichen Quellen gilt es, eine mehrtägige Schlacht zu rekonstruieren, was zu manchem Fehlschluss führen mag. Viele Aspekte der Varusschlacht werden sich nicht mehr im wahrsten Sinne des Wortes hieb- und stichfest klären lassen. Zu wenig Wert legten die Schreiber auf militärtaktische Fragen und zu sehr waren sie vom Eindruck der römischen Niederlage und deren Folgen geprägt. Ein Königreich für eine germanische Quelle, die das Geschehen aus Sicht der Angreifer geschildert hätte! Doch sie existiert nicht, und so ist die Fantasie ungezählter Autoren in den vergangenen Jahrzehnten kräftig ins Kraut geschossen bei dem Versuch, die Lücken in der Erzählung zu schließen oder gar Korrekturen der Quellen vorzunehmen. Wir müssen uns mit dem begnügen, was die antiken Schreiber hinterlassen haben, auch wenn es an manchen Stellen erlaubt sein mag, das Wissen um andere zeitnahe militärische Auseinandersetzungen einfließen zu lassen. Erst ein eindeutiger archäologischer Befund wird manche Fragen klären können.

Der Angriff

Das, was später als »die Varusschlacht« in die Geschichte einging, ließ nahezu alle Kriterien einer klassischen Schlacht der Antike missen. Es gab keinerlei diplomatische Verhandlungen im Vorfeld, keine aufmarschierenden Heere und keine stundenlangen Vorbereitungen der Truppen. Der Angriff der Germanen kam scheinbar aus dem Nichts. Wie eine Spinne im Netz hatten die Kämpfer in ihrem Hinterhalt gelauert, bis der Heerzug in einer idealen Position für den germanischen Angriff war. Das Wetter spielte den Verschwörern in die Hände. »*Inzwischen kam auch ein starker Regen und Sturm auf, was die Marschierenden weiterhin voneinander trennte, und der Boden, um die Wurzeln und Stämme her schlüpfrig geworden, machte jeden Schritt höchst unsicher; Bruch und Sturz der Baumwipfel sorgten für weitere Verwirrung*, berichtet Cassius Dio. Die Legionäre trugen die klassischen Römersandalen mit festen Ledersohlen, die mit Lederriemen um Knöchel und Wade geschlungen waren. Die Sohlen waren mit Eisennägeln verstärkt, um den enormen Belastungen der Märsche gewachsen zu sein. Die offene Lederkonstruktion trocknete auch nach Regen oder dem Durchwaten eines Flusslaufes schnell, im Dauerregen auf glitschigem Gelände aber bot sie wenig Halt und ließ das Gehen zu einer Tortur werden. Zudem dürfte die Pionier- und Schanzarbeit, die die Legionäre im Gelände zu leisten hatten, die Marschformation weitgehend aufgebrochen haben. Immer wieder wird der Zug ins Stocken geraten sein, weil es ein Flüsschen zu durchqueren galt oder ein umgestürzter Baum aus dem Weg geräumt werden musste. Die unangenehmen Marschbedingungen erschöpften die Truppe und schwächten deren Aufmerksamkeit.

Arminius, der Cherusker, war zu dieser Zeit wohl längst bei den Verschwörern eingetroffen und hatte das Kommando der gefechtsbereiten Germanen übernommen. Sie dürften in erster Linie aus Cheruskern bestanden haben, in deren Stammesgebiet der Zug des Varus sich bewegte. Nun war der Moment gekommen, auf den sein Plan hingearbeitet hatte. »*Mit solchen Schwierigkeiten hatten damals die Römer zu ringen*«, schreibt Cassius Dio. »*Als die Barbaren, wegekundig wie sie waren, gerade durch die ärgsten Dickichte drangen und sie plötzlich von allen Seiten umzingelten.«* Eine riesige Menge Speere verdunkelte den Himmel und ging über den Heerzug des Varus nieder. Bereits diese erste Angriffswelle kostete unter den römischen Legionären viele Opfer. Nach der mörderischen Ouvertüre rückten die Germanen zum Nahkampf an. *»Als niemand sich wehrte und viele verwundet wurden«*, schreibt Cassius Dio. Keine Gegenwehr? Von 20 000 Soldaten? Eine Erklärung ist nur im Überraschungsmoment und in der Verwirrung zu suchen, die der Angriff aus dem Hinterhalt bei den Römern ausgelöst hatte. Wo diese erste Attacke den Zug traf, ist nicht überliefert. Aus Sicht der Germanen wäre es logisch gewesen, zunächst in großer Entfernung von den Zugkommandeuren anzugreifen. So würde es erhebliche Zeit dauern, bis die Nachricht vom Angriff überhaupt bei den Verantwortlichen ankam, und ebenso lange, bis diese Befehle zurückleiten konnten. Als Varus' Order – so sie denn erging – den Ort des Kampfgeschehens erreichte, war es bereits zu spät. Die Routine der römischen Legionäre griff nicht mehr. Es gab keinen Platz, um Formation anzunehmen oder sich in geordneter Aufstellung mit den Schilden zu decken. Zu spät, um eine Schildkröte zu bilden, zu nah waren die Germanen bereits, um einen geordneten Speerhagel zu schicken. *»Die Römer marschierten ja in keiner festen Ordnung, sondern im Durcheinander mit Wagen und Unbewaffneten; sie konnten sich auch nirgendwo leicht zu einer Gruppe zusammenschließen, und da sie überall den jeweiligen Angreifern zahlenmäßig unterlegen waren, hatten sie selbst schwer zu leiden, ohne etwas dagegen ausrichten zu können«*, so Cassius Dio. Dass die Germanen völlig unbeschadet aus dem ersten Gefecht hervorgingen, ist relativ unwahrscheinlich, doch waren ihre Verluste offenbar erheblich geringer als die der angegriffenen Römer. Auch die Betonung des miserablen Wetters, das den Legionen zum Verhängnis wurde, ist von Historikern oft angezweifelt worden. Wirkte es doch allzu durchsichtig, hier einen naturgegebenen Grund für das Versagen der römischen Truppen zu suchen. Doch nicht zuletzt der Sturm »Kyrill«, der in 2007 diese Region besonders schwer heimsuchte, mag einen Eindruck davon vermittelt haben, wie die Naturgewalten auch ein deutsches Mittelgebirge ereilen und verwüsten können. Auf den Höhenzügen von Großteilen Nordrhein-Westfalens blieb kaum ein Baum stehen. Über ungezählte Hektar walzte der Sturm komplette Wälder nieder. Eine Legion, die sich während eines Sturms dieses Ausmaßes ohne Ortskenntnisse dort aufgehalten hätte, wäre in größte Schwierigkeiten geraten.

Doch noch war Rom nicht verloren. Es gelang den Kommandeuren, ihre Truppen so weit voranzutreiben, dass sie am Abend ein ordentliches Lager errichten konnten, dessen Überreste man laut Tacitus noch Jahre später sehen konnte. Hinter dem Wall ihres Lagers waren die Truppen nun vor einem nächtlichen Überfall weitgehend sicher. Der Lagerbau hatte aber auch noch weitere, psychologisch äußerst wichtige Bedeutung: In seiner Routine beruhigte er die Nerven der schockierten Legionäre. Sie waren es gewohnt, dass an jedem Marschabend ein Lager gebaut wurde, und die Einhaltung dieser Regel gab ihnen das Gefühl, dass ihre Kommandeure die Lage im Griff hatten. In wenigen Stunden entstand ein umfriedetes Rechteck mit einem Tor auf jeder Seite. Während die einen Gräben aushoben, errichteten die nächsten bereits mit dem Aushub auf der Innenseite des Grabens einen Wall. Die äußere Seite wurde mit frisch gestochenen Grassoden befestigt. Schanzpfähle, die die Legionen mitgeführt hatten, bildeten eine Palisade auf dem Wall. Mochte die Konstruktion auch provisorisch wirken – sie war über Jahrhunderte erprobt und für die Germanen, die keinerlei Belagerungswaffen hatten, ein unüberwindliches Hindernis. Wie hoch die Verluste der Römer an diesem ersten Tag waren, sagen die Quellen nicht. Da man dem Lager aber nach Tacitus ansehen konnte, dass es »*die Arbeit von drei Legionen*« war, kann noch keine der Legionen vollends aufgerieben gewesen sein. In der Nacht muss der Feldherr mit seinen Offizieren beratschlagt haben, was zu tun sei. Ohnehin hatte er nur zwei Optionen: Die eine war der Rückmarsch ins Sommerlager. Es war mit nur einem Tagesmarsch deutlich näher als das Winterlager. Hätte man es schnell erreicht, wäre vielleicht Zeit gewesen, das weitere Vorgehen zu planen und Kundschafter auszuschicken, die einen besseren Überblick über die Standorte des Feindes geben konnten. Auf der anderen Seite: Genau in dieser Richtung stand der Feind. Selbst wenn es den Truppen gelingen sollte, noch einmal in Richtung Sommerlager vorzustoßen, hätte man dort möglicherweise in der Falle gesessen. Ein Winter im Sommerlager, eingekreist von einem Feind, von dem man nicht einmal wusste, wo er war und wie stark er war – eine schauderhafte Vorstellung. Varus und seine Befehlshaber entschlossen sich, nicht umzukehren, sondern die Flucht nach vorn zu wagen. Doch mit einem Ballast ungezählter Trosswagen war an ein schnelles Vorrücken in sicherere Gefilde nicht zu denken. Daher gab der Feldherr den Befehl, »*die meisten Wagen und was ihnen sonst nicht dringend nötig erschien*« zu verbrennen oder zurückzulassen. Was aus den Zivilisten des Trosses wurde, ist nirgends vermerkt. Varus scheint auch sie zurückgelassen zu haben. Zumindest tauchen sie in den Quellen zum weiteren Schlachtgeschehen nicht mehr auf. Hätten die Germanen sie ebenfalls attackiert, hätte kaum ein römischer Schreiber einen solchen Frevel unerwähnt gelassen. Für die beutefreudigen Germanen war die Vernichtung der Trosswagen ein herber Verlust. Für Arminius aber vielleicht auch eine Chance, die Disziplin in der Truppe zu halten, denn manch einer hätte sich sicherlich schneller vom Kampfplatz davongemacht, wenn er die Tasche bereits voller Beutestücke gehabt hätte.

Dem Feldherrn Varus gelang es in der Nacht, die Moral der Truppe so weit wieder aufzurichten, dass sich der Zug morgens erneut in Richtung Westen in Gang setzte. Tatsächlich ging es nun schneller voran und die Römer schafften es sogar, sich bis in freieres Gelände durchzuschlagen, nach Cassius Dio aber »*freilich nicht ohne blutige Verluste*«. In dem übersichtlicheren, weil vermutlich waldlosen Terrain gelang es ihnen, in Verteidigungsformation zu gehen und die Angriffe der Germanen abzuwehren. Doch die Gefahr war noch nicht gebannt. Vielmehr war der Beginn des zweiten Schlachttages nicht mehr als eine Atempause. »*Von dort aus gerieten sie aber wieder in Wälder*«, schreibt Cassius Dio, »*und hier mussten sie sich gegen die stärksten Angreifer wehren, wobei sie aber gerade die schwersten Verluste erlitten. Denn auf engem Raum zusammengepresst, damit Schulter an Schulter Reiter und Fußvolk den Feinden entgegenstürmen könnten, stießen sie vielfach aufeinander oder gegen die Bäume.*« Wahrscheinlich gelang es den Römern an diesem Abend nur noch, ein behelfsmäßiges Lager zu errichten. Nach Cassius Dio befanden sie sich, als der nächste Morgen graute, »*noch immer auf dem Marsch*«. Der Zustand der an Disziplin gewohnten Truppe muss jämmerlich gewesen sein. Durchnässt und frierend schleppte sich der vormalige Stolz des

Kaisers Augustus vorwärts. Was in den Soldaten vorging, kann nur gemutmaßt werden. Viele von ihnen hatten Kriege erlebt, aber in der Regel immer gewusst, wo der Feind stand, und Befehle erhalten, was gegen ihn zu unternehmen sei. Jetzt aber versuchten sie verzweifelt westwärts zu kommen, während hinter und vor ihnen immer wieder die Schreie der Angreifer oder die Todesseufzer der Kameraden zu hören waren. Ein jeder wird panisch den Blick auf die Hecken und Wälder längs des Weges gerichtet haben, voller Angst, wann die Stoßangriffe der Germanen ihn selbst treffen würden. Bis das Unterholz sich auftat und die Speere der Germanen hagelten, gefolgt von brüllenden Horden, die kein Erbarmen kannten.

Der Untergang

Der Feldherr Quinctilius Varus scheint die Situation spätestens zu diesem Zeitpunkt nicht mehr im Griff gehabt zu haben. Die Truppen waren in Auflösung und orientierungslos. Es ging nicht mehr voran, aber zurück konnte er auch nicht. Das Wetter, das noch immer ausnehmend schlecht war, machte seine Männer fast wehrlos. Sie steckten knöcheltief im Matsch und strauchelten zwischen den Bäumen umher. Die Ausrüstung war durchnässt und bleischwer und machte ihre Träger noch unbeweglicher, als sie ohnehin schon waren. Vor allem aber dürfte ihnen etwas abhandengekommen sein, das die römischen Legionen immer gestärkt hatte: das Gefühl, zu den Siegern zu gehören. Zwei Tage zermürbenden Kampfes hatten die Nerven zerrüttet. Arminius hatte mit seiner Kampftaktik einen Weg gefunden, der die Römer ins Straucheln brachte. Nadelstichartige Angriffe und schneller Rückzug unter optimaler Ausnutzung der Geländekenntnis waren der Schlüssel zum Erfolg. Tatsächlich ist das heutige Wort des Guerillakrieges, das eben diese Vorgehensweise beschreibt, eine Weiterentwicklung des germanischen »werra«, das für »Streitigkeiten« steht. Die hochgerüsteten Römer waren zu schwerfällig, um sich auf die veränderten Gegebenheiten einzustellen. Kam denn gar kein Befehl vonseiten des Feldherrn?

Gab es keinerlei Versuch, das Ruder noch einmal herumzureißen, sondern nur Resignation? Velleius Paterculus berichtet vom schmählichen Verhalten des Lagerpräfekten Ceionius. Dieser habe, »*nachdem der größte Teil seines Heeres schon umgebracht war*«, die Übergabe angeboten. »*Er wollte lieber hingerichtet werden, als im Kampf sterben*«, entrüstet sich der Schreiber. Nur einen einzigen Ausbruchsversuch der Truppen habe es gegeben, den Velleius allerdings als Desertion deutet: »*Ebenso gab Numonius Vala, der Legat des Varus, ein sonst ruhiger und rechtschaffener Mann, ein abscheuliches Beispiel: Er ließ das Fußvolk im Stich, sodass es ohne den Beistand der Reiterei war, und trat mit den Schwadronen die Flucht zum Rhein an. Doch die Rache des Schicksals traf ihn für diese Tat, denn er sollte die von ihm im Stich Gelassenen nicht überleben: Den Verräter ereilte unterwegs der Tod.*« Möglich, dass Numonius sein Heil in der Flucht gesucht hatte. Möglicherweise aber war sein Ausfall aber auch ein Versuch, Hilfstruppen herbeizuholen. Was immer er im Sinn gehabt hatte, er scheiterte und mit ihm die letzte Hoffnung, der Falle zu entrinnen.

Die Germanen dagegen schienen wie beflügelt. Ihre leichte Ausrüstung war im Regen praktikabler. Abgesehen von den Anführern, die teilweise auch römische Rüstungs- und Waffenteile hatten, werden die meisten wenig mehr als einen Speer oder ein Schwert mit sich getragen haben. Sie wussten, wo sie den Römern den Weg abschneiden konnten und in welche Richtung sie sie treiben mussten. Die Legionen tapsten vor ihnen her, als hätte man ihnen die Augen verbunden. Hinzu kommt, dass der Erfolg mit den Erfolgreichen ist. Arminius' Truppen schlossen sich nun zahlreiche weitere Germanen an. »*Vor allem in der Hoffnung auf Beute*«, schreibt Cassius Dio. Doch es wird auch die Verlockung gewesen sein, auf der Seite der Sieger zu stehen und am offenkundigen Heil des Heerführers Arminius teilzuhaben. An zwei Schlachttagen war den Germanen das Unglaubliche gelungen. Sie hatten die Römer in Schach gehalten und ihnen empfindliche Verluste zugefügt. Der Triumph zeichnete sich ab, den niemand für möglich gehalten hatte. Drei römische Legionen lagen waidwund im germanischen Wald, bereit für den Todesstoß.

Der dritte Tag der Schlacht – der vierte des verhängnisvollen Marsches – wurde der Tag der Entscheidung. Wieder regnete es ununterbrochen und den Germanen gelang es, was von Varus' prächtigem Zug übrig geblieben war, einzukreisen. Damit war das Todesurteil über die Legionen gefällt. Florus schildert in seiner römischen Geschichte: »*Niemals ist das Gemetzel, das in diesen Sümpfen und Wäldern stattfand, grausamer gewesen, niemals unerträglicher der Hohn der Barbaren … Einigen holten sie die Augen heraus, anderen schlugen sie die Arme ab. Einem wurde der Mund zugenäht, nachdem man ihm vorher die Zunge abgeschnitten hatte. Mit ihr in der Hand rief ihm der Barbar zu: »Endlich hast du aufgehört zu zischen, du Schlange.«*

Tatsächlich muss die Schlacht einen entsetzlichen Anblick geboten haben. »*Eingeschlossen in Wälder und Sümpfe, in einem feindlichen Hinterhalt, wurden sie (die Römer) Mann für Mann abgeschlachtet, und zwar von demselben Feind, den sie ihrerseits stets wie Vieh abgeschlachtet hatten – dessen Leben und Tod von ihrem Zorn oder ihrem Mitleid abhängig gewesen war*«, schreibt Velleius Paterculus. Das Aufeinandertreffen der gegnerischen Heere war von äußerster Brutalität. Immer wieder brachen die Germanen in wilder Wut aus dem Unterholz und schlugen mit aller Gewalt auf die Legionäre ein. Hier blieb wenig Zeit für heroischen Kampf, vielmehr überlebte der Schnellere und vor allem der Gewalttätigere. Die Verletzungen durch die Schwerter waren in der Regel für den Getroffenen tödlich. Es gab keine Möglichkeit, die Lazarettkräfte herbeizuholen. Massive Fleischwunden führten binnen kürzester Frist zum Tod durch Verbluten. Über die psychologischen Folgen des Erlebten hat kein Historiograf geschrieben, doch die Angreifer müssen den Legionären wie grauenhafte Geister erschienen sein. Ihre Kleidung, ihre Haare und ihre Gesichter waren binnen kürzester Frist blutdurchtränkt, auch sie werden von Schlamm und Morast bedeckt gewesen sein. Sie waren größer als die Römer und sie waren wütender. Kein Legionär konnte Rat oder Mut beim Nachbarn suchen, denn dem erging es nicht besser. Es ergingen offenbar keine Befehle mehr, denen die einzelnen Legionäre hätten folgen können. Mancher mag nicht mehr gewusst haben, in welche Richtung er eigentlich fliehen sollte, und lief so den lauernden Germanen direkt in die Arme. Andere stolperten über die Sterbenden und wurden am Boden liegend erstochen. Wieder anderen gelang die Flucht aus dem direkten Kampfgeschehen, sie gerieten aber in den

Morast, wo sie wiederum leichte Beute der Feinde waren. Je häufiger sie die verzweifelten Schreie ihrer Kameraden aus der Ferne hörten, umso klarer wurde den Legionären, dass es sinnlos war zu fliehen. Der Feind war überall, denn er war hier zu Hause.

Irgendwann an diesem Tag muss Publius Quinctilius Varus erkannt haben, dass er keine Chance mehr hatte, und er entschied sich für den Selbstmord. »*Der Feldherr hatte mehr Mut zum Sterben als zum Kämpfen, denn nach dem Vorbilde seines Vaters und Großvaters stürzte er sich selbst in das Schwert*«, berichtet Velleius Paterculus. Cassius Dio geht mit dem Feldherrn etwas weniger hart ins Gericht. »*Varus und die übrigen Offiziere erfasste … Angst, sie möchten entweder lebendig in Gefangenschaft geraten oder von ihren grimmigsten Feinden getötet werden – sie waren alle ja schon verwundet – und das ließ sie eine zwar schreckliche, aber notwendige Tat wagen: Sie begingen Selbstmord.*« Als germanische Kämpfer den toten Anführer fanden, trennten sie ihm als Trophäe den Kopf vom Leib. Das Haupt des Varus trat von hier seine schauderhafte Reise an, die schlussendlich nach Rom führte.

Arminius in der Schlacht. Darstellung im Nordgiebel der Walhalla bei Regensburg

Versager oder Sündenbock?
Die Schuld des Quinctilius Varus

Die Ansichten über Varus' Schuld am Untergang seiner Truppen sind im Laufe der Geschichte sehr unterschiedlich ausgefallen. Die antiken Historiografen waren sich einig, dass der Feldherr komplett versagt hatte. »*Das beste Heer von allen, das an Manneszucht, Tapferkeit und Kriegserfahrung unter den römischen Truppen das erste war, geriet durch die Stumpfheit seines Führers, die Tücke des Feindes und die Missgunst des Schicksals in die Falle*«, klagt Velleius Paterculus. Doch überrascht das harsche Urteil aus der Sicht römischer Schreiber? Sicherlich nicht, denn für eine Katastrophe solchen Ausmaßes musste ein Sündenbock her. Und jemand, der sich nicht mehr gegen Anschuldigungen wehren konnte, bot sich da besonders an. Das Urteil der älteren Historiker fiel kaum weniger streng aus. Theodor Mommsen verunglimpfte ihn als »*Hofgeneral*« und »*Popanz*« ohne jede militärische Begabung und Erfahrung. In Scheffels Studentenmoritat von den frech gewordenen Römern, die nach Deutschlands Norden zogen, wird er seit Jahrzehnten als Unglücksrabe verlacht. Er ist da eine Verliererfigur, »*er geriet in einen Sumpf, verlor zwei Stiefel und ein Strumpf und blieb elend stecken. Da sprach er voll Ärgernussen zum Centurio Titiussen: ›Kamerade, zeuch dein Schwert hervor und von hinten mich durchbohr, da doch alles futsch ist.*‹« Moderne Historiker dagegen haben das strenge Urteil des Velleius Paterculus ins Reich der Fantasie eines grantigen alten Soldaten verwiesen. Nicht die Fehler des Varus, sondern eine Verkettung von für die Römer nachteiligen Umständen habe das Heer in den Untergang getrieben. Tatsächlich scheinen Unglück und Unvermögen im Verlauf der Varusschlacht eine fatale Allianz eingegangen zu sein. Der Feldherr Varus hatte sich trotz einer Warnung für den Aufbruch in ihm unbekanntes Gelände entschieden. In Anbetracht der erdrückenden Übermacht seiner Streitkräfte mag dieser Schritt noch nachvollziehbar sein. Rätselhaft aber bleibt sein Verhalten in der Schlacht selbst. Nirgends ist die Rede von Kundschaftern, die den Truppen vorauseilten. Hatte er sich wirklich nur auf die germanischen Auxiliarkräfte verlassen, die längst abtrünnig geworden waren? Auch die Entscheidung, das Heil im Vorrücken nach Nordwesten zu suchen, wirft Fragen auf. Immerhin hätte er im Marschlager bleiben können, bis er mehr Klarheit über die Situation gehabt hätte. Und auch wenn das Wetter eine Orientierung erschwerte, hätte es dem Feldherrn gelingen müssen, die Moral der eigentlich überlegenen Truppe aufrechtzuerhalten und ihre Kräfte zu mobilisieren. Doch die Quellenlage lässt zu viele Fragen offen, um ein wirkliches Urteil über Verdienste oder Unvermögen des Varus zu fällen. Nur wenige Legionäre überlebten die Schlacht, konnten sich bis zum Rhein durchschlagen und berichten, was geschehen war. Ihr Dienstrang, ihre eigenen Erlebnisse und ihre Platzierung im Zug werden den Eindruck vom Ablauf des Geschehens geprägt haben. Die Intentionen der späteren Historiografen färbten die Geschichte weiter, sodass ihr wahrer Ablauf auch nach 2 000 Jahren weiterhin Rätsel aufgibt.

Der Tod der Anführer hatte wie in jeder Schlacht fatale Auswirkung. *»Als sich die Kunde davon verbreitet«,* so Cassius Dio, *»leistete vom Rest der Leute, selbst wenn er noch bei Kräften war, auch nicht einer mehr Widerstand, vielmehr ahmten die einen das Beispiel ihres Feldherrn nach, während andere selbst ihre Waffen wegwarfen und sich vom Nächstbesten niedermachen ließen; denn Flucht war unmöglich, wie sehr sie einer auch ergreifen wollte.«* Nach drei Tagen war den Männern des Arminius das Unvorstellbare gelungen: Sie hatten drei komplette römische Legionen vernichtet. Sogar die Feldzeichen und zwei Legionsadler hatten die Germanen laut Florus erbeutet. *»Bevor der dritte in die Hände der Feinde fallen konnte, riss ihn der Standartenträger ab, steckte ihn in die Öffnungen seines Wehrgehenks und verbarg sich so im blutigen Sumpf«,* so das dramatische Ende der Geschichte bei Florus. Für die Germanen war jetzt die Zeit des Triumphes gekommen. Sie ließen alles mitgehen, was die Römer mit sich trugen: Schwerter und Schilde, die Helme, manchen Münzbeutel, den ein Legionär am Gürtel getragen haben mag. Sie zogen den Soldaten aller Wahrscheinlichkeit nach Rüstungen und Sandalen aus und bedienten sich großzügig an dem, was noch an Trossgut im Zug gewesen war. Noch mag der ein oder andere Legionär schwer verwundet am Leben gewesen sein. Doch sofern er nicht an seinen Verletzungen starb, werden die siegreichen Germanen dem Ringen ein Ende gemacht haben.

Zurück blieb ein Gelände, dessen Boden blutdurchtränkt war. Ein Morast von zerbrochenen Waffen, abgeschlagenen Gliedmaßen, Pferdekadavern und Leichen. Dann endlich herrschte Stille auf dem Schlachtfeld. Bis das Zetern der Krähen lauter wurde und die ersten Tiere aus dem Unterholz kamen, um sich über die Leichen derer herzumachen, die noch vier Tage zuvor der Stolz der römischen Armee gewesen waren.

Grausige Funde – Germanicus auf dem Schlachtfeld

Wie viele dramatische Geschichten, hat auch die der Varusschlacht einen Epilog. Wieder ist es Tacitus, der den emotionalen Schlusspunkt setzt. Sechs Jahre gingen ins Land, so der Schreiber, bis Römer wieder das Schlachtfeld betraten. Unter ihrem Feldherrn Germanicus zog die beeindruckende Heeresmacht von acht Legionen durch die *Germania*

Der römische Feldherr Germanicus bestattet die unter Varus gefallenen Legionen. Radierung von G. Mochetti, 1810

147

magna und suchte den Ort der Schmach auf. *»Nun erwachte in dem Caesar das Verlangen, jenen Soldaten und ihrem Heerführer die letzte Ehre zu erweisen«*, schreibt Tacitus pathetisch, *»wobei das ganze anwesende Heer von schmerzlichem Mitgefühl erfüllt war wegen der Verwandten und Freunde, kurz, wegen der leidvollen Kriege und des menschlichen Loses.«* Germanicus, der Sohn des Drusus, hatte die Lehre der Varusschlacht verstanden und ließ Vorsicht walten in dem unübersichtlichen Gelände. *»Caecina wurde vorausgeschickt, um die entlegenen Waldgebiete zu durchforsten und über das sumpfige Gelände und den trügerischen Moorboden Brücken und Dämme zu führen.«* Zunächst fanden die Männer des Germanicus die Überreste des Marschlagers, in das sich die Truppen nach dem ersten Kampftag geflüchtet hatten. Wenige Jahre nach der Schlacht schafften die Römer dann offenbar ohne weitere Schwierigkeiten, was modernen Historikern bis heute nicht mit hundertprozentiger Sicherheit gelungen ist: den Ort des Geschehens wiederzufinden.

Ihnen bot sich ein Anblick, der erschreckend deutlich machte, welch grausame Szenen sich auch nach der Schlacht noch abgespielt haben müssen. *»Mitten auf dem freien Feld lagen die bleichen Gebeine zerstreut oder in Haufen, je nachdem, wie sie geflohen waren oder Widerstand geleistet hatten«*, so Tacitus. *»An den Bäumen waren Schädel angenagelt. In den benachbarten Waldlichtungen fanden sich Altäre der Barbaren, an denen sie die Tribunen und Centurionen ersten Grades geschlachtet hatten.«* Offenbar hatten die siegestrunkenen Germanen ein blutiges Fest gefeiert, bei dem den Göttern auch Menschen geopfert worden waren. Die Legionen des Germanicus waren erschüttert ob des grausamen Schicksals ihrer Kameraden. Anscheinend waren einige Legionäre dabei, die die Varusschlacht überlebt hatten. Sie führten Germanicus und seine Soldaten nun zu den einzelnen Stationen des Untergangs und erzählten, *»hier seien die Legaten gefallen, dort die Adler von den Feinden erbeutet worden, sie zeigten, wo Varus die erste Wunde erhalten, wo er mit seiner unseligen Rechten sich selbst den Todesstoß beigebracht habe; wo Arminius von der Tribüne herunter eine Ansprache gehalten habe, wie viele Galgen für die Gefangenen, was für Martergruben er habe herstellen lassen, wie er die Feldzeichen und Adler übermütig verhöhnt habe«.* Die Legionäre des Germanicus konnten nicht mehr tun, als ihren Gefallenen die letzte Ehre zu erweisen. *»Und nun setzte das hier befindliche*

römische Heer sechs Jahre nach der Niederlage die Gebeine von drei Legionen bei,
in trauriger Stimmung und zugleich in wachsendem Zorn auf den Feind, ohne
dass jemand erkannte, ob er die Überreste von Fremden oder von seinen eigenen
Angehörigen in der Erde barg. Und es war, als ob sie alle zusammengehörten, als
ob sie Blutsverwandte seien«, schreibt Tacitus. Germanicus selbst legte das
erste Rasenstück auf den Grabhügel für die Legionen des Varus. *»So*
erwies er den Gefallenen den ersehnten Dienst und nahm teil an dem Schmerz
der Anwesenden.« Nachdem die Truppen des Germanicus das Gelände
der Varusschlacht verlassen hatten, wurde es still um den historischen
Schauplatz. So still, dass auch heute – 2 000 Jahre nach dem Geschehen – noch immer darüber gestritten wird, wo der Untergang eines der
größten Heere der Antike stattgefunden hat.

7. DAS ENDE DES GRÖßTEN UND FURCHTBARSTEN KRIEGES

Die Niederlage, die die Barbaren des Nordens den römischen Elitesoldaten zugefügt hatten, war mit über 20 000 Toten eine der größten militärischen Verluste Roms. Schon aus diesem Grund ist die Varusschlacht von Beginn an als Entscheidungsschlacht verstanden worden. Da es den Römern auch danach nicht gelang, die *Germania magna* zu einer römischen Provinz zu machen, wurde die Schlacht darüber hinaus als ein Wendepunkt in der Geschichte Europas interpretiert. Diese Auffassung folgt dem Urteil des Tacitus, für den der Cherusker der »*liberator haud dubie Germaniae*« gewesen war, »*ohne Zweifel der Befreier Germaniens*«. Stimmt dieses Urteil? Und was geschah nach der legendären Schlacht im Teutoburger Wald?

Ein junger Soldat aus einem Land, dessen Bewohner in Fellen umherliefen und in armseligen Hütten lebten, hatte der zivilisierten Welt einen Schock versetzt. Als Kaiser Augustus die Kunde von der militärischen Schmach überbracht wurde, soll er in tiefer Verzweiflung gerufen haben: »*Varus, gib mir meine Legionen zurück!*« Angeblich ließ er sich monatelang weder Haar noch Bart schneiden. Dieser sehr vernehmliche Klageruf über Varus hatte neben der großen kaiserlichen Geste des Mitgefühls den Vorteil, den an der Schande Schuldigen laut und damit eindeutig identifiziert zu haben. Den Römern machte zudem zu schaffen, dass die Legionen ihrer drei Feldzeichen und damit ihrer symbolischen Stärke beraubt worden waren. Die Ziffern XVII, XVIII und XIX der vernichteten Legionen wurden nie mehr vergeben. Die Niederlage war umfassend.

Anscheinend hegte Kaiser Augustus die Befürchtung, die Germanen würden sich erheben und über die Grenzen ins Römische Reich hereinbrechen, wie es hundert Jahre zuvor die Kimbern und Teutonen gewagt hatten. Glaubt man Cassius Dio, herrschte gar die Angst, die Germanen könnten sich mit den Galliern verbünden und nach Rom ziehen. Die Panik war angeblich so groß, dass sämtliche Stützpunkte und Lager der Römer im *Barbaricum* bis auf Aliso geräumt und die Truppen hinter die Rheinfront verlegt wurden.

Das Imperium schlägt zurück

Der großgermanische Ansturm unter einem Bündnis von Cheruskern und Markomannen blieb allerdings aus. Arminius wird gewusst haben, dass selbst bei umfassender militärischer Unterstützung durch seine Stämme die Kraft für einen Sieg über das Imperium nicht gereicht hätte. Wahrscheinlich hatte er nie vor, so weit zu gehen. So bleibt in *Die Hermannsschlacht* von Heinrich von Kleist der Arminius-Appell zum Kampf um Rom die Fantasie des Dichters:

>*»Uns bleibt der Rhein noch schleunig zu ereilen,*
>*Damit vorerst der Römer keiner*
>*Von der Germania heil'gem Grund entschlüpfe:*
>*Und dann – Nach Rom selbst mutig aufzubrechen!*
>*Wir oder unsre Enkel, meine Brüder.«*

Die Römer fanden zu ihrer operativen Kraft zurück. Zuerst stärkten die Truppen des Lucius Nonius Asprena vom Oberrhein die Stützpunkte am Niederrhein. Dann stellte der neue Kommandeur Tiberius acht Legionen zusammen und damit eine noch größere Militärpräsenz als bisher. Ungefähr ein Drittel der gesamten römischen Armee stand jetzt am Rhein. Der düstere Tiberius war kein bei den Truppen sonderlich beliebter Mann, aber ein geachteter Experte des Krieges. Er widerstand dem Impuls, den römischen Rachedurst zu stillen und tief in Feindesgebiet hineinzumarschieren, sondern wählte die Strategie der kontrollierten Offensive. Erst zwei Jahre nach der Varusschlacht setzte er wieder über den Rhein, bewegte sich aber nie weit von seiner Basis weg. Er vermied risikoreiche Schlachten und tat sich durch wohlüberlegte Strafexpeditionen in den Gebieten der Marser und Brukterer hervor, die er verwüstete. Das langte, um Rom mit regelmäßigen Siegesmeldungen zu beruhigen. Anscheinend wurde unter Tiberius wieder mit dem Bau von Stützpunkten entlang der Lippe begonnen.

Als Tiberius im Jahre 13 n. Chr. von der Rheinfront nach Rom abberufen wurde, hatte er keine sichtbaren Erfolge oder Territorialgewinne vorzuweisen. Später sollte Tiberius über seine drei Jahre am Rhein schreiben:

»Krieg war zu dieser Zeit nur noch gegen die Germanen zu führen, mehr um die Schande zu tilgen, die mit dem Verlust des Heeres unter Quinctilius Varus verbunden war, als aus dem Bestreben, das Reich zu erweitern, oder wegen der Aussicht auf entsprechenden Gewinn.«

Auf Tiberius folgte sein Neffe und Adoptivsohn Germanicus, und der ging die Sache ganz anders an: jung, ehrgeizig, voller Tatendrang – aber auch voller Erfolgsdruck, war er doch der leibliche Sohn des berühmten Feldherren Drusus, der 9 v. Chr. beim Rückmarsch von der Elbe nach Mainz tödlich verunglückt war. Mit ihm kam »*der größte und furchtbarste Krieg*« (Orosius) nach Germanien zurück. Germanicus war fest entschlossen, das ruhmreiche Erbe seines Vaters anzutreten. Er befehligte die größte Streitmacht jener Zeit, und diese hatte noch eine Rechnung offen mit den Germanen, die sich mal wieder in ihre Wälder zurückgezogen hatten. Als Sohn des Drusus hatte Germanicus von Beginn an großen Rückhalt bei den Rheinlegionen, da sie seinen Vater verehrt hatten. So gelang es ihm, nach dem Tod des Augustus und dem beginnenden Prinzipat des Tiberius eine Meuterei der Truppen zu schlichten, die die Situation in Rom für eine Forderung nach mehr Sold nutzen und Germanicus zum neuen Kaiser ausrufen wollten. Germanicus widerstand der Versuchung, sich zum Herausforderer von Tiberius um die Kaiserwürde zu erklären, dem er nicht gewachsen war. Stattdessen suchte er den Ruhm auf dem Schlachtfeld. 14 n. Chr. drang er tief nach Germanien hinein. Ob er es mit dem Ziel tat, die Barbaren endgültig zu unterwerfen und endlich das Imperium bis zur Nordsee und Elbe zu erweitern, kann nur gemutmaßt werden. Dank der *Annalen* von Tacitus sind wir heute über den Ablauf der Rachefeldzüge gut informiert, weit besser als über die Varusschlacht.

Marmorbüste des Germanicus aus Spanien (Cordoba)

In den folgenden zwei Jahren kam es zu massiven Kampfhandlungen. Germanicus muss den Berichten der Chronisten zufolge unter den Germanen, auch unter unbewaffneten Dorfbewohnern, Müttern und Kindern, beträchtliche Blutbäder angerichtet haben. Nach der Meuterei hatte Germanicus vier Legionen ins Gebiet der Marser geführt und die nach einem Opferfest ahnungslos Schlafenden regelrecht abgeschlachtet:

»Der Caesar teilte die blutdürstigen Legionen, um dem Gemetzel einen möglichst großen Umfang zu geben, in vier Kolonnen. Er ließ eine Strecke von 50 Meilen mit Feuer und Schwert verwüsten. Weder das Geschlecht noch das Alter fand Erbarmen. Stätten der Menschen und der Götter wurden ohne Unterschied dem Erdboden gleichgemacht ... Unsere Truppen hatten keinerlei Verluste, weil sie die

Feinde niedergemetzelt hatten, wie sie noch halb im Schlaf waren und unbewaff-
net oder einzeln umherirrten.«

Brutale Terroraktionen wie diese konnten nur dazu führen, den Widerstand der Germanen zu festigen. Da Germanicus bei seinen Operatio-
nen nicht immer überlegt vorging, sondern sich von seinem Ehrgeiz
und seiner Wut leiten ließ, kam es auch unter seinen Truppen zu un-
nötig hohen Verlusten, was früh den Unmut des Kaisers Tiberius her-
vorrief. 15 n. Chr. zog er mit allen acht Legionen, mit Reiterge-
schwadern und Hilfseinheiten ins Land der Chatten und hinterließ
eine Spur der Verwüstung. Doch dies war nicht der Krieg, der dem Sohn
des Drusus vorschwebte. Die Gelegenheit zum wahren Kräftemessen
ergab sich, als er auf der Suche nach dem Ort der Varusschlacht und
den gefallenen Kameraden war: Durch einen Boten erfuhr er, dass Segestes vom Verräter Arminius belagert wurde. Unverzüglich dirigierte
er seine Truppen zum innercheruskischen Brennpunkt.

Caecina, Idistaviso und Angrivarierwall

Kurz zuvor war die Feindschaft zwischen Arminius und Segestes aufs
Neue entflammt. Segestes war es gelungen, die mittlerweile schwangere Thusnelda auf seinem Fürstensitz festzusetzen – wohl dem heutigen Eresberg über der Diemel, einem Zufluss der Weser. Nun sah er sich
der wütenden Belagerung durch Arminius ausgesetzt. Als Germanicus
im Frühjahr 15 n. Chr. mit seinem überlegenen Truppenaufgebot in
den Kampf eingriff, gelang Arminius die Flucht. Thusnelda allerdings
wurde von den Römern gefangen genommen und mit Segestes später
nach Rom gebracht. Arminius und Thusnelda sollten sich nie wiedersehen.

»Auch vornehme Frauen waren darunter, so die Gattin des Arminius, die Toch-
ter des Segestes, die mehr die Gesinnung ihres Gatten als die ihres Vaters hatte:
Keine Träne rann über ihre Wangen, keine Bitte erniedrigte ihren Mund. Sie

presste in dem Bausch ihres Gewandes ihre Hände zusammen und blickte stumm auf ihren schwangeren Leib.«

Arminius, so schmückt Tacitus gekonnt aus, war außer sich und rief die Germanen zum Kampf auf:

»Er, der schon von Natur aus ein jähes Temperament hatte, war jetzt zweifach empört. Der Gedanke an seine Frau und ihren der Sklaverei preisgegebenen Leib ließ ihn wie von Sinnen durch das Land jagen: Er stürmte die Gaue der Cherusker und rief zum Krieg auf. Segestes und Germanicus geißelte er dabei mit scharfen Worten. ›Was für ein Vater! Welch ein großartiger Feldherr! Dieses Heer von Helden! Und das alles nur, um ein einziges schwaches Weib in die Sklaverei zu verschleppen. Ich dagegen habe drei Legionen mit ihren Führern in die Knie gezwungen. Ich brauche keine Verräter, auch führe ich keinen Krieg gegen schwangere Frauen, sondern kämpfe einen fairen Kampf gegen Männer und ihre Waffen. In unseren Hainen hängen noch die eroberten Feldzeichen, die ich den Göttern zur Ehre dort habe aufhängen lassen. Es gibt Völker, die Roms Macht nicht kennenlernen mussten und damit auch keine Folter, keine Hinrichtungen, keine Tribute. Wir lernten sie kennen, haben aber unsere Ketten aus eigener Kraft zerbrochen. Wenn es uns gelungen ist, den berühmten Augustus zu bezwingen und seinen Nachfolger, den Tiberius, dann werden wir uns nicht vor einem grünen Jüngling fürchten und seinem Heer von Meuterern.«

Noch im selben Jahr kam es zum nächsten Großangriff der Römer auf die Cherusker und ihre Verbündeten. Germanicus hatte seine Streitkräfte aufgeteilt. Er selbst kam über die Nordsee zur Emsmündung, und die vier Legionen unter Caecina rückten vom Rhein durch das Land der Brukterer heran. Germanicus hatte sich durch sein brutales Vorgehen inzwischen auch viele der romfreundlichen Cherusker zu Gegnern gemacht, sodass auch der mächtige Inguomer, der Onkel des Arminius, zu dessen Truppen stieß. Arminius kämpft in seiner bewährten Partisanentaktik weiter. Vielleicht hätten die Germanen an den Erfolg der Varusschlacht anknüpfen können, hätte sich nicht Inguomer gegen den dringenden Rat von Arminius auf den Tross gestürzt, statt den bereits in die Sümpfe getriebenen Caecina zu attackieren. Dieser nutzte die Zeit und legte ein Lager an, gegen das Inguomer unter großen Verlusten zu spät und vergeblich anrannte. Der Sieg blieb aus, weil Arminius im Kriegsrat nicht die nötige Unterstützung anderer Fürsten für seine bereits gegen Varus eingesetzte Guerillataktik erhalten hatte. Die germanische Lust auf Beute war diesmal nicht zu überwinden gewesen: »*Arminius verließ unversehrt, Inguomer dagegen erst nach schwerer Verwundung den Kampfplatz. Die Masse wurde niedergehauen, solange die Wut unserer Soldaten und der Tag anhielten.*«

Caecina kehrte ohne weiteren Zwischenfall mit seinen Truppen nach Xanten zurück. Auch Germanicus begab sich über die Ems auf den Rückzug, nachdem seine Kämpfe gegen Arminius »unentschieden« ausgegangen waren, wie Tacitus resümierte. Bei der Rückreise zu Wasser kam es ohne Kampfhandlungen bei zwei Legionen zu hohen Verlusten, als sie an der Nordseeküste von der Flut überrascht wurden. Die große Offensive des Germanicus im Jahr 15 n. Chr. hatte die Sache Roms im Land der Germanen nicht weitergebracht, sondern war unrühmlich geendet. Dennoch belohnte Kaiser Tiberius den Oberbefehlshaber für seine Erfolge in Germanien mit dem Triumphalabzeichen. Wahrscheinlich beabsichtigte er mit dieser unverhältnismäßig schmeichelhaften Ehrung, Germanicus von einem Ende seiner Mission zu überzeugen und den Krieg gegen unkontrollierbare Barbaren zu beenden. Germanicus aber lehnte ab, zur Feierlichkeit in Rom zu erscheinen, sondern plante bereits einen neuen Einmarsch ins Cheruskerland, um Arminius endgültig zu besiegen.

Arminius' Position innerhalb der germanischen Stämme hatte sich durch seinen nimmermüden Widerstand gegen Germanicus gefestigt. Außerdem hatte die missglückte Schlacht Inguomers gegen Caecina gezeigt, dass es zu seiner strategischen Intelligenz keine Alternative gab und man besser ihm als anderen folgte. Ein Jahr später kam es zum letzten Kräftemessen. Germanicus zog mit allen acht Legionen weseraufwärts und erreichte ohne Verluste den Norden des Cheruskerlands. Vor der Schlacht kam es laut den *Annalen* des Tacitus zu einem bemerkenswerten Treffen, nämlich zwischen Arminius und seinem Bruder Flavus. Tacitus legt die Szene so an, dass sie sinnbildlich in einem großen Kulturkampf zu enden droht:

»Zwischen den Römern und den Cheruskern floss der Weserstrom. An seinem Ufer machte Arminius mit den übrigen Häuptlingen halt und ... bat um die Erlaubnis, sich mit seinem Bruder unterreden zu dürfen. Dieser stand nämlich im römischen Heere, mit dem Beinamen Flavus (der Blonde). Er war durch seine Treue gegen uns rühmlich bekannt wie auch dadurch, dass er vor einigen Jahren im Kampfe unter dem Kommando des Tiberius ein Auge verloren hatte. ... Arminius fragte seinen Bruder, woher die Entstellung seines Gesichtes rühre. Als dieser den Ort und die Schlacht nannte, fragte er ihn, was für einen Lohn er dafür empfangen hätte. Flavus erzählte von erhaltenem Gold, einer Halskette, einem Kranz und anderen kriegerischen Auszeichnungen, während Arminius den niedrigen Lohn seiner Knechtschaft verspottete. Darauf begannen sie in verschiedenem Sinne: Der eine sprach von der Größe Roms, der Macht des Caesars, den schweren Strafen für die Besiegten und der Milde gegen den, der sich freiwillig unterwürfe. Auch würden Gattin und Sohn des Bruders keineswegs feindlich behandelt. – Der andere sprach von dem heiligen Rechte des Vaterlandes, der Freiheit, die sie von den Ahnen ererbt, den heimischen Göttern Germaniens und von ihrer Mutter, die seine Bitten unterstützte. Der Bruder solle doch nicht zum Abtrünnigen und Verräter seiner Verwandten und Freunde oder gar seines Volkes

Daniel Chodowiecki: Arminius und Flavus an der Weser. Radierung, 1800

157

werden, anstatt dessen Anführer zu sein. – Allmählich erhitzten sich die Gemü-
ter, und sie wären nicht einmal durch den Strom zwischen ihnen gehindert wor-
den, handgemein zu werden, wenn nicht Stertinius herangesprengt wäre und
Flavus, der zornig erregt nach seinem Pferde und Waffen rief, zurückgehalten
hätte. Auf dem anderen Ufer sah man Arminius, wie er sich in Drohungen er-
ging und die Schlacht ankündigte. Denn er bediente sich größtenteils der lateini-
schen Sprache, da er ja einst im römischen Lager als Führer seiner Landsleute
Kriegsdienste geleistet hatte.«

Die Schlacht auf dem *Campus Idistaviso* (vermutlich nah der Porta West-
falica) wird von Tacitus recht kurz abgehandelt und zugunsten des Germanicus gedeutet. Genaue Informationen fehlen in dem Text, wie *»bei
den meisten taciteischen Schlachtenberichten«*, so Theodor Mommsen. Angeblich wurde der große Widersacher Arminius verwundet und in die Flucht
geschlagen. In der Folge kamen die Angrivarier den Cheruskern zu Hilfe,
und beide stemmten sich auf dem sogenannten Angrivarierwall erneut
gegen die römischen Angriffe. Abermals gelang es den Germanen nicht,
der römischen Übermacht standzuhalten, die sich auch dank ihrer Wurf-
katapulte mit dicken Steinkugeln durchsetzte. Besiegt im Sinne einer
Gefangennahme und Unterwerfung wurden sie dennoch nicht. Sie ent-
kamen in die Wälder, ohne dass Germanicus ihnen nachsetzen konnte.
Seine militärischen Einzelerfolge waren nicht in dauernde Besatzung
umgewandelt worden, auch weil die Kampfeslust von Arminius
einfach nicht nachlassen wollte. Germanicus kapitulierte vor den
Unbilden im fremden Feindesland und kehrte mit seinen Truppen über
den Rhein zurück.

Tiberius zog die Reißleine. Germanicus wurde aus Germanien weg-
gelobt und am 26. Mai 17 n. Chr. mit einer rauschenden Willkom-
mensfeier und einem hochtrabenden Motto in Rom geehrt, damit sein
Gesicht gewahrt wurde. Er triumphierte: *De Cheruscis Chattisque et An-
grivariis quaeque aliae nationes usque ad Albim colunt (Über die Cherusker,
Chatten und Angrivarier sowie die anderen Volksstämme, die im Gebiet bis zur
Elbe wohnen).* In seinem Siegeszug führte er delikate Kriegsbeute vor:
Thusnelda und den in Gefangenschaft geborenen Arminius-Sohn
Thumelicus. Segestes verfolgte die Zurschaustellung seiner Tochter

und seines Enkels von der Ehrenloge aus. »*Ein schmachvolles Spiel*«, befand sogar der Germanicus-freundliche Tacitus. Im Zug befanden sich gefangene germanische Fürsten und zwei der drei von Varus verlorenen Legionsadler, die Germanicus zurückgewonnen hatte. Dieser symbolische Gewinn war ihm immerhin geglückt und die große Parade in Rom ebenfalls. Die Rache für Varus hingegen war dem Sohn des Drusus gründlich misslungen. Von Segestes und Thusnelda ist nach dem Fest in den antiken Quellen keine Rede mehr. Ihr Sohn Thumelicus fand später gemäß Tacitus ein trauriges Ende in Ravenna, einem Verbannungsort für gefangene Germanen, vielleicht endete er als Gladiator. Germanicus starb zwei Jahre nach seinem Triumph, möglicherweise wurde er vergiftet.

Insgesamt hatte Germanicus mit immerhin acht Legionen in Germanien erstaunlich wenig erreicht. Ralf G. Jahn hat nachgewiesen, dass selbst die von den antiken Chronisten überlieferten punktuellen Erfolge des Germanicus nicht eindeutig waren und sich die germanischen Kriegerhaufen auf Augenhöhe mit dem römischen Berufsheer behauptet hatten. Dass Arminius trotz der andauernden Kampfhandlungen in der Lage war, ein Jahr später ein großes Heer des Markomannenkönigs Marbod zu besiegen, zeigt, wie wenig ihn die Kriege mit Germanicus geschwächt hatten. Die Schwierigkeiten, denen die Römer bei ihren Eroberungszügen in Germanien gegenüberstanden, erinnern an Kriege wie die der Amerikaner in Vietnam oder der Russen in Afghanistan. Neben der enormen Entschlossenheit eines stolzen Gegners mussten sie besonders vor den geografischen Bedingungen kapitulieren, vor den Unwägbarkeiten des vietnamesischen Dschungels und dem afghanischen Hochgebirge. Auch Germanicus scheiterte an einer zerklüfteten, unerschlossenen Landschaft, derer die Römer trotz ihrer bautechnischen Fertigkeiten nie Herr wurden. Weder konnte er der Ausweichtaktik und der besseren Ortskenntnis des Gegners Entscheidendes entgegensetzen, noch konnte er während der früh hereinbrechenden Wintermonate die Versorgungsprobleme seiner Truppen meistern. Die Furcht seiner Legionäre vor diesem unheimlichen Land und seinen gefährlichen Bewohnern ließ einfach nicht nach.

Bilanz des 30-jährigen Krieges

Es ist viel darüber diskutiert worden, warum Tiberius den Versuch einer Eroberung Germaniens aufgegeben hat und wie genau die Germanienpläne von Kaiser Augustus und Germanicus ausgesehen haben mögen. Kaiser Augustus hielt in seinem politischen Testament, den *res gestae Divi Augusti*, fest: »*Ich habe Germanien bis zum Ozean und zur Mündung des Elbstroms unterworfen.*« Bei Tiberius liegt der Fall anders. Aufgrund seiner eigenen defensiven Germanienzüge zwischen 10 und 13 n. Chr. ist glaubhaft, dass er nicht noch mehr Opfer und Kosten in diesem verlustreichen Krieg hinnehmen wollte. Er selbst habe »*plura consilio quam vi*«, viel mehr durch Klugheit als durch Gewalt erreicht, schrieb er. Man solle die Germanen am besten ihren eigenen, den Römern höchst willkommenen Streitigkeiten, ihrer »*discordia*«, überlassen, das sei ergiebiger, als ihnen in ihren Wäldern und Sümpfen nachzujagen. Zu jener Zeit war Tiberius sicher der nüchternste analytisch denkende Kenner der Germanen. Vielleicht hat er immer gewusst, dass die *Germania magna* nicht zu unterwerfen war, und er hat daraus seine Schlüsse gezogen.

Tacitus hingegen, der Germanicus offensichtlich dem Tiberius vorzog, vermutete in der Rückberufung des jungen Kommandanten Neid als wahres Motiv. Tiberius habe sich vor dem Ruhm einer endgültigen Unterwerfung der Germanen durch Germanicus gefürchtet. Da Tiberius dem jungen Stürmer und Dränger vier Jahre lang an Ems und Weser freie Hand ließ, ist Tacitus' Haltung allerdings nicht nachvollziehbar.

Eher ist zu überlegen, ob die Varusschlacht wirklich als ein Wendepunkt in der europäischen Geschichte angesehen werden kann. Immerhin hat der Verlust der drei Legionen in den Jahren darauf zu erst verhaltenen, dann energischen römischen Offensivbemühungen geführt. Und dass die Feldzüge der Römer unter Germanicus eine große Ernsthaftigkeit aufwiesen, ist offensichtlich. Er schien nicht nur die Schande des Varusdesasters ausmerzen und sich den Kopf des Arminius holen, sondern wirklich bis zur Elbe vorzustoßen zu wollen. Wäre die Varusschlacht ein echter historischer Wendepunkt gewesen, so sagen manche Historiker, hätte Rom keine weitere Expansion in Germanien versucht. Daher hat auch Mommsen sein Urteil von 1871 zur Varusschlacht als Wendepunkt der Weltgeschichte zurückgezogen und die Abberufung des Germanicus zum definitiven Schlusspunkt der Bemühungen Roms um ein römisches Germanien erklärt: »*Was immer die sachlichen und die persönlichen Motive gewesen sein mögen, wir stehen hier an einem Wendepunkt der Völkergeschichte.*« Es ist kein anderer Grund als der zu finden, »*als dass sie die durch zwanzig Jahre hindurch verfolgten Pläne zur Veränderung der Nordgrenze als unausführbar erkannten und die Unterwerfung und Behauptung des Gebietes zwischen dem Rhein und der Elbe ihnen die Kräfte des Reiches zu übersteigen schienen*«.

Hierin liegt sicher eine Logik. Andererseits waren die Römer nach dem Schock der Varuskatastrophe von einer finalen Besetzung Germaniens weiter entfernt als je zuvor, die Strafexpeditionen des Germanicus änderten nichts daran. Die Varusschlacht führte vielmehr dazu, dass die Unterwerfung der *Germania magna* immer schwieriger und kostspieliger schien, weil die technisch unterlegenen germanischen Kämpfer sich dem römischen Militärapparat auf ihre Art als ebenbürtig erwiesen. Es spricht vieles dafür, dass der Widerstand der Germanen durch den Sieg im Teutoburger Wald gestärkt wurde und konstitutiv für den späteren endgültigen Rückzug der Römer war.

Tod des Arminius – Germanien wird bedeutungslos

Tiberius sollte mit seiner Hoffnung auf eine innergermanische Lösung des römischen Problems recht behalten. Arminius, der, ohne die Fakten zu sehr beugen zu müssen, behaupten konnte, den Freiheitskrieg gegen Germanicus gewonnen zu haben, wird eine Führungsrolle bei den Cheruskern und den sie umgebenden Stämmen beansprucht haben. Ihm könnte sogar ein eigenes Königreich, wie Marbod es anführte, vorgeschwebt haben. Mit Marbod hatte Arminius noch eine Rechnung offen, da dieser den Kopf des Varus nach Rom geschickt hatte, um der Weltmacht seine Unterstützung zuzusichern. Im Jahr 17 n. Chr. griff Arminius den markomannischen Konkurrenten in Böhmen an. Obwohl keiner der beiden die Oberhand behielt, zog sich Marbod zurück, auch weil Teile seiner Truppen in ihrer Loyalität zu ihm wankten. Da Marbod die Römer ein Jahr zuvor gegen die Cherusker nicht unterstützt hatte, waren ihm diese gegen Arminius nicht zu Hilfe geeilt. Sie ließen ihn fallen, sodass Marbod 18 n. Chr. stürzte. Er erhielt Asyl in Ravenna und starb im Jahr 36 n. Chr.

Eine germanische Staatenbildung unter Marbod war damit gescheitert, und auch Arminius sollte es nicht gelingen, ein germanisches Königreich zu etablieren. Er wurde den Gegnern in der cheruskischen Führungsschicht, die sich mithilfe der Chatten gegen ihn stellten, zu stark. Vielleicht spielte auch noch immer eine Rolle, dass Arminius Thusnelda zur Frau genommen hatte, obwohl diese einem anderen Mann versprochen gewesen war. Jedenfalls wurde Arminius 19 n. Chr. ermordet, er fiel 37-jährig »durch Heimtücke seiner Verwandten« (Tacitus), wohl durch den Dolch oder durch Gift. So lakonisch das Attentat an Arminius in der Ereignischronik auch anmutet, handelt es sich im Grund um einen rätselhaften Vorgang. Es gibt keinen Hinweis darauf, dass Rom an der Verschwörung aktiv beteiligt war. Im Gegenteil: Den Quellen ist zu glauben, dass der römische Senat das Angebot eines Chattenfürsten, Arminius zu beseitigen, ablehnte – das schien ihnen unter ihrer Würde. Warum entledigten sich seine Landsleute ihres brillanten Kopfes? Eines Mannes, dem es mit seinen Kriegern gelungen war, den überlegenen Römern richtig gefährlich zu werden. Der eine solch unbändige Kraft entfesselt hatte, dass sie einem Imperium erfolgreich trotzen konnten, dessen Stärke zu dieser Zeit legendär war und nichts mit jenem morschen Spätrom zu tun hatte, das die Goten, Vandalen und Franken im 4. und 5. Jahrhundert mühelos erobern konnten. Dennoch scheint es nach den Quellen am plausibelsten zu sein, dass Arminius das Opfer innergermanischer Zwistigkeiten wurde. Der Adel stellte sich gegen den Plan einer zentralen Herrschaft. Man ist versucht, den Mord an Arminius als Beginn der deutschen Kleinstaaterei durch Ränke machtbewusster Fürsten zu sehen – die Germanen als erste Anhänger eines gelebten Partikularismus.

Das Scheitern von Marbod und Arminius verdeutlicht, dass an eine germanische Nationen- oder Großmachtbildung zu jener Zeit nicht zu denken war. Herrschaft war nur in lokalen Strukturen realisierbar, für eine überregionale Herrschaftsbildung war die Zerstrittenheit unter den Stämmen zu groß. Daher neigt die Forschung der Auffassung zu, dass es sich bei dem Kampf gegen die Legionen des Varus und Germanicus nicht um eine nationale Erhebung handelt. Es war ein Freiheitskampf unter cheruskischer Führung, und die Solidarität untereinander hielt nur, bis die Gefahr abgewendet war.

Auch nach dem Mord an Arminius fanden die Cherusker, die angesichts ihrer Dominanz im römisch-germanischen Krieg eigentlich eine Führungsrolle unter den nord- und westgermanischen Stämmen hätten übernehmen können, keine Ruhe. Die inneren Konflikte blieben so virulent, dass sie 47 n. Chr. gar einen Exilgermanen zum König erklärten: Italicus, Sohn des romtreuen Arminiusbruders Flavus, der wie sein Vater und Onkel in Rom aufgewachsen war, sollte nun die Cherusker führen. Er versuchte sich erfolglos an dieser explosiven Aufgabe, und einige Jahrzehnte später versanken die Cherusker als »*ein elender Haufen*« (Tacitus) in der Bedeutungslosigkeit.

Die Römer hatten Italicus in seinem Amt nicht unterstützt. Sie schienen überhaupt das Interesse an den streitlustigen Nordmenschen verloren zu haben, die alles unternommen hatten, um die Segnungen des Imperiums schnöde zu ignorieren. Als der römische Schriftsteller Plinius der Ältere im Jahr 52 n. Chr. die »*elenden Hütten*« der Chatten erlebte, meinte er achselzuckend: »*Und solche Völker behaupten doch tatsächlich, wenn sie heute vom römischen Volk besiegt würden, würden sie Sklaven! So ist es in der Tat: Das Schicksal verschont manche, um sie zu strafen.*« Durch den 30-jährigen Krieg war das dunkle Germanien mit seinen Wäldern, Mooren, Flüssen und Gebirgen den Römern ein Begriff geworden, und siehe da, nun verschmähten sie die spröde Germania, die Braut, um die sie so heftig geworben hatten. Sie wandten sich einer neuen Geliebten zu, nämlich Britannien, das sie ab 43 n. Chr. besetzten. Rom riegelte Germanien von seiner Welt regelrecht ab: es zementierte die Grenze zu den Barbaren mit einer erhöhten Militärpräsenz am Westufer des Rheins sowie dem Bau des Limes, der ab 84 n. Chr. die natürlichen Grenzen von Rhein und Donau miteinander verband. Hiermit waren zwei unterschiedliche Kulturstufen für lange Zeit festgeschrieben.

Das Nordtor der römischen Stadt Xanten (ab 100 n. Chr.), symbolisches Bollwerk gegen das isolierte Barbaricum

Während in der Metropole Rom der römische Schriftsteller Tacitus gerade mit seiner ethnografischen Schrift *De origine et situ Germanorum* begann, existierte im *Barbaricum* weiterhin keine einzige Stadt und konnten in Ermangelung einer Schrift die Ruhmestaten des Arminius lediglich am Lagerfeuer weitererzählt werden. Hier Kuhmist und Holzhütten, dort Parfum und Marmorpaläste. Weder war aus Germanien eine römische Provinz geworden noch ein germanisches Königreich. Es war seltsam perspektivlos, hatte keine neue Geschichtsstufe erklommen und würde noch Jahrhunderte unverändert sein, ein Volk der Bauern und Krieger, ohne jede klassische Kultur. Geblieben war den Stämmen zwischen Rhein und Elbe ihre Freiheit, eine *Germania libera*, und diese hatten sie zu einem beträchtlichen Teil dem Rombezwinger Arminius zu verdanken. Es scheint so, als wäre ihnen ihre Freiheit am wichtigsten gewesen. *»Der germanische Geist ist ein Geist der Freiheit«*, erkannte Hegel.

8. KALKRIESE UND DIE VERLORENEN LEGIONEN

Seit der Wiederentdeckung der antiken Schriften im 15. Jahrhundert haben selbst ernannte und tatsächliche Fachleute über den konkreten Ort der Varusschlacht Spekulationen angestellt. Tacitus hat in seinen *Annalen* einen »*saltus Teutoburgiensis*« erwähnt: »*saltus*« bedeutet eine gebirgige Landschaft und in »*Teutoburgiensis*« ist *Burg* enthalten. Über 700 Stätten wurden im Lauf der Zeit genannt; diese unfassbare Zahl ist allerdings im wörtlichen Sinn zu einem Gemeinplatz geworden. Legionen von Heimatkundlern und Historikern haben die Wälder und Mittelgebirge zwischen Weser, Ems und Lippe durchforstet, wobei zu ihren Ergebnissen irgendwann selbst Duisburg (als »*Teutoburg*« verstanden) oder Augsburg in Bayern zählten. Dieses Buch wird sich vor dem wiederholten Versuch einer Gewichtung oder gar Zusammenfassung der Resultate hüten. Sicher ist, dass ein »*saltus Teutoburgienis*« nur im Text des Tacitus vorkommt, und dies nur ein Mal. Schon der Reformator Philipp Melanchthon hat 1559 diesen Teutoburger Wald auf den Osning bezogen. Auf Order eines Bischofs von Paderborn im frühen 17. Jahrhundert hat die antike Fremdbezeichnung den einheimischen Ortsnamen abgelöst. Heute bezeichnet der Teutoburger Wald jenen sich nach Nordwesten erstreckenden, 110 Kilometer langen Höhenzug zwischen Niedersachsen und Nordrhein-Westfalen. Er verdankt seinen Namen der gemutmaßten Örtlichkeit des »*saltus Teutoburgiensis*« und liefert daher kein Argument für die Lokalisierung.

Nach einem über 500 Jahre erregt geführten Disput über den Ort der Varusschlacht war es geradezu folgerichtig, dass keine Koryphäe des Deutschen Archäologischen Instituts auf den entscheidenden Hinweis stieß, sondern ein Hobbyarchäologe aus England: Tony Clunn. Angeregt vom Osnabrücker Kreisarchäologen Wolfgang Schlüter entdeckte der Oberstleutnant der britischen Rheinarmee 1987 im Erdreich bei Bramsche einen Schatz aus römischen Silberdenaren. Das war noch nicht sonderlich bemerkenswert. Aber als er ein Jahr später mithilfe eines Metalldetektors drei Bleischleudergeschosse ausgrub, die die Römer als Fernwaffen benutzten, war die Sensation perfekt.

Römische Bleischleudergeschosse, die Tony Clunn 1988
in Kalkriese ausgrub.

Damit war klar, dass hier einmal gekämpft worden war. Nun wurde der Kalkrieser Berg, 18 Kilometer nordöstlich von Osnabrück gelegen, zu einer der spektakulärsten Grabungsstellen Europas. Die Niedersachsen erkannten, dass sie zum Leidwesen der Westfalen einen bemerkenswerten Trumpf in Händen hielten. Einige Jahrhunderte lang hatten doch Letztere davon ausgehen dürfen, selbst Gastgeber dieser weltberühmten antiken Keilerei gewesen zu sein, und ihren Stolz mit dem Bau des Hermannsdenkmals bei Detmold gekrönt. Obwohl keine endgültigen Beweise für Kalkriese als Ort der Varusschlacht vorlagen, sondern lediglich eindrucksvolle Indizien, proklamierten die Osnabrücker die Fund-

166

stelle schließlich als Ort der Varusschlacht und errichteten im Jahr 2000 rund um die Grabungsaktivitäten einen attraktiven Museumspark, der seither ein Magnet für 100 000 Besucher und 1000 Schulklassen pro Jahr darstellt. Diejenigen, die Kalkriese skeptisch gegenüberstehen, haben sich auch an dem Selbstbewusstsein der Kalkriese-Fraktion gestört, den sie als voreiligen Triumphalismus sehen – doch das ist ein anderes Thema.

Schon Theodor Mommsen hatte 1885 in der Kalkrieser-Niewedder Senke zwischen Mittelgebirge und norddeutscher Tiefebene den Ort der Varusschlacht vermutet, da dort immer wieder römische Gold- und Silbermünzen aus augusteischer Zeit gefunden worden waren. Da aber Kupfermünzen – das Kleingeld der Soldaten – fehlten, hatte der literarische Quellenbefund nach den *Annalen* des Tacitus schwerer gewogen und zu einer Favorisierung des weiter südlich gelegenen Teutoburger Walds geführt, des »*saltus Teutoburgiensis*«. Als Tony Clunn ein Jahrhundert nach Mommsen auf Militaria stieß, gab es an Kalkriese als Schauplatz einer antiken Schlacht keine Zweifel mehr. 1989 begannen unter der Leitung von Wolfgang Schlüter systematische Grabungen, deren Befund wahrlich beeindruckend ist: Bis Ende 2007 wurden rund 6 000 mit Kämpfen in Verbindung stehende Funde identifiziert, darunter rund 1700 Münzen – und keine Keramik, wie es für eine Siedlung zu erwarten gewesen wäre. Insgesamt umfasst das mit Metallsuchgeräten abgegangene Gebiet mehr als 30 Quadratkilometer. Gezielte Suchgrabungen wurden eher kleinräumig vorgenommen, die wichtigste auf dem sogenannten Oberesch. Die Prospektionen mit Suchgeräten und die archäologischen Ausgrabungen werden sicher noch Jahrzehnte andauern. Unabhängig davon, ob es sich um die verschwundenen Legionen des Varus handelt oder nicht, haben wir es in Kalkriese derzeit mit der größten, am besten dokumentierten Schlachtfeldgrabung der europäischen Antike zu tun. Die Methoden der Archäologen und die Interpretation der Funde im historischen Kontext sind angewandte Wissenschaft in Hochform.

Die Flur »Oberesch« – Der Kampfplatz und seine Funde

Der Schauplatz Kalkriese wird von Wolfgang Schlüter wie folgt beschrieben:

»Die Kalkrieser-Niewedder Senke ist ein etwa 6 km langer und an der schmalsten Stelle rund 1 km breiter Engpass zwischen dem Großen Moor im Norden und dem Kalkrieser Berg, der dem Wiehengebirge nördlich vorgelagert ist, im Süden. Sie liegt etwa 110 m unterhalb der Hochfläche der Anhöhe. Nach Osten öffnet sich der Pass zu einem großen Trichter, der im Norden durch einen breiten Moorgürtel und im Süden durch das Wiehengebirge begrenzt wird. Relativ trocken war die Kalkriese-Niewedder Senke bis weit in die Neuzeit hinein wegen des hohen Grundwasserspiegels nur an ihren Rändern, und zwar im Bereich der Flugsandrücken, die die Talsande am Saum des Moores bedecken, sowie im Bereich der Hangsande am Fuß des Kalkrieser Berges. Beide Zonen sind durchschnittlich 200 m breit. Allerdings waren und sind die Säume der Hangsandzone sehr feucht, nämlich staunass zum Kalkrieser Berg hin und stark grund-

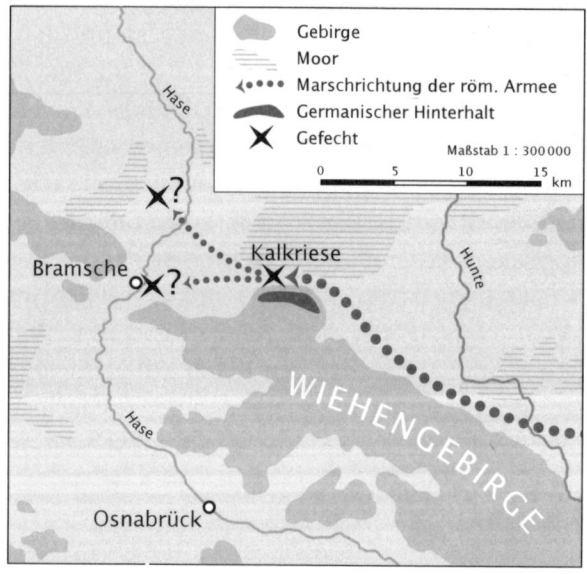

Engpass der Schlacht zwischen Gebirge im Süden und Moor im Norden

*wasserbeeinflusst zu der Mitte der Senke hin, sodass lediglich ein durchschnitt-
lich 100 m breiter Streifen dieser Sandablagerungen als trocken angesehen werden kann.«*

Im knapp 100 Meter breiten Nadelöhr zwischen dem Gebirgsrand im
Süden und dem großen Moor im Norden, das dem römischen Heer den
Fluchtweg versperrte, soll die Entscheidungsschlacht des insgesamt
dreitätigen Gemetzels stattgefunden haben. Die Legionen wurden bereits östlich vor der Geländeenge angegriffen, dann erfolgte der Haupt-
schlag an der engsten Stelle. Schließlich wurden die Flüchtenden
wahrscheinlich in den nordwestlichen Ausläufern des Geländes niedergemacht. Die Fundlage belegt, dass es sich nicht um ein kompaktes,
eng umgrenztes Gefechtsfeld handelt, wie es für eine Schlacht üblich
ist, sondern um ein Defileegefecht: Der fast 15 Kilometer lange Zug der
römischen Soldaten wurde seitwärts attackiert und vernichtet. Zurück

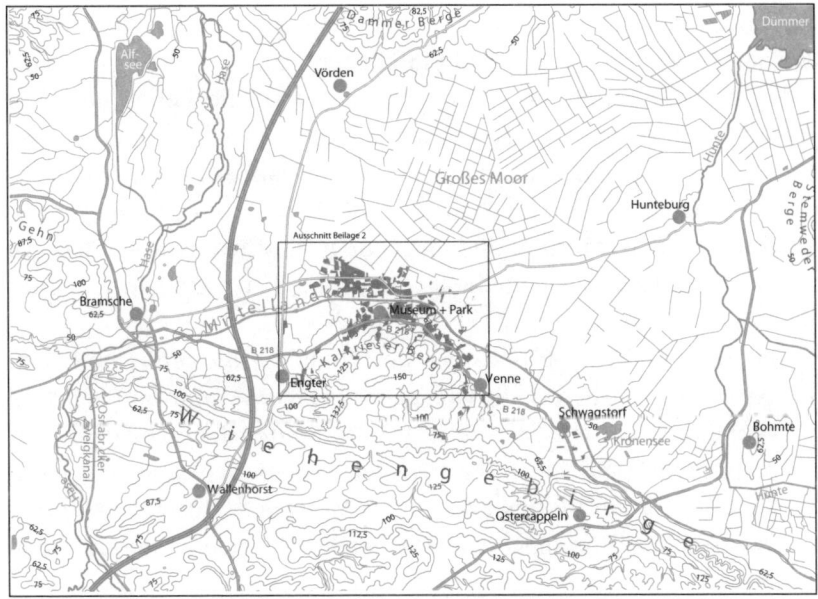

Konzentration der Funde im Untersuchungsgebiet Kalkriese (bis 2005)

konnten sie nicht. Eine derart lang gestreckte Formation war nicht zu wenden, ohne in ein völliges Chaos zu stürzen und ein umso leichteres Ziel für die Angreifer zu bieten.

Die nachweislich intensivsten Kämpfe haben entlang einer rund 400 Meter langen Wallanlage auf der Flur »Oberesch« stattgefunden, dem Herzstück des aktuellen Museumsparks Kalkriese. Unter den Flanken des Walls ist die Funddichte deutlich am höchsten, hier wurden rund 90 Prozent der bisher entdeckten römischen Militärobjekte geborgen.

Der von den Germanen errichtete Wall aus Erde, Flechtwerk und Grassoden machte die schwierige Passage für die Legionen noch enger, immer wieder brachen die Angreifer aus dem Schutz ihres Walls vor und attackierten die Flanke der römischen Marschformation. Der Wall muss rund vier Meter tief und knapp zwei Meter hoch gewesen sein, mehrere Durchlässe ermöglichten die nadelstichartigen Attacken der Angreifer. Die Wallenden waren durch zusätzliche V-förmige Gräben gesichert. Obwohl das heterogene, aus der nächsten Umgebung entnommene Baumaterial der Anlage auf eine schnelle Errichtung schließen lässt, war ihre Struktur wohldurchdacht. Die Germanen griffen die römischen Einheiten aus einer Position der Überlegenheit an, ohne dass diese ihre Stärke im geschlossenen Verband ausspielen konnten. Da der Wall wegen der Nässe und der Kampfhandlungen teilweise abrutschte, haben Erde und Schlamm die Zeugen des Kampfes zugeschüttet: Waffen, Münzen und auch einige Knochen wurden über die Jahrhunderte wie in einem Tresor eingeschlossen – ein Glücksfall für die Wissenschaft.

Das unbestreitbare Prunkstück der Funde ist die römische Eisenmaske eines Reiterhelms, die früh geborgen wurde und von Beginn an zur Ikone von Kalkriese avancierte. Wie die Spuren deutlich zeigen, war sie ursprünglich von Silber überzogen, das von den Germanen geplündert wurde. Wie ein stummer Zeuge scheint sie der Schlacht ein Gesicht geben zu wollen, ihre suggestive Kraft stellt alle anderen Funde in den Schatten.

Generell sind wenige spektakuläre Einzeltrouvaillen ausgegraben worden, dafür ist die Liste scheinbar unscheinbarer Dinge schier endlos: Geschoss- und Lanzenspitzen, Schwert- und Dolchfragmente, Helmteile und Schildbuckel, soldatisches Werkzeug wie Pionieräxte, Hacken und Gartenmesser, zivile Funde wie Ärztebesteck, Werkzeuge für Schuster und Schreiner, Kleidungsstücke und Schmuck wie Fibeln und Fingerringe, dazu Wagenbeschläge, Gefäßteile, Sohlennägel von Sandalen, eine Schöpfkelle, ein Weinsieb und vieles andere mehr. Es handelt sich um eine gigantische Sammlung kleinster Teile, die in unzähligen Beuteln und Schachteln aufbewahrt sind, Nägel, Nieten, Fragmente von Silber- und Bronzeblechen, Knochensplitter oder Zähne.

Chefgräberin Dr. Susanne Wilbers-Rost mit Speerspitze im Depot des Museums Kalkriese: eine Sammlung kleinster Teile

So kleinteilig der Befund auch sein mag, genau deswegen macht er Kalk-riese zur exquisiten Grabungsstätte: Sie enthüllt das ganze Spektrum an Gegenständen, die ein Heer in spätaugusteischer Zeit mit sich führte. Hier waren nicht nur Fußsoldaten und Reiter in die Schlacht geraten, sondern auch nichtkämpfende Verbände wie Handwerker, Schreiber und Ärzte. Das einzigartige, breit gefächerte Fundgut einer antiken

Schlacht macht die Alleinstellung von Kalkriese aus und verdeutlicht, weshalb der Ort von der Forschung so aufmerksam beobachtet wird.

Was lässt sich anhand der Funde außerdem erkennen? Zum einen, dass germanische Militaria so gut wie nicht vertreten sind. Das hat mehrere Ursachen. Die Germanen haben diese Schlacht gewonnen, konnten also sowohl ihre toten Krieger als auch deren Waffen bergen. Zum anderen besaßen besonders die höherrangigen Krieger, die lange Kontakt zum römischen Heer hatten, sicher römische Waffen und Uniformteile. Und ihre eigene, traditionelle Kleidung kam größtenteils ohne Eisen und andere Metalle aus; die organischen Materialien wie Stoff und Leder lösten sich im Laufe der Jahrhunderte auf. Das Schlachtfeld wurde vom Sieger systematisch geplündert, nur Kleinteile wie Nieten, Nägel und Bruchstücke von Randbeschlägen blieben zurück. Die Stücke weisen Spuren von Zerstörung auf, sind gewaltsam abgetrennte und abgespaltene Reste von größeren Metallstücken wie Schnallen und Haken von Ketten- und Schienenpanzern, die die Germanen als Rohmaterial mitgenommen haben. Darauf weisen auch die von den

Ausrüstung eines römischen Legionärs um Christi Geburt. Schwarz markiert sind die in Kalkriese gefundenen Fragmente.

Germanen eingeschmolzenen Metalle hin, die unweit des Schlachtfelds in germanischen Siedlungen gefunden wurden – die Einheimischen hatten die Kriegsbeute zu neuen Gebrauchsgegenständen umgearbeitet. Eins steht fest: Die Toten wurden von den Siegern gründlich ausgeplündert.

Die Knochen

Neben den Militaria wurden uns stärker bewegende Hinterlassenschaften geborgen, nämlich Knochenreste von Menschen sowie von Pferden und Maultieren, die man in mittlerweile acht Gruben in der Nähe des Walls fand. Anthropologen in Göttingen und Zoologen in Tübingen haben aufgrund von Verwitterungsspuren bestimmen können, dass diese Knochen bis zu zehn Jahre an der Oberfläche gelegen hatten, bevor sie bestattet wurden. Es wurden keine zusammenhängenden Skelettverbände gefunden, sondern fragmentarische, stark durchmischte Einzelknochen.

Beispiel einer Knochengrube, in der Mitte ein menschlicher Schädel

Die Knochen von Menschen überwiegen und stammen fast ausnahmslos von 20- bis 40-jährigen Männern, also von Kämpfern. Viele weisen klare Schnittkanten auf, die auf Hiebverletzungen schließen lassen. Keine zeigten Hungersymptome, auch dies ein Hinweis auf gut genährte Berufssoldaten. Einen weiblichen Beckenknochen scheint es allerdings zu geben, der gemeinsam mit einer bronzenen Haarnadel vermuten lässt, dass bis zum Schluss auch Frauen auf römischer Seite dabei waren.

Die osteologische Untersuchung der Tierknochen beweist, dass die Maultiere aus dem Mittelmeerraum stammten. Es gibt jedoch nicht nur die Knochen aus den Gruben. 1992 und 1999 wurden in unmittelbarer Nähe des Walls direkt unter der Pflugschicht zwei Maultierskelette gefunden. Beide Tiere müssen im Chaos der Kampfhandlungen zu Tode gekommen sein und wurden vom herabstürzenden Wall verschüttet. Die Kadaver konnten daher nicht von Wildtieren angefressen und die Knochen nicht verschleppt werden. Die Maultierknochen sowie eine Trense und eine Kette aus Eisen weisen auf Zugtiere hin und belegen, dass auch der nichtmilitärische Tross mitten in den Kampf geriet. Die Knochen blieben im Boden erhalten, weil sie neben den metallenen Teilen der Anschirrung lagen, die konservierende Wirkung hatten. Ein skurriler Begleitfund gibt einen näheren Hinweis auf den Zeitpunkt der Schlacht: In einer Glocke am Hals eines Maultiers wurde Stroh gefunden, das aus Erbse und Saathafer bestand und das frisch in die Glocke gestopft wurde. Offenbar sollte damit die Glocke still gestellt werden, das deutet auf einen Nachtmarsch der bedrängten Legionen hin, der bei Cassius Dio erwähnt wird. Botanische Untersuchungen dieses Pflanzenmaterials haben ergeben, dass dies nur im Frühherbst passiert sein kann – was passt, denn im September soll die Schlacht nach Angabe der Quellen stattgefunden haben. Auch Isotopenanalysen an Maultierzähnen haben übrigens belegt, dass die Tiere im frühen Herbst umgekommen sind.

Zurück zu den Knochengruben: Man nimmt an, dass es Germanicus war, der gemäß den *Annalen* des Tacitus 15 n. Chr. das Kampffeld aufsuchte und die Gebeine der römischen Soldaten in den Gruben bestatten ließ. Da die Römer sich mitten in Feindesland befanden, werden sie sich beeilt und versucht haben, die Menschen- von den Tierknochen so

Maultierschädel, teilweise eingegipst. Die Lücke zwischen zwei Wirbeln deutet auf einen Genickbruch hin.

gut wie möglich zu unterscheiden. Sollte wirklich Germanicus diesen provisorischen Friedhof angelegt haben, würde dies bedeuten, dass die Knochen sechs Jahre umherlagen – was in der Nähe dieses damals bekannten und von Menschen genutzten Geländes erst einmal seltsam anmutet. Es muss allerdings bedacht werden, dass hier fast 20 000 Römer den Tod fanden, und für diese Masse sind die entdeckten Knochenfragmente von vielleicht 20 Männern eine äußerst geringe Zahl. Die Soldaten des Germanicus könnten die letzten Knochen bestattet haben, nachdem der weit überwiegende Teil von Tieren bereits weggeschleppt worden war – manche Knochen aus den Gruben weisen Tierverbiss auf.

Die toten römischen Soldaten waren also sechs Jahre der germanischen Willkür und wilden Tieren überlassen worden. Dass die Leichen nicht geborgen und bestattet wurden, ist für eine Schlacht eher untypisch. Es ist ein weiterer Hinweis auf die Brutalität der Auseinandersetzung und macht deutlich, wie wenig Kontrolle die Römer über das germanische Feindesland besaßen.

Die Münzen

Für Kalkriese als Ort der Varusschlacht spricht fast alles. In den Jahren 7 und 8 n. Chr. hat es gemäß den Quellen keine intensiven Kampfhandlungen zwischen Römern und Germanen gegeben. Hier aber handelt es sich um ein ausgedehntes Schlachtfeld, auf dem massive, mehrtägige Kämpfe stattgefunden haben. Allenfalls eine weitere Schlacht zwischen Römern und Germanen könnte zu dieser Typologie passen: Die Schlacht an den *pontes longi* im Spätsommer 15 n. Chr., als sich der Feldherr Caecina im letzten Moment aus einer bedrohlichen germanischen Umklammerung befreien konnte.

Also haben wir für die Varusschlacht das Jahr 9 n. Chr. und für die umfangreichen Rachefeldzüge Roms die Zeitspanne zwischen 13 und 16 n. Chr. Bei der Frage, zu welchem Zeitfenster die Bodenfunde gehören, spielt die Kalkrieser Münzsammlung eine entscheidende Rolle, daher bildet sie das Herzstück der Kontroverse. Münzen können aufgrund ihrer Prägung zeitlich zugeordnet werden, was bei Nieten, Nägeln und Speerspitzen nicht der Fall ist. Was sagen sie nun aus?

Bei den Gold- und Silbermünzen, den *aurei* und *denarii*, sind keine jüngeren Münzen als der sogenannte Gaius/Lucius-Typ entdeckt worden, der zwischen 3 v. Chr. und 1 n. Chr. geprägt wurde. Erst 13 n. Chr. wurden neue Prägungen vorgenommen, die in Kalkriese nicht gefunden wurden. Bei den Kupfermünzen, den Sesterzen und den Assen, sieht es ähnlich aus: Über 90 Prozent der gefundenen Stücke sind zwischen 8 v. Chr. und 3 v. Chr. geprägt worden, sie gehören der sogenannten Lugdunum-I-Serie an (Lugdunum für das französische Lyon). Die Lugdunum-II-Serie, geprägt von 10 bis 14 n. Chr., fehlt in Kalkriese. Das würde bedeuten, dass nach 9 n. Chr. keine römische Münze mehr in den Boden gelangt ist.

Dabei muss den Kupfermünzen besondere Bedeutung beigemessen werden, denn sie waren das alltägliche Zahlungsmittel des Soldaten. Diese Kupfermünzen führten sie immer mit sich, erkauften sich damit bei ihrem *centurio* Urlaub oder die Befreiung von Diensten. Es liegt nahe, dass die Kupfermünzen über ein Schlachtfeld und dessen Grabungsbe-

Münzfunde aus Gold, Silber und Kupfer in Kalkriese

fund mehr aussagen als Gold und Silber. Bei den Kupfermünzen kommt neben dem Münzprägedatum aber noch ein anderer wichtiger Faktor hinzu: der sogenannte Gegenstempel. Gegenstempel wurden auf fertige, bereits in Umlauf befindliche Münzen gepresst und erhielten das Monogramm des jeweiligen Heerführers, in diesem Fall VAR für Varus. Diese Kontermarkierungen geschahen in rein militärischem Kontext und wurden in den Quartieren oder während der Feldzüge vorgenommen, bevor die Soldaten das Geld erhielten – die Münzen zeigten an, wem sie das Geld verdankten. Bei den oben genannten Lugdunum-I-Assen kommt der Gegenstempel VAR für Varus sehr oft vor, also wurde er zwischen 7 und 9 n. Chr. angebracht, als Varus Statthalter in Germanien war. Spätere Gegenstempel wie die des ab 14 n. Chr. auftretenden des Tiberius und des Germanicus gibt es auf den Assen in Kalkriese nicht. Kontermarkierte Münzen sind deswegen so aufschlussreich, weil ihre nachträglichen Stempel jünger als das Prägedatum sind und daher präzisere Datierungen erlauben. Der VAR-Gegenstempel auf den Kalkriese-Münzen bedeutet natürlich auch, dass die Schlacht nicht vor 7 n. Chr. stattgefunden haben kann, dem Beginn der Statthalterschaft des Varus.

So klar der Münzbefund für Kalkriese spricht, verliert er bei genauer Betrachtung etwas von seiner Eindeutigkeit. Im gesamten infrage kommenden Gebiet sind bis heute verschwindend wenige Münzen mit späterem Prägedatum gefunden worden, obwohl zwischen 12 und 16 n. Chr. mehrfach römische Legionen zu Straf- oder Eroberungsexpeditionen nach Germanien kamen. Obwohl die Soldaten dabei Wege und Lager anlegten, haben die Archäologen bis heute keine Funde über jene Zeit sammeln können, die Zeit des Germanicus hat im Boden seltsamerweise keine Spuren hinterlassen. Gemäß dem Numismatiker und Kalkriese-Skeptiker Reinhard Wolters haben die ab 10 bzw. 13 n. Chr. geprägten Münzen wegen unregelmäßiger Prägerhythmen in Rom oder langer Umlaufzeiten nicht oder nur vereinzelt ihren Weg zu den Soldaten am Niederrhein gefunden. Das würde bedeuten, dass die Truppen von Germanicus und Caecina keine anderen Münzen haben konnten als jene von Varus. Ein Gegenbeweis ist dies freilich nicht und so richtig wohl fühlen sich die Numismatiker mit ihrer These auch nicht. Dennoch: Obwohl bereits aufgrund der besonderen Typologie des Kalkrieser Münzbefunds die Indizien für Kalkriese sprechen, wird dies noch nicht als endgültiger Beweis angesehen. Die Verteidiger Kalkrieses beziehen sich gerne auf den 2002 verstorbenen Altmeister römischer Numismatik, Heinrich Chantraine. Dieser kam bei sorgfältiger Untersuchung und Abwägung der vorgebrachten Argumente zu einem Ergebnis, das viele als Vorentscheid erachten:

»Abschließend sei festgehalten, dass nach dem, was vorgetragen und vom Rezensenten ergänzt wurde, deutlich die besseren Argumente für die Datierung von Kalkriese ins Jahr 9 n. Chr. sprechen.«

Die Texte

Nicht weniger spannend wird es, wenn man versucht, die Ausgrabungen in Kalkriese mit dem Wortlaut der antiken Quellen in Übereinstimmung zu bringen. Hier läuft die Altertumsforschung zu großer Form

178

auf, freundlich im Ton und unerbittlich im Detail. Einen gravierenden Einspruch gegen die Kalkriese-These stellt der Schlachtenbericht des Cassius Dio dar, denn das hierin erwähnte Gelände scheint nicht zu der topografischen Situation von Kalkriese zu passen. Dios Text gilt in der Forschung als recht zuverlässig, obwohl er mit dem größten zeitlichen Abstand (230 Jahre) aller vorliegenden Quellen zum Ereignis berichtet und auf Griechisch abgefasst ist, womit Übersetzungsfehler nicht auszuschließen sind. Schauen wir uns die Formulierungen des Textes, der insgesamt nicht mehr als zwei Buchseiten umfasst, etwas genauer an.

Cassius Dio spricht bei der Varusschlacht fast durchgängig von unwegsamem, unübersichtlichem und waldreichem Gelände. Der erste Angriff der Germanen auf den Römerzug erfolgte in undurchdringlichen Wäldern, dann befanden sie sich in unebenem, von Schluchten durchzogenem Gebirge, von *»Baumriesen«* umringt. Die Römer legten Wege an und überbrückten das schwierige Gelände mit gefällten Bäumen, damit der Tross aus Wagen, Lasttieren, Frauen und Kindern vorwärtskam. Dann wieder starker Regen und Sturm, mit *»schlüpfrigem Boden und umgestürzten Baumwipfeln«*. Und immer wieder brachen die Germanen durch *»ärgste Dickichte«* und umzingelten die Soldaten. Die Kampfkraft der Römer wurde dadurch geschwächt, dass sie nirgends in geschlossener Formation kämpfen konnten und allüberall den Angreifern unterlegen waren. Nach der Anlage eines Lagers auf einem *»bewaldeten Berge«* verbrannten sie den Hauptteil des Trosses, zogen in etwas besserer Ordnung weiter, kamen sogar kurz über freies Gelände, um sich sodann wieder in Wäldern zu verlieren und schwerste Verluste zu erleiden: *»denn auf engen Raum zusammengepresst, damit Schulter an Schulter Reiter und Fußvolk den Feinden entgegenstürmen könnten, stießen sie vielfach aufeinander oder gegen die Bäume«*. Am vierten Tag wurden sie wieder von heftigem Regen und starkem Wind überfallen, *»die sie weder weitergehen noch festen Stand finden, ja nicht einmal mehr die Waffen gebrauchen ließen«*. Sie wurden von ihren Feinden vernichtet, *»die weniger unter den Unbilden zu leiden hatten«*.

So weit der, gemessen an anderen Quellen, recht differenzierte Bericht des Cassius Dio. Ob er übrigens von drei oder vier Tagen spricht, gilt unter Historikern als unklar. Er nennt zwar keinen genauen Ort, doch das waldreiche, enge, unwegsame Gelände durchzieht seinen Text wie ein roter Faden. Die Kalkrieser-Niewedder Senke allerdings war zu jener Zeit ein Hauptverkehrsweg zwischen Niederrhein und Weserland, hier trafen die »alte Heerstraße« und der »Hellweg vor dem Sandforde« aufeinander. 20 Jahre nach den ersten Expeditionen der Römer in Richtung Elbe müsste die Gegend von Kalkriese den Römern bekannt gewesen sein. Wenn die Kalkriese-Fraktion dennoch an ihrer Varusthese festhielte, so fragt Reinhard Wolters rhetorisch, dann wäre die ganze Dramaturgie des Berichts, der ja gerade auf den landschaftlichen Bedingungen aufbaut, rein poetische Überhöhung und literarische Stilisierung. Das wäre allerdings kein Einzelfall.

Doch wenn hier nicht die Varusschlacht stattfand, welche dann? Im Zusammenhang mit den von Tacitus beschriebenen Germanicusfeldzügen 14 bis 16 n. Chr. werden einige Kampfhandlungen genannt, bei denen römische Verbände in germanische Hinterhalte gerieten. Besonders gut ins Konzept der Kalkriese-Skeptiker wie Wolters und Kehne passt die Schlacht an den *pontes longi*, die 15 n. Chr. stattfand und in die ebenfalls eine große römische Streitmacht verwickelt war. Der Feldführer Caecina, der mit seinen vier Legionen getrennt von Germanicus kämpfte, geriet an einer Stelle in germanischen Hinterhalt, die gut zu Kalkriese zu passen scheint. Tacitus schreibt in den *Annalen* von sumpfigem Gelände und trügerischem Moorboden, im Gegensatz zu Cassius Dio ist nicht von engen Wäldern, sondern von offenerem Gelände die Rede: »*Denn in der Mitte zwischen den Bergen und den Sümpfen zog sich eine Ebene hin, die eine Aufstellung in schmaler Front ermöglichte.*« Die Bodenfunde würden dem Caecina-Modell nicht ausdrücklich widersprechen. Auch hier hätten die Truppen des Arminius und Inguomer genügend Zeit gehabt, nach der Flucht der römischen Legionen das Schlachtfeld zu plündern. Die Knochenreste der Maultiere und die vielen Trossgegenstände passen sogar besser zu Caecina als zu Varus, weil dieser nach dem Bericht von Cassius Dio am letzten Schlachttag seinen Tross auf ein absolutes Minimum reduziert hatte. Aber hat Caecina so viele Tote und Verwundete zurücklassen müssen? Waren die Verluste des Varus nicht viel umfassender? Dass die vielen Knochenfunde von Kalkriese eher auf eine vernichtete römische Armee (wie im Fall Varus) hindeuten als auf eine, die entkommen konnte, wird von Reinhard Wolters nicht als zwingendes Argument anerkannt. Zum einen sei es schwierig, die Zahl der Funde mit einer genauen Zahl von Kämpfern in Verbindung zu bringen, da es sich bei den Funden in aller Regel nur um kleinste Bruchstücke von Ausrüstungsteilen handelt. Und zum anderen sei das Heer des Caecina immerhin um eine Legion stärker gewesen als das von Varus, und selbst wenn er mit dem größten Teil der Soldaten zum Rhein zurückkehren konnte, seien die erlittenen Verluste sicher erheblich gewesen.

Die Kalkriese-Fraktion versucht das Gewicht der antiken Quellen mit dem Hinweis zu entkräften, dass die römischen Autoren generell dürftige Ortsbeschreibungen gegeben haben, denen unter wissenschaftlichen Gesichtspunkten nicht zu vertrauen sei. Den südlichen Chronisten sei das nördliche Germanien als eine einzige dunkle und regennasse Moorlandschaft vorgekommen, ihre Schilderungen würden sich jeweils ähneln, seien beliebig und von topischen Elementen, von Gemeinplätzen, durchsetzt. In der Tat ist auch in Tacitus' Beschreibung der Caecina-Schlacht unentwegt von Bergen, Wäldern und Sümpfen die Rede. Nach Rainer Wiegels lässt sich als typische Landschaftsbeschreibung des gesamten Germaniens die Äußerung des Pomponius Mela aus der Mitte des 1. Jahrhunderts nennen:

»Das Land als solches ist wegen der vielen Flüsse schwer zugänglich, hat aufgrund der vielen Berge einen rauen Charakter und ist großenteils durch Wälder und Sümpfe unwegsam.«

Bei genauem Studium der von Cassius Dio beschriebenen Kämpfe fällt neben den Schilderungen des schwierigen Geländes auch etwas anderes auf. Dio wird nicht müde, auf die Unbilden des Wetters zu verweisen, die gemeinsam mit dem feindseligen Gelände die Römer in eine fatale Situation gebracht hätten. Obwohl diese sich mit ihren geübten Techniken wehrten, strategische Wege und Lager anlegten, den Tross verkleinerten und die Zuordnung verbesserten, gingen sie im Ringen mit den ortskundigen, flexibel operierenden Feinden einer unvermeidbaren Niederlage entgegen. Offenbar, so der Philologe Bernd Manuwald, habe Dio den Wunsch gehegt, die Römer von der Verantwortung für die Niederlage freizusprechen. Sie wurden das Opfer von Gelände und Wetter, und indem Dio diese Faktoren betonte, sie mit den klassischen, dem römischen Leser vertrauten Topoi Wald, Nässe, Dunkelheit zu dem berüchtigten *locus horridus* Germanien stilisierte, wird die Niederlage des Varus und die Schmach Roms erträglicher. Unwegsames Gelände nicht als authentischer Zeuge, sondern als rhetorische Figur, was Kalkriese in ein günstiges Licht rückt. Hiermit erscheint Varus als tragischer Held im philosophischen Sinne, da er unverschuldet und unentrinnbar seinem Untergang entgegensteuerte.

Gleich wie: Auch wenn die Forschung generell vor der wörtlichen Übernahme topografischer Angaben in antiken Quellen warnt, wird man Cassius Dios Bericht wohl erst dann für topisch und klischeehaft erklären können, wenn das Rätsel eines Tages vollends gelöst ist.

Der Mythos vom antiken Schlachtfeld

Die Diskussion über den Ort der Varusschlacht ist ein hermeneutisches Monstrum, überreich an Deutungsmöglichkeiten. Die Argumentation ist intellektuell stimulierend, da die wissenschaftlichen Rekonstruktionen nicht ohne Hypothesen und kombinatorische Fantasie auskommen. Je dürftiger die Quellen, desto mehr Raum für Interpretation – eine Faustregel der Geschichtsforschung. Es scheint so, als hätten im Fall der Varusschlacht die Ausgräber den Historikern, die Bodenfunde den literarischen Quellen den Schneid abgekauft. Spektakulären Funden auf der einen Seite steht eine unveränderte Quellenlage auf der anderen gegenüber – ohne Letztere wären die Befunde allerdings ohne Referenzrahmen. Im Streit der Gelehrten gemahnt Wolters die Archäologen an den Respekt vor den Quellen: *»Das Wissen von der Existenz einer Varuskatastrophe ist allein der literarischen Überlieferung zu verdanken. Zwangsläufig bleibt jeder Versuch, einen bestimmten Fundplatz mit diesem Ereignis zu identifizieren, von dieser abhängig.«* Die vorliegenden Indizien sprechen allerdings stark für Kalkriese als den Ort der Varusschlacht, es ist inzwischen zur breit akzeptierten *communis opinio* der Wissenschaft geworden.

Den Chefgräbern von Kalkriese um Susanne Wilbers-Rost scheint das Gezänk um den Ort nicht von primärem Interesse zu sein. Weit wichtiger ist ihnen die rein archäologische Bedeutung des Kalkriese-Platzes als eines Modellfalls der Schlachtfeldarchäologie: Welche Hinweise geben die Funde und ihre Streuung auf den Ablauf einer antiken Schlacht? Wo kam es zu Plünderung und Leichenfledderei und wie hat dies die Fundlage manipuliert? Hier sind Tausende von gefundenen Waffenfragmenten und Alltagsgegenständen ebenso hervorragende Indizien wie spektakuläre Einzelfunde. Und da normalerweise antike Schlachtfelder aufgrund nachträglicher Plünderungen wenig Gegenständliches preisgeben und man in der Regel auf die (wenigen) literarischen Quellen angewiesen ist, darf der exzeptionell reichhaltige Befund von Kalkriese derzeit als einzigartiger Nährboden für neue Erkenntnisse über alte Schlachten gelten.

Nichtsdestotrotz bleibt die Frage nach dem tatsächlichen Ort der Varusschlacht äußerst spannend, da können seriöse Historiker und Archäologen noch so sehr beschwichtigen. Für einen endgültigen Beweis würden auch sie wahrscheinlich ihr letztes Hemd geben, allen öffentlichen Beteuerungen zum Trotz. Was die Vorlage ultimativer, unanfechtbarer Erkenntnisse betrifft, obliegt die Bringschuld inzwischen eher den in die Defensive geratenen Zweiflern als den Überzeugten. Kalkriese wird sicher noch für einige Überraschungen sorgen, so könnte aus dem Moor eines Tages noch so manches ans Licht kommen. Doch was wäre, wenn die fleißigen Spatendetektive eines Tages wirklich Rüstungsfragmente mit den Ziffern XVII, XVIII oder XIX finden würden? Endgültige Gewissheit über den Ort der Varusschlacht würde dem zweitausendjährigen Mythos um die welthistorische Schlacht auf deutschem Boden gewiss an Faszination nehmen und uns des geist- und kenntnisreichen Disputs der Ausgräber und Forscher berauben. Lassen wir also den Dingen am besten ihren Lauf.

9. ARMINIUS DER CHERUSKER – EINE KARRIERE IN DEUTSCHLAND

»Die Varusschlacht ist ein Rätsel, nicht militärisch, aber politisch, nicht in ihrem Verlauf, aber in ihren Folgen.«

Das befand der Historiker und Nobelpreisträger Theodor Mommsen 1885. Mit großer Intensität ist um den Ort und Verlauf der Varusschlacht gestritten worden, ebenso um die Abstammung der Deutschen von den Germanen und nicht zuletzt um den Helden selbst. Arminius als der erste Deutsche? Der Begründer einer deutschen Nation? So präsent der Cherusker in den letzten Jahrhunderten auch war, seine Figur ist uns ein Rätsel geblieben. Trotz des monumentalen, immer noch von Touristenströmen heimgesuchten Denkmals bei Detmold steht den heutigen Deutschen die Figur des Arminius nicht wirklich nahe. Das hat auch mit der besonderen Rezeptionsgeschichte der Schlacht im Teutoburger Wald und der ihres Helden Arminius zu tun. Sie ist ein gutes Beispiel dafür, wie abhängig Geschichte von der jeweiligen Zeit ist, die über sie urteilt. Und wie sehr in der Erinnerung oft nur das äußere Ereignis übrig bleibt oder dieses zum Mythos verdichtet wird.

Bereits die Anfänge der Überlieferung sind eine Geschichte für sich. Nur eine Handvoll römischer Chronisten hat über die *Clades Variana* geschrieben. Aufgrund des Fehlens einer Schriftkultur gibt es keine germanischen Quellen. Der Cherusker Hermann und die Schlacht wurden in der Spätantike und nachfolgend von den Deutschen des Mittelalters gründlich vergessen. Das gleiche Schicksal hatte die *Germania* und die *Annalen* von Tacitus ereilt, ebenfalls die Berichte eines Velleius Paterculus oder Cassius Dio – sie wurden in der späten Antike und im Mittelalter kaum gelesen. Viele dieser alten Schriften waren aufgrund des geringen Interesses der Menschen an ihnen schlicht verloren gegangen.

Das änderte sich erst, als der bibliophile Papst Nikolaus V. seine Handschriftenjäger in die deutschen Klöster schickte, um Kostbarkeiten für die Vatikanische Bibliothek aufzustöbern. Diese Klöster darf man sich nicht als ausschließlich edle Kulturstätten mit gepflegten Bibliotheken vorstellen, wie in dem Film *Der Name der Rose* so wirkungsvoll dargestellt. In Wahrheit verschwanden viele Handschriften in Kellern und Verliesen, wo sie vor sich hin schimmelten. Tacitus und den Germanen indes war spätes Glück beschieden. 1455 fand ein päpstlicher Späher im Kloster Hersfeld die *Germania*, jene Handschrift, die ein Mönch Mitte des 9. Jahrhunderts angefertigt hatte, und brachte sie nach Italien. Hier ging sie zwar wieder verloren, aber diesmal hatte man vorher einige Kopien angefertigt. Die erste Ausgabe des *Codex Hersfeldensis* erschien 1470 in Venedig und drei Jahre später in Nürnberg. Mit den Vorlesungen des Humanisten Konrad Celtis in Wien fand sie ab 1497 ihren Weg in die Öffentlichkeit und die Welt der Gelehrten. Die *Annalen*, in denen Arminius von Tacitus als »*der Befreier Germaniens*« heroisiert wurde, wurden erst 1505 von Mönchen im Kloster Corvey an der Weser gefunden und erstmals 1515 in Rom veröffentlicht.

Das Mittelalter suchte aufgrund seiner religiösen, heilsgeschichtlichen Weltauffassung nur selten Zugang zu den früheuropäischen Kriegen zwischen Germanen und Römern. Im berühmten Geschichtswerk des Bischofs und Historiografen Otto von Freising kommt die Varusschlacht nur kurz vor, ebenso wenig finden die Germanen prominente Erwähnung. Was die Geschichtsschreibung ausklammerte, wurde in erzählerischer Form überliefert. Den Menschen jener Zeit blieben die frühen Germanenvölker durch Sagen in Erinnerung. Die alten Geschichten der Franken, Goten, Burgunder und Hunnen aus der Völkerwanderung wurden von Generation zu Generation und von Jahrhundert zu Jahrhundert weitererzählt. Auf diese Weise sind uns der Ostgotenkönig Theoderich als Dietrich von Bern oder der Burgunderkönig Gundahar als Gunther erhalten geblieben. Aber da gab es noch den Drachentöter Siegfried, in der *Edda* (als Sigurd) sowie im *Nibelungenlied*. Steckt hinter diesem Überhelden der deutschen Kultur ebenfalls eine reale Figur der deutschen Geschichte?

Arminius gleich Siegfried?

Das *Nibelungenlied* wurde um 1200 am Bischofshof zu Passau aus mehreren mündlich überlieferten Erzählsträngen zusammengestellt. Wer es gelesen hat, fürchtet seine fantastischen Exzesse. Der düstere Grundton und die Unentrinnbarkeit, mit der Handlung und Figuren ihrem Untergang entgegentreiben, lassen einen verlässlichen Bezug zu realen historischen Abläufen nicht erkennen. Das *Nibelungenlied* ist Fiktion. Ihr Held Siegfried aber wurde mit dem Cheruskerfürsten Arminius in Zusammenhang gebracht, so zum Beispiel 1837 von Adolf Giesebrecht, dem Begründer der Germanistik. Dass auch ein politischer Hitzkopf wie Karl Ludwig Sand, Burschenschaftler und Attentäter August von Kotzebues, »*unseren Hermann, den Erretter des Vaterlandes*« mit Siegfried gleichsetzte, offenbart etwas von der Fiebrigkeit des Themas. Eine gewisse Kraft erhielt die These durch den Wiener Germanisten Otto Höfler in den 1960er-Jahren. Dass sie in der Wissenschaft keine Befürworter gefunden hat, hat auch mit der Nähe Höflers zur nationalsozialistischen Ideologie zu tun, zu der er sich bis 1945 als Professor für deutsche Volkskunde bekannt hat. Bei aller Vorsicht gegenüber der Siegfriedtheorie ist es motivgeschichtlich interessant, sich den vorgebrachten Analogien einmal zu nähern.

Auch wenn sich die frühe Geschichtsschreibung wenig mit dem Cherusker befasste, dürfen wir davon ausgehen, dass seine Heldentaten und seine Liebe zu Thusnelda den Menschen seiner Heimat in Erinnerung blieben. Tacitus schreibt, die Stämme der Cherusker würden auch jetzt noch Lieder über seine Ruhmestaten und seinen tragischen Tod singen. Ob und wie der historische Kern in die mündlich überlieferten Geschichten einging, welche weiteren Figuren und Motive und Anspielungen sich über die nächsten Jahrhunderte hinzugesellten, wie Soldaten, Händler und Sänger die Geschichten weitererzählten, ist heute nicht mehr zu entschlüsseln. Die Theorie lautet, dass der erste Teil des *Nibelungenliedes* – Siegfrieds Werben um Kriemhild und sein Tod durch den Speer des Hagen – auf Lieder zurückgehen könnte, die germanische Söldnereinheiten in den ersten nachchristlichen Jahrhunderten in Xanten am Niederrhein gesungen haben. Das römische Xanten war die Heimat Siegfrieds, und auch Arminius wird den Ort gekannt haben.

Eine wichtige Rolle in der Siegfried-These spielt das Motiv des Lindwurms Fafnir. Der Lindwurm (germanisch) beziehungsweise Drachen (lateinisch *draco*) als sein Verwandter stand im Mittelalter für den Teufel und wurde von furchtlosen Kämpfern des Christentums wie dem heiligen Georg durchbohrt. Der Lindwurm der Sage könnte den römischen Heereszug symbolisieren, der sich mit dem blitzenden Metall der Waffen und Rüstungen durch den Teutoburger Wald schlängelte. So wie Arminius den Legionärswurm vernichtete, tötete Siegfried in einem tollkühnen Akt den Drachen und gewann den Nibelungenhort. Ob es sich dabei um den berühmten Hildesheimer Silberfund handelt? Eine weitere Beziehung wurde hergestellt zwischen der Tarnkappe, mit der Siegfried zu kämpfen verstand, und der versteckten Guerillataktik des Cheruskers, mit der er die Legionärsreihen immer wieder überraschte und sich dann zurückzog – also unberechenbar und vor allem unsichtbar blieb. Das Drachenmotiv lässt sich auch faktisch auf das römische Heer beziehen: Nachdem die römischen Legionen anfangs Adler als Feldzeichen mit sich führten, wurden diese im 4. Jahrhundert von bronzenen Drachenköpfen vor prächtigen Stoffbahnen ersetzt. Der Tod der beiden Helden Arminius und Siegfried weist ebenfalls Gemeinsamkeiten auf. Siegfried wurde hinterrücks vom Intriganten Hagen ermordet, der den strahlenden Helden hasste. Auch Arminius fiel einer politischen Verschwörung zum Opfer und starb durch die Hand von Verwandten seiner Frau, denen er zu mächtig geworden war. Namensforschern leuchtet besonders folgende Gemeinsamkeit ein: *Arminius* wurde der Cherusker wohl erst seit seiner Zeit bei den Römern genannt, sein wahrer Name könnte durchaus *Siegfried* gelautet haben. Seine Verwandten hießen schließlich *Segimer, Sigimer* oder *Segimund*, die Mehrzahl der cheruskischen Herrscher führten die Vorsilbe *Segi* (Sieg) im Namen.

Auch wenn die Überzeugungskraft der einzelnen Motive unterschiedlich ist, beeindrucken sie in ihrer Gesamtheit durchaus. Sie bleiben allerdings ein Gedankenspiel und reine Hypothese, da keine Lieder aus althochdeutscher Zeit überliefert sind, die einen Bezug zwischen Arminius und Siegfried andeuten. Das ist beim *Hildebrandslied* zum Beispiel anders, wo die Sagenfigur des Dietrich von Bern auf den Ostgotenkönig Theoderich zurückzuführen ist. Das in Fragmenten erhaltene Lied stammt aus der Zeit der Völkerwanderung, dem Oberitalien der Langobarden, und ist einer der ersten Texte in (althoch-)deutscher Sprache; um 830 wurde es von Mönchen im Kloster Fulda aufgeschrieben. Siegfried erinnert übrigens an den populärsten Helden, den die nordwesteuropäische Kulturgeschichte zu bieten hat. Auch der keltische König Artus hat seinen Ursprung in einem mit Siegfried vergleichbaren Zeit- und Ereignisrahmen: Sein Urtyp könnte jener britische Widerstandskämpfer sein, der Anfang des 5. Jahrhunderts am Mons Badonis einen letzten heroischen Kampf gegen die Übermacht der einrückenden Angelsachsen gefochten haben soll. Die Geschichte um König Artus wurde ebenfalls erst an der Schwelle zum hohen Mittelalter niedergeschrieben. Beweise oder ernst zu nehmende Indizien gibt es auch im Fall Artus nicht.

Das Band zwischen dem überlieferten Cherusker und dem erdichteten Drachentöter ist ein überaus zartes und verdankt seine Existenz weit eher romantischer Fantasie und dem Schwelgen im Germanischen, als dass selbst wohlgesonnene Historiker oder Literaturwissenschaftler unserer Tage es für tragfähig halten könnten. Als ein typisches Beispiel für den geistigen Kniefall vor diesen beiden »deutschen« Recken und dem tiefen Wunsch, sie mögen identisch sein, sei der Berliner Historiker und Politiker Hans Delbrück aus den 1920er-Jahren zitiert:

»Es wäre das erhabenste aller Denkmäler, das je ein Volk seinem Helden gestiftet, wenn Armin Siegfried ist und die Erinnerung an seine Persönlichkeit in der Gestalt dieses untadeligsten aller Männer weitergelebt hat. Ja, für einen historischen Menschen von Fleisch und Blut wäre es wohl zu groß; darum ist es gut, dass wir es nur wie ein Märchen durch den Schleier einer Vermutung sehen.«

Humanismus und Reformation –
Arminius als erster Vaterlandsverteidiger

Sobald die *Germania* dem Hersfelder Kloster entlockt und nach Rom gelangt war, wurde sie instrumentalisiert. Ihre Indienstnahme begann durch den Humanisten Enea Silvio Piccolomini, den späteren Papst Pius II., der die germanischen Barbaren in Kontrast setzte zum zeitgenössischen Deutschland, das dank der kirchlichen Obhut die heidnischen Vorfahren überwunden und eine neue Kulturstufe erklommen habe. Er hoffte, damit die herrschende antikirchliche Strömung mildern zu können. Als ein leuchtendes Beispiel hingegen nutzte der päpstliche Gesandte Giannantonio Campano die Schrift des Tacitus. Auf dem Regensburger Reichstag 1471 versuchte er die Fürsten von einem Krieg gegen die Türken zu überzeugen, indem er den unerschrockenen Heldenmut der alten Germanen beschwor.

Der Stolz auf die Germanen als die Ahnherren der deutschen Geschichte setzte nun mit voller Wucht ein. Der Theologe Jakob Wimpfeling war einer der ersten, die die Tacitus-Schrift begierig aufgriffen und mit ihr eine politische Botschaft verknüpften. 1501 pries er in seiner historisch-pädagogischen Schrift *Germania* das deutsche Volkstum und wandte dieses gegen Frankreich, denn als Elsässer fühlte er sich von der starken französischen Monarchie bedroht. Die *Germania* von Tacitus habe endlich offengelegt, dass germanische Eigenschaften wie Treue, Tüchtigkeit, Tapferkeit, Gerechtigkeit, Aufrichtigkeit und andere moralische Werte für alle Zeiten tief in der deutschen Volksseele verankert seien. Damit erhob man sich über das angeblich verderbte *Welsche* der romanischen Völker und speziell über die französischen Nachbarn, deren Zivilisation als dekadent diffamiert wurde. Fatalerweise konnten sich Humanisten wie Wimpfeling dabei auf Tacitus berufen, der besonders hervorgehoben hatte, dass die Germanen »*nicht durch die Zuwanderung anderer Völker vermischt*« worden seien.

Die Idealisierung des Germanentums ermöglichte die Identifizierung eines eigenen Altertums, das man so schmerzlich vermisst hatte und das man der übermächtigen Hochkultur der alten Römer und Griechen entgegenstellen konnte. Endlich mussten sich die Deutschen von den arroganten Italienern, die sich als Nachfahren der Antike verstanden, nicht mehr als kulturloses, barbarisches Volk beschimpfen lassen. Zum anderen sollte die patriotische Begeisterung für die Germanen einem Deutschland Kraft geben, das sich im frühen 16. Jahrhundert als ein schwaches, uneiniges Gebilde darbot, zerrüttet im Kampf zwischen Papsttum und Reformation, Königen und Fürsten, Herren und Bauern. Deutschland war in Fürstentümer und Kleinstaaten gespalten, das Heilige Römische Reich Deutscher Nation nur ein löchriges Dach. Konrad Celtis rief seinen Landsleuten zu: »*Macht euch, deutsche Männer, die Sinnesart eurer Ahnen zu eigen. Wendet eure Augen zu den Bastionen Deutschlands und fügt seine zerrissenen und auseinandergezogenen Grenzen wieder zusammen.*« Aufgerufen von Humanisten wie Celtis und Hutten fand das Bürgertum langsam zu Selbst- und Geschichtsbewusstsein. Von Anfang an verhalf die Germanenverherrlichung dazu, tief sitzende politische Komplexe angesichts des Fehlens eines echten Nationalstaats und einer damit verbundenen satisfaktionsfähigen Kultur abzuschütteln. Wir werden sehen, dass dieser simple Kompensationsmechanismus, der maßgeblich mit dem Gegensatz zu Frankreich zu tun hatte, bis zur Reichsgründung 1871 fortwirkte.

Der Germanenkult kreiste dabei insbesondere um den Helden Arminius. Sein bedeutendster Verfechter Ulrich von Hutten kam 1515 bei einer Bildungsreise in Rom mit den *Annalen* in Berührung und verfiel dem Cherusker Arminius mit Haut und Haar – Hutten gilt als Begründer des Arminiuskults. Hatte Tacitus über Arminius nicht geschrieben, er habe Rom »*auf dem Höhepunkt seiner Macht angegriffen und nicht etwa in den Anfängen, wie andere Könige und Heerführer es taten*«? Dieser Arminius war ein rechter Held, und als solchen führte ihn Hutten 1529 mit folgendem Titel in die deutsche Literatur ein:

Arminius. Dialogus Huttenicus, quo homo patriae amantissimus, Germanorum laudem celebravit (Arminius. Ein Dialog Huttens, worin er, von Vaterlandsliebe erfüllt, die Deutschen gepriesen hat).

Der berühmte, zuerst lateinisch verfasste *Arminius-Dialog* besteht aus einem Streitgespräch, in dem Arminius die Würde des höchsten Feldherren für sich beansprucht vor Alexander dem Großen, Scipio dem Älteren und Hannibal – selbstredend nicht aus Übermut und Dünkel, sondern aus reinem Gerechtigkeitsempfinden heraus. So tritt er vor Minos, den Richter des antiken Totenreichs:

»Es steht mir in der Tat an, Klage zu führen, dass Du den besten Feldherren, die es in der Welt gegeben hat, Ehre erweist und sie gleichsam auszeichnest, mich aber, als wenn ich nicht gelebt hätte, übergehst.«

Minos lässt sich schließlich von den freimütigen Argumenten Arminius' überzeugen, da dieser die Römer bezwungen hat, die ihrerseits die Karthager und Griechen besiegten. Weil Minos aber die einmal von ihm verfügte Rangordnung nicht umstoßen kann, erhält der Herausforderer schließlich neben den drei Siegern den Ehrentitel des *»ersten Vaterlandsverteidigers«*, der der Götter- und Menschenwelt mitgeteilt wird. So findet Arminius – und mit ihm die Deutschen – endlich Eingang in die Antike.

Hutten starb bereits früh. Die in dem Dialog interpretierte Arminiusfigur war derart wirkungsvoll, dass Schriftsteller bis in die deutsche Romantik hinein, bis zu Klopstock und Kleist, beeindruckt waren. Ziel des Textes – der Arminius konsequent als Deutschen bezeichnet – ist es, den Germanen Arminius zum Nationalhelden zu erklären. Hutten war ein Verfechter eines starken deutschen Kaisertums, stellte sich in den Dienst der Reformation und stritt leidenschaftlich gegen die Missstände in der katholischen Kirche, gegen Profitgier, Ablasshandel und prassende Päpste. So wie der Cherusker gegen das römische Imperium aufbegehrt hatte, sollten die Deutschen gegen die *»weichen Pfaffen und weibischen Bischöfe«* rebellieren. Arminius habe *»nit allein sein vatterlandt, sondern gantz Germanien und Teutschland aus den Händen der Römer«* erlöst. Nicht von ungefähr wurde auch Luther einer der großen Anhänger des germanischen Kämpfers. Wer gegen die römische Weltmacht aufbegehrt hatte, war auch gegen das Papsttum und gehörte ins protestantische Lager, besonders wenn er gesiegt hatte. Und so bekannte Luther erfreut:

»De Arminio. Wenn ich ein poet wer, wolt ich den celebriren. Ich hab in von hert-
zen lib. Hat herzog herman geheissen.«

Luther hat den lateinischen Vornamen Arminius 1530 zum volkstüm-
lichen Hermann eingedeutscht; dabei steht »*Heer-mann*« für *dux belli,*
»der den Krieg anführt«. Der Sieger über Rom konnte seiner Meinung
nach keinen römischen Namen haben. Womit die Reformatoren allerdings insgeheim ihre Probleme hatten, war Arminius' Kurswechsel in
seinem Verhältnis zu Rom. Er war vom römischen Bürger zum Rebell
geworden: sich gegen Autoritäten aufzulehnen, passte nicht ohne Weiteres in ihre politische Ethik.

Der Widerstand Luthers gegen den Papst ließe sich als Fortsetzung
des germanischen Kampfes gegen das römische Imperium sehen. An
dieser Stelle fällt auf, dass die Grenze des Protestantismus weitestgehend mit dem Limes zusammenfällt, den die Römer ab 82 n. Chr.
errichtet haben. Nur eine kuriose Fußnote der Geschichte?

Barock, Klassik und Romantik –
Gefühle und Freiheitskampf

Im Barock nahmen sich die Künste des Arminius-Stoffes an, interpre-
tierten ihn zunehmend frei und entkoppelten ihn kolportagehaft von
der historischen Figur. Die Vielzahl der Bearbeitungen führte dazu,
dass die Ausschmückungen immer fantasievoller gerieten. Der junge,
strahlende Cherusker wurde ein Held des Musiktheaters, inspirierte
über dreißig Oratorien und Opern, später auch Händels *Arminio*, das
1737 in London uraufgeführt wurde. Tiefgründiger und facettenreicher
wurde Arminius durch die Arbeit der Librettisten nicht. Häufig konzen-
trierten sich Lustspiele und Tragödien auf die leidenschaftliche oder
tragische Liebesgeschichte zwischen Arminius und Thusnelda. Vielleicht hat die Allgegenwärtigkeit des Namens dazu geführt, dass er bei
Kleist zu *Tussi* verkürzt wurde, was die historische Thusnelda wahrlich
nicht verdient hat.

1689 erschien der Hermann-Roman von Daniel Caspar von Lohenstein, der als der Gipfel barocker Romankunst gilt. Schon der Titel
illustriert die zu jener Zeit übliche Kunstform, einen Erzählkern (der
Kampf von Arminius gegen Segestes und die Römer) mit Hunderten
von bildungsmächtigen Verweisen, Fußnoten und Parallelerzählungen
zu verzieren:

*Groszmüthiger Feldherr Arminius oder Herrmanns, Als Ein tapfferer Beschir-
mer der deutschen Freyheit, Nebst seiner Durchlauchtigen Thusznelda In einer
sinnreichen Staats-, Liebes- und Helden-Geschichte Dem Vaterlande zu Liebe
Dem deutschen Adel aber zu Ehren und rühmlichen Nachfolge In Zwey Theilen
vorgestellet*

Heutige Leser sollten das aus 3 000 zweispaltigen Seiten bestehende
Roman-Monstrum meiden. Nicht eine moderne Dramaturgie und kräftige Figuren bestimmen den Text, sondern ein Hohelied auf das Deutsche. Seine Botschaft von der germanischen Vorzeit als politisches Vorbild für die deutsche Gegenwart ist überdeutlich, ebenso der Vorrang
des Deutschen vor den anderen Nationen Europas. Die Kulturen der
Welt, die Griechen und die Römer, Alexander der Große und Hannibal,
nichts hätten sie *ohne der Teutschen Rath und Hülfe* vermocht, lautet
Lohensteins nicht belastbares Urteil. Auch hier ist wieder jenes boh-
rende Unterlegenheitsgefühl zu spüren, zum einen gegenüber der italienischen Renaissance und zum anderen gegenüber dem barocken
Frankreich, das zur Zeit Louis XIV. politisch den Ton angab und seinen
Herrschaftsbereich ständig erweiterte. Obwohl Lohenstein den Roman
Kaiser Leopold I. widmete, handelt es sich im Grunde um ein für den
Barock übliches, nämlich unpolitisches Werk. Zu jener Zeit war dieser
Roman hochgeachtete Literatur, allein durch den erhabenen Bildungs-
vorrat, den der Autor an dieser Stelle ausbreitete – er sollte vor allem
nach seinem Neudruck 1731 Auslöser zahlreicher Hermann-Romane
und -Dramen werden.

Mitte des 18. Jahrhunderts gab ausgerechnet ein Franzose dem Germanenmythos neue Kraft. Der große Aufklärer Montesquieu (*Vom Geist
der Gesetze*, 1748) vertrat in Anlehnung an Tacitus die Auffassung, die

Germanen kämen dem idealen Naturzustand am nächsten. Ihre Gesellschaft und ihre Kultur seien geprägt von »*Vernunft*«, »*Natürlichkeit*« und großer »*Menschlichkeit*«. Das hörten viele bürgerliche Intellektuelle in Deutschland gern, denn wenn man schon keine antike Kultur hatte wie die Italiener und keine raffinierte wie die Franzosen, dann wollte man diesen zumindest moralisch überlegen sein. Dafür sorgten nun die urtümlichen Tugenden und Sitten der Germanen, Klaus von See hat dies später die »*Ideologie von der moralischen Überlegenheit*« genannt. Die Freiheit, so meinte Montesquieu, sei in den Wäldern Germaniens zu Hause, die Germanen seien die »*Quelle aller europäischen Freiheit*«. Er transferierte den Germanenstoff in die zeitgenössische französische Gesellschaft und stellte die Idee der germanischen Freiheit gegen den Staatsabsolutismus, der von den mündigen, gebildeten Bürgern im Vorfeld der Revolution immer vehementer infrage gestellt wurde. Während der in wissenschaftlichen Kategorien arbeitende Montesquieu den Volkscharakter der Germanen eher von äußeren Faktoren wie dem nordischen Klima geprägt sah, postulierte sein deutscher Zeitgenosse Johann Gottfried Herder einen von »*organischen Faktoren*« bestimmten germanischen Volksgeist. Deutsche Dichter und Philosophen kamen selten ohne Bezüge zum Metaphysischen aus. Politische Aussage und philosophische Überhöhung ins Absolute gingen oft Hand in Hand. Herder wehrte sich mit allen Mitteln gegen eine Geringschätzung der »Barbaren« und behauptete, ein neuer Mensch mit neuen Neigungen sei im Norden geboren worden und habe die Welt von römischer Tyrannei befreit: »*Was waren diese Neigungen? Was sollten sie sein? Die natürlichsten, stärksten, einfachsten! Für alle Jahrhunderte der Menschenbildung die ewige Grundlage: Weisheit statt Wissenschaft, Gottesfurcht statt Weisheit, Eltern-Gatten-Kindesliebe statt Artigkeit und Ausschweifung, Ordnung des Lebens, Herrschaft und Gottregentschaft eines Hauses, das Urbild aller bürgerlichen Ordnung und Einrichtung.*«

Geschichtstheorie und Gesellschaftskunde in einem: Urgermanische Werte sollten der Gesellschaft den rechten Weg weisen. Herder sah in Herrmann den »*Aufwecker teutscher Nation*« und »*Märtyrer der teutschen Freiheit*«.

Den Höhepunkt bedeutungsschwerer Romantisierung bildeten die

schwülstigen Bardengesänge des Hamburger Dichters Friedrich Gottlieb Klopstock, der 1772 unter der alten Eiche von Weende den Göttinger Hainbund gestiftet hatte. Die antiken Autoren hatten die Eiche
als den Baum der Germanen beschrieben. Klopstock und seine Anhänger verehrten sie als Natursymbol der Deutschen, tanzten in
Mondnächten mit Eichenlaub auf dem Haupt durch Eichenhaine und
verehrten Arminius als den Urhelden deutscher Kultur. Dabei warf
man das Germanische und Keltische auch schon einmal durcheinander. Klopstock schrieb zwischen 1769 und 1787 drei Hermann-Dra-
men, die zwar keine Publikumserfolge wurden, aber eine gewisse politische Wirkung entfalteten. Sie propagierten ein ungebundenes, un-
verfälschtes, der Natur zugewandtes Leben. Mit der Rückbesinnung
auf Germanisches und Altdeutsches sollte – ein vertrautes Muster –
auch das vorherrschende Diktat des französischen Geschmacks aufgehalten werden, die französisierenden »Wollustsänger« (Düwel) in
ihre Schranken verwiesen werden. In dieser Hinsicht war Klopstock
allerdings früh von seinem eigenen König enttäuscht worden. Friedrich der Große befand es für nötig, deutsche Sprache und Literatur
unverhohlen zu verschmähen und stattdessen den französischen
Aufklärer Voltaire im Schloss Sanssouci zu verwöhnen, mit dem er auf
Französisch parlierte.

Nach der Niederlage der Preußen gegen die Franzosen in der
Schlacht bei Jena und Auerstedt 1806 begann die Zeit der französischen Besatzung. Das Heilige Römische Reich Deutscher Nation hatte
sich 1806 aufgelöst, die süd- und westdeutschen Fürsten wurden unter
französischer Führung im Rheinbund zusammengeschlossen. Aus
Angst vor einem Verschwinden der Deutschen von der kulturellen
Karte Europas wurden die Germanen unter Hermann erneut Thema.
Der Philosoph Johann Gottlieb Fichte knüpfte in seinen *Reden an die
deutsche Nation* (1807) an das Germanenbild der Humanisten an,
rühmte ihre Freiheitsliebe und ihre kulturelle und politische Vorbild-
rolle, die unvermindert groß sei. Den Germanen sei es zu verdanken,
»*dass wir noch Deutsche sind*«. Diese Sätze wirken nahezu gesittet angesichts des blanken Franzosenhasses anderer Protagonisten jener Jahre.
So wettert der als Turnvater bekannt gewordene Friedrich Ludwig

Jahn, ein großer Anhänger des Cheruskers, das Erlernen der französischen Sprache »*sündige gegen den heiligen Geist*«.

Die wichtigste dramatische Verarbeitung der Arminiusfigur gelang Heinrich von Kleist mit *Die Hermannsschlacht*. Vorbei die Zeit der Eichenhaine, jetzt herrschte Krieg. 1807 nach der Niederlage gegen Frankreich und als Auftakt für die Befreiungskriege geschrieben, richtete sich das Werk unverhohlen gegen die napoleonische Besatzung. Die wahre Identität der handelnden Figuren war offensichtlich: Die Cherusker verkörperten die Preußen, die Römer die Franzosen und die uneinigen germanischen Stammesherren die Rheinbundfürsten, die Napoleon für sich gewonnen hatte. Allein Hermann erkennt, dass Freiheit und Stärke nur über die Einigkeit zu erreichen sind. Auch der Gegensatz zwischen Deutschen und Franzosen, zwischen Germanismus und Romanismus, wird im Stück folgenreich angelegt. Das Drama ist derart explizit als politische Kampfansage konzipiert, die historischen hinter den Bühnenfiguren so eindeutig identifizierbar, dass das Stück weder gedruckt noch gespielt werden durfte. Es wurde erst 1860 in Breslau uraufgeführt und am häufigsten zwischen 1871 und 1918 gespielt. Auch die gewonnene Völkerschlacht von Leipzig war ein willkommener Hintergrund für das Drama, so zum 50. Jahrestag 1863 oder zur Einweihung des Völkerschlachtdenkmals 1913 unter Anwesenheit Kaiser Wilhelms II. Selbst wenn die Fachwelt die literarische Qualität des Dramas sehr zurückhaltend beurteilt, hebt es sich von der anspruchsarmen Masse der Arminiusvariationen etwas ab. Der hohe Rang des Autors, die ernst zu nehmende Absicht des Stücks sowie die Gebrochenheit des Protagonisten machen aus *Die Hermannsschlacht* eine der wenigen akzeptablen neuzeitlichen Interpretationen des Germanenstoffes.

Hermann wurde zu einer unverzichtbaren, umfassenden Vaterlandsfigur mit beinahe sakralen Untertönen. Der Dichter und Revolutionär Ernst Moritz Arndt, aus dessen Feder das berühmte Gedicht *Was ist des Deutschen Vaterland?* stammt, hat dieser Vorstellung 1813 wie folgt Ausdruck verliehen:

»*An der Schlacht im Teutoburger Wald hing das Schicksal der Welt, darum ist Hermann Weltname geworden; er ist nicht bloß etwas Poetisches für uns, etwas*

bloß durch das graue Altertum und den Wahn der wachsenden Zeitlänge Gehei-
ligtes, nein, er ist etwas Ewiges und Wirkliches, weil wir noch durch ihn sind,
weil ohne ihn vielleicht seit sechzehnhundert Jahren kein Teutsch mehr gespro-
chen würde.«

Arminius als nationaler Mythos und Held
eines Weltreichs

Das 19. Jahrhundert hindurch wurden Arminius als erster Deutscher
und die Germanen als Urvolk der Deutschen verstanden. Die Wissenschaft bekräftigte diese populäre Vorstellung einer biologischen und
kulturellen Verwandtschaft häufiger, als sie sie hinterfragte. Nicht zuletzt der Nobelpreisträger Theodor Mommsen oder Sprachwissenschaftler wie Karl Müllenhoff und Jacob Grimm bemächtigten sich des
Germanischen als nationalem Stoff. Der Arminius-Mythos überlagerte
langsam das Germanenthema der Tacitus-Schrift, Hermann wurde
zum Kämpfer für Deutschland. Die Kunst politisierte sich. Zahlreiche,
in der ersten Hälfte des Jahrhunderts entstandene Opern thematisier-
ten nicht mehr die Geschichte der Liebe zwischen Hermann und Thusnelda, sondern besangen die politische Freiheit. Unter den vielen
künstlerischen Adaptionen des Stoffes sei nur das Theaterstück *Die Hermannsschlacht* (1836) von Christian Dietrich Grabbe erwähnt, die letzte
Dramatisierung dieses Stoffes. Grabbe stammte aus Detmold, das
Stück spielte sozusagen vor seiner Haustür. Grabbe war vom Wiener
Kongress und der Restauration der alten Mächte enttäuscht. In seinem
Drama stehen das verletzte Ehr- und Rechtsempfinden der Germanen
gegen die römische Willkürherrschaft, die Atmosphäre ist dunkel und
von den taciteischen Naturtopoi des dunklen, nassen Waldes bestimmt. Nach dem Sieg über die Unterdrücker beschwört Hermann
seine Krieger, ins Zentrum der Weltmacht vorzurücken, um »*in Rom
selbst den Welttyrannen Gleiches mit Gleichem*« zu vergelten, doch seine
Krieger sehnen sich nach ihrem gemütlichen Dorfleben. Trotz großer
Geste war dem Drama nicht viel Erfolg beschieden. Die episch angeleg-

ten Massenszenen und abrupten Schauplatzwechsel machten eine Inszenierung schwierig. Der Dichter selbst nannte sein ambitioniert gemeintes Stück »*einen Koloss, auf durchaus neuen Wegen voranschreitend*«. In Wahrheit wurde es sein letztes Drama, Grabbe starb mit 35 Jahren. Die ersten, die es spielten (und dies ganze elf Mal), waren hundert Jahre später die Nationalsozialisten, die in Grabbe einen »*völkischen Visionär*« sahen und die die nationale Grundströmung des Werkes propagandistisch für sich nutzen wollten. Damit allerdings war das Stück diskreditiert und wurde nach 1945 nie mehr aufgeführt.

Mitte des 19. Jahrhunderts setzte nun auch die Monumentalisierung deutscher Geschichte in Form wuchtiger Denkmäler ein, da durfte Hermann der Cherusker nicht fehlen. Im Giebelfeld der 1842 erbauten Walhalla, der nahe Regensburg errichteten Ruhmeshalle des deutschen Volkes, wird die in Stein modellierte Hermannsschlacht dargestellt. Seit dem Arminius-Grab des Malers Caspar David Friedrich (1812) hatte es Überlegungen zu einem großen Denkmal für den Befreier Germaniens gegeben, und schließlich nahm sich der Architekt Ernst von Bandel der hoch patriotischen Aufgabe an. Nachdem er 1819 erste Skizzen angefertigt hatte, wurde 1839 der Grundstein für das Denkmal gelegt. Fürst Leopold von Lippe-Detmold hatte die Grotenburg bei Detmold zur Verfügung gestellt. Überall in Deutschland entstanden Vereine, die für den Bau Geld sammelten. Wilhelm I. und König Georg V. von Hannover spendeten, auch die Schuljugend trug ihr Scherflein bei. Sogar der spöttische Heinrich Heine schrieb, er habe »*subskribieret*« – man sollte ihm das vielleicht nicht glauben. Auch Bandel beteiligte sich mit seinem Vermögen und stürzte sich in das, was man mit Fug und Recht ein Lebenswerk nennen kann. Nach dem ersten Spatenstich geriet die Begeisterung für das Denkmal und damit zwangsläufig auch die Finanzierung ins Stocken, weil sich in den Jahren nach der Revolution von 1848 und dem Scheitern von Einheit und Freiheit niemand mehr für den alten Hermann interessierte. Dass die machtbewussten Fürsten der deutschen Kleinstaaterei kein sonderliches Interesse an dem vermeintlichen Einer der Nation hatten, liegt auf der Hand. Gegen alle Widerstände betrieb von Bandel den weiteren Fortgang des Projekts, lebte in einem eigens für ihn errichteten Blockhaus unterhalb der

*Hermannsdenkmal bei seiner Einweihung 1875, Holzstich nach Zeichnung
von Hermann Luders*

Baustelle, der sogenannten »Bandelhütte«. Erst 1871, im nationalen
Hochgefühl nach dem Sieg über die Franzosen, konnte das Monument
durch Spenden des Reichstages und der Hohenzollern vollendet werden. Vier Jahre später reiste Kaiser Wilhelm I. zur Einweihung des Hermannsdenkmals an. Die Bauzeit hatte 37 Jahre betragen, Ernst von
Bandel hatte sein Vermögen und seine Gesundheit für seine Idee geopfert. Ein Jahr nach der Einweihung verstarb er.

So wie Hermann seine Stammeshäuptlinge zum Sieg in der Varusschlacht geeint hatte, sollte das Hermannsdenkmal ursprünglich die
Solidarität der deutschen Fürsten im Befreiungskampf gegen das napoleonische Frankreich symbolisieren und die Einheit Deutschlands
beschwören. Ein halbes Jahrhundert später ließ sich dieser betagte
Grundgedanke vortrefflich in die aktuelle Situation ummünzen. Mit
dem Triumph von 1870 trat die traumatische Niederlage von 1806 endlich in den Hintergrund. Jahrzehntelang hatten die Franzosen den

Deutschen im Weg gestanden, das »Erbfeindthema« hatte Hochkonjunktur. Bezeichnenderweise richtet der Cherusker sein sieben Meter langes und 550 Kilogramm schweres Schwert hoch über Detmold nicht Richtung Italien, wohin es das im Gedenken an Publius Quinctilius Varus hätte tun müssen, sondern Richtung Frankreich. Das Denkmal ist ein unmissverständliches Siegeszeichen – aus Eisen und Kupfer, 76 565 Kilo schwer, 53,46 Meter hoch. Auf dem Sockel, dessen bronzene Relieftafel übrigens aus einer französischen Kanone gegossen ist, wird der neue Kaiser Wilhelm I. als heroischer Nachfahre des Cheruskers besungen:

> »Der lang getrennte Stämme vereint mit starker Hand,
> Der welsche Macht und Tücke siegreich überwandt,
> Der längst verlorene Söhne heimführt zum Deutschen Reich,
> Armin, dem Retter ist er gleich.«

Mit dem Zweiten Kaiserreich war Deutschland endlich zu einer geeinten Nation geworden. Hermann als der »Befreier Deutschlands« wurde zum Gründungsmythos des Deutschen Reiches, mit dem Gipfelpunkt deutscher Geschichte hatte auch seine Wirkungsgeschichte ihren Höhepunkt erreicht. Die Helden aus Fleisch und Blut, Kanzler Bismarck und die wilhelminischen Kaiser, sollten ihm als Identifikationsfiguren etwas den Rang ablaufen. Die Touristenströme, die heute zum Grotenberg pilgern, sehen in dem eisernen Recken ein Ausflugsziel und keine nationalistische Propaganda mehr. Sie halten Ausschau nach einem kräftigen Hermann-Imbiss, bevor sie die Aussichtsplattform erklimmen und den Blick über den legendären Teutoburger Wald genießen. Müsste man ihn eigentlich wieder in Osning umbenennen? Gegenüber den Fünfzigerjahren, als Hermann ein Magnet für bisweilen über eine Million Besucher war, hat das Interesse allerdings ein wenig nachgelassen.

Bei allen nationalen Klängen darf nicht vergessen werden, dass Germanophilie insgesamt gesehen »*kein rechtes Phänomen*« ist (Alexander Demandt). So geriet der sozialistische Politiker und Chef der deutschen Arbeiterbewegung Ferdinand Lassalle angesichts des *Ring des Nibelungen* von Richard Wagner 1862 ins Schwärmen, »*dass an dem Germa-*

nen etwas ist, mehr ist als an jedem andern, wenn sich der germanische Genius in seiner reinen Größe erhebt«. Auch bei Friedrich Engels lassen sich Urteile finden, die man dem Mitbegründer des Marxismus nicht zugetraut hätte (1884). *»Die Deutschen waren, besonders damals, ein hochbegabter arischer Stamm und in voller lebendiger Entwicklung begriffen.«* Ihren Tugenden wie Tüchtigkeit, Freiheitsliebe und *»demokratischem Instinkt«* habe die Kraft innegewohnt, *»aus dem Schlamm der Römerwelt neue Staaten zu bilden«.* Engels Urteile wurden von der späteren DDR anerkannt, so stellte die ostdeutsche Akademie der Wissenschaften zur Varusschlacht fest: *»Die germanischen Stämme östlich des Rheins sicherten durch den Sieg im Teutoburger Wald und durch die erfolgreiche Abwehr weiterer römischer Kriegszüge ihre eigenständige sozialökonomische und ethnische Entwicklung.«* Das von den Germanen praktizierte Gemeinrecht deutete Engels als Gegenentwurf zur kapitalistischen Rechtsauffassung der Römer. Die Gentilverfassung, das heißt die Überzeugung, dass nicht dem Einzelnen Grund und Boden gehörten, sondern den *gentes* (Clans, Sippen, Familien), klang wie ein urkommunistisches Modell und fand Eingang in die Staatsauffassung der DDR.

Rassenwahn und Nationalsozialismus –
Die Germanen in der Falle

Noch im 19. Jahrhundert überzog ein dunkles Gespenst Europa, das sich der Germanen bediente und diese für lange Zeit, womöglich bis in die Gegenwart hinein, desavouieren sollte: der Rassismus. Dass die von Gobineau und Chamberlain propagierte Ideologie der Überlegenheit von weißer Rasse, Germanen und Ariern durchaus Akzeptanz fand, zeigt die Germanenbegeisterung eines Walter Rathenau. Der geachtete jüdische Industrielle und Politiker besaß trotz seiner Abstammung ein Faible für die Germanen. Er bewunderte ihre *»Rassenüberlegenheit«* im Verwaltungstalent (*Physiologie der Geschäfte*, 1901) und forderte einen organisatorischen Herrschaftsanspruch für das *»blonde, wunderbare Volk«* über die anderen *»unfähigen Rassen«.* Walter Rathenau neigte zwar zu widersprüchlichen Auffassungen, doch sind Schwärmereien für eine *»germanische Mutrasse«* eine Konstante in seinen Schriften. Er ist ein Beispiel dafür, wie Rassentheorien um die Jahrhundertwende in Europa und Nordamerika allgemein verbreitete, politische Überlegungen zur »Qualitätssteigerung« von Gesellschaften waren, und die Germanen spielten eine besondere Rolle. Der französische Schriftsteller Arthur de Gobineau (*Versuch über die Ungleichheit der Menschenrassen*, 1855) hatte die Überlegenheit der arischen Rasse zu begründen versucht, und insbesondere der Schriftsteller und Kulturphilosoph Houston Stewart Chamberlain folgte seinen Thesen. Chamberlain, verheiratet mit Eva, der Tochter Richard Wagners, hob das Germanentum und mit ihm das deutsche Volk auf den Thron. Kaiser Wilhelm II. schrieb, *»das Germanentum in seiner Herrlichkeit«* sei *»dem deutschen Volk erst durch Chamberlain«* klar geworden. Die Deutschen, die in der wilhelminischen Ära eine rasante Phase des Umbruchs durchliefen, mussten auch gedanklich und kulturell mit dem ökonomischen Wachstum Schritt halten. Die enorme Industrialisierung und Lebensbeschleunigung, die damit einherging, gaben den Deutschen laut Michael Werner das Gefühl, eine Nation des Aufbruchs zu sein. Eine verspätete zwar, die einen historischen Sonderweg eingeschlagen hatte, die aber nun mit ihrer Ingenieurskunst und ihren Wissenschaften die Alte Welt erobern sollte. Die Deutschen seien ein junges, ewig strebendes Volk, so schrieb selbst ein Thomas Mann im *Doktor Faustus*. Für das Kulturverständnis einer nordischen Überlegenheit gab es einen Urheber, der allerdings sehr viel früher gelebt hat. Der gotische Historiograf Jordanes hatte in seiner Gotengeschichte (551) das Bild von der *vagina nationum*, dem Schoß der Nationen, im germanischen Skandinavien geprägt. Zum verquasten Gedankenfundus der Zeit passte das hervorragend. Nach Jordanes hatte der Norden jene Völker geboren, die dazu bestimmt waren, nach Süden auszugreifen und die alten Gesellschaften zu erneuern. Vom Jordanes der Völkerwanderung zur Rassenideologie der Nationalsozialisten gab es alles andere als eine direkte Verbindung, aber wer diese uralte Vorstellung missbrauchen wollte, konnte dies tun.

Wissenschaft und Kunst hatten zwar jahrhundertelang die alten Germanen gepriesen und auch eine kulturelle Überlegenheit der Deutschen über ihre Nachbarvölker beschworen, menschenverachtende Rassenhygiene allerdings gehörte nie zu ihrem Repertoire. Der verlorene Erste Weltkrieg hatte den im Kaiserreich angeschwollenen Nationalstolz der Deutschen schwer angeschlagen. Als sich im Vorfeld des Nationalsozialismus nun Germanenkult und pseudonaturwissenschaftliche Rassenlehre miteinander verbanden, entstand eine fatale Mischung: Arminius habe mit seinem Widerstandskampf gegen die Römer eine Durchmischung des reinen deutschen Blutes verhindert, die Germanen seien ein auserwähltes Volk. Tacitus hatte von den reinen Cheruskern gesprochen, die »*nicht durch die Zuwanderung anderer Völker vermischt*« seien, und damit ihre moralische wie körperliche Überlegenheit begründet.

Die Liebe der Nationalsozialisten zu den Germanen war nicht einhellig. In der faschistischen Kultur spielten mystische Topoi wie Thing, Runen, blonde Krieger und germanische Könige der Völkerwanderung zwar eine unübersehbare Rolle. Auch sprach Hitler 1943 von einem »*Germanischen Reich deutscher Nation*« und wollte nach Plänen Albert Speers aus Berlin die Welthauptstadt *Germania* machen. Diese Vorhaben waren eher Ausdruck eines diffusen, eklektizistischen Verständnisses von Germanentum und nicht das Resultat überzeugter Begeisterung für die Vorfahren der Deutschen. Wenn es um konkrete Politik und große Visionen ging, misstraute die NS-Elite den alten Germanen und besonders dem Fürstensohn Arminius. Sie berauschten sich an der germanischen Rasse, am großen, blonden Nordmann mit blauen Augen und vaterländischer Gesinnung. Aber die Figur des Arminius war Hitler suspekt. Hatte dieser nicht seinen Fahneneid gebrochen und war als Anführer von Hilfseinheiten seinem Oberbefehlshaber in den Rücken gefallen? Ein barbarischer Aufrührer und Verräter passte nicht so recht ins Weltbild der SS. Außerdem ließ sich in Anwesenheit des Achsenpartners Mussolini wohl kaum damit angeben, dass ein germanischer Superheld im Teutoburger Wald römische Großmachtansprüche zerschlagen hatte.

Hitler bewunderte die Errungenschaften der Antike und insbesondere die militärische Leistung Roms. Bei näherer Betrachtung musste er gespürt haben, dass die Kultur der Germanen so überlegen vielleicht nie war und dass sie dem Nimbus seines Dritten Reichs Schaden zufügen konnte. Die besungenen Ost- und Westgoten waren in Wahrheit ohne nennenswerte Spuren in der Geschichte versunken. Abschätzig bezeichnete Hitler die kerngermanischen Sachsen als »*Maori aus Holstein*«. Und die biederen Feierstunden, die Sprachwissenschaftler und Studienräte für ihren Helden Hermann abgehalten hatten, passten nicht zum aggressiven Germanenbegriff eines Heinrich Himmler. »*Die Germanen waren nicht unbedingt nach Hitlers Geschmack*«, so Herwig Wolfram, »*weil er sich mit ihrer barbarischen Geschichte Mussolini gegenüber stets zurückgesetzt fühlte.*« Dazu passt, dass sich Hitler über die frühe Vergangenheit der Deutschen bitter beschwerte. »*Unser Land war ein Sauland*«, meinte er 1942. »*Wenn man uns nach unseren Vorfahren fragt, müssen wir immer auf die Griechen hinweisen.*« Die Nazis verließen sich lieber auf die mittelalterlichen Helden, so musste der arme Barbarossa für den Überfall auf Russland seinen Namen hergeben.

Nebelbilder und Wortklänge – Die verheerende Rezeption des Arminius

Die deutsche Wirkungsgeschichte von Hermann dem Cherusker mitsamt der *Germania* von Tacitus ist aus heutiger Perspektive verheerend. Mit den Germanen ist alles schiefgelaufen, was schieflaufen konnte. Erst verschwanden die dramatischen Ereignisse der Schlacht im Teutoburger Wald über tausend Jahre im Dunkel der Geschichte. Dann wurde Hermann von den Humanisten mit unverhältnismäßigem Getöse zum antiken Überhelden stilisiert, der im Alleingang eine deutsche Kulturnation mit Führungsanspruch über die europäischen Nachbarn erschaffen sollte. Es schlossen sich missglückte künstlerische Verarbeitungen des Hermann-Motivs an, deren Niveau selbst Heinrich Kleist nur wenig heben konnte. Dann kulminierte die Germanophilie in einer Vaterlandsbegeisterung, die Hermann den Cherusker zum alleinigen Bezwinger des Erbfeinds Frankreich und Gründer des Deutschen Reichs erhob. Der Rassenwahn des Dritten Reichs, dem der Zeitgeist die 2 000 Jahre alten blonden Krieger in die Arme getrieben hatte, schloss die fürchterliche Wirkungsgeschichte ab. Aber es sind nicht die Nazis, die das Thema zerstört haben. Der wahre Schock über die Rezeption liegt in ihrer vernichtenden Konstanz: 500 Jahre langes Germanenraunen ohne jeden Lichtblick.

Ungenauigkeiten und Fehlinterpretationen, Naivität und Peinlichkeiten, Chauvinismus und Demagogie: Man fragt sich, warum die Wirkungsgeschichte in dieses Desaster münden musste. Schon die sprachlichen Entgleisungen, die die unvergleichliche Herrlichkeit des alten Germanentums glorifizierten, schrecken ab – nicht nur den Beobachter aus dem 21. Jahrhundert, sondern auch einen Zeitgenossen wie Heinrich Heine, der 1835 die Deutschen der Freiheitskriege und des Biedermeier als »*Enkel des biderben Arminius und der blonden Thusnelda*« verspottete. Der dümmliche, völlig überzogene Nationalismus seiner Landsleute blieb ihm als einem der wenigen nicht verborgen.

Gewiss haben sich große Künstler und Schriftsteller der Arminius-Figur angenommen. Hutten, Herder, Klopstock, Kleist und Grabbe gehören dazu, doch sind ihre Vermittlungsversuche eher bemüht als wahre Glücksfälle der deutschen Literatur. Vielleicht hätte ein Geschichtsdrama von Goethe oder Schiller den Germanenstoff retten und womöglich nobilitieren können, doch die beiden Dichter und Denker wollten nicht. Auch Lessing und Humboldt sind nicht unbedingt als Germanenfreunde hervorgetreten. Wahrscheinlich hat sie der politische Unterton abgeschreckt, der das Thema unablässig umgab. Oder sie haben das Kulturgefälle gespürt, das zwischen den Germanen und den Römern bestand, und die bizarre Überschwänglichkeit abgelehnt, mit der der eichenbekränzte Klopstock und der überpolitisierte Kleist die Germanen zu modernen, der römischen Antike scheinbar überlegenen Figuren machten. »*Klopstock versuchte sich am Hermann, allein der Gegenstand liegt zu entfernt, niemand hat dazu ein Verhältnis*«, meinte Goethe, der nicht einsah, »*Wodan für Jupiter und Thor für Mars zu setzen und statt der südlichen, genau umschriebenen Figuren Nebelbilder, ja bloße Wortklänge in meinen Dichtungen einzuführen.*« Goethe konnte mit der Germanophilie wenig anfangen, mit der Nationalstaatsidee ging es ihm genauso. Goethe mochte die Provinz, lebte in Weimar. Außerdem war er ein glühender Anhänger Napoleons, er taugte nicht für das große Germanische.

Stattdessen hat Goethe über die Griechen, Schiller über Wilhelm Tell und Georg Büchner über Danton und Robespierre Großes und Bleibendes geschrieben. Aber Arminius muss sich nicht grämen, nicht nur ihn haben die Klassiker gemieden. Selbst über Luther als großen Deutschen ist kein bedeutendes, existenzielles Stück als deutsches Bildungsvermächtnis verfasst worden, obwohl dessen Glaubenskonflikt und der Kampf gegen Papst und Kaiser einigen Stoff abgegeben hätte. Woran diese Vorsicht liegt? Es war gewiss unverfänglicher, für Kunst und Kultur einzutreten als für die politisch Handelnden unserer Geschichte. Wir halten unsere Dichter und Musiker in Ehren, doch mit Luther, der den Bauernkrieg zuließ, mit Friedrich dem Großen, der Eroberungskriege führte, und mit Bismarck, der das Sozialistengesetz erließ, gehen wir ins Gericht. Das passt zu dem Selbstverständnis der Deutschen als einer Kulturnation, die sich lieber über gemeinsame Sprache, Literatur, Musik oder Kunst definiert als über politische Entscheidungen. Letzteres tun die Franzosen mit ihrer Revolution von 1789, daher gelten sie als eine Staatsnation. Dennoch: Mit einer früh geeinten, selbstsicheren Nation und ohne Komplexe gegenüber den großen Nachbarn hätten sich deutsche Kulturschaffende und Politiker nicht aufplustern und eine eigene germanische Antike beschwören müssen. Dann hätte man Arminius ohne Überhöhung wahrnehmen können als das, was er war: ein charismatischer Stammesführer, dem es an einer Nahtstelle der europäischen Geschichte über fast zehn Jahre gelungen war, einer Weltmacht leidenschaftlichen und strategisch brillanten Widerstand zu leisten – der im Sinne von Montesquieu auch ein Recht auf diesen Widerstand hatte. Der zu seinem Volk stand, es in Freiheit und womöglich Einheit sehen wollte, aber schließlich Opfer seines neidischen Clans wurde.

Die Wirkungsgeschichte des Stoffes hat den Stoff dominiert, ihn überlagert und folgenreich verändert. Sie hat mit dem historischen Arminius nichts zu tun, wie sein martialisch in Richtung Frankreich drohendes Schwert in Detmold am besten verdeutlich, ist aber von ungeheurer Bedeutung. Nach 1945 waren die Berührungsängste allem Germanischen gegenüber mit den Händen greifbar. Erst befasste man sich nicht mit den Germanen, da ihnen brauner Muff anhaftete. Wer sich mit ihnen einließ, geriet in Verdacht, Ahnenforschung im Sinne der Nürnberger Gesetze zum »Schutze des deutschen Blutes und der deutschen Ehre« zu betreiben. Dann krempelte die Forschung den Gegenstand um, unterzog ihn erstmals einer konstruktiven, sachlichen Betrachtung. Der Historiker Dieter Timpe beispielsweise sah 1970 in Arminius einen römischen Offizier, der mit seinen germanischen Auxiliareinheiten gegen Rom meuterte, und keinen mutigen Volkshelden, der ein unterdrücktes Volk gegen die Besatzer anführte. Das hat die Arminius-Traditionalisten verständlicherweise erzürnt und in der Forschung geteilten Beifall gefunden, insgesamt aber der Beschäftigung mit dem Cherusker neue Impulse und einen eher unaufgeregten Ton gegeben. In diesem Punkt kann man schon mit wenig zufrieden sein.

Für unsere nationale Identität brauchen wir Arminius nicht mehr. Der Cherusker ist entnazifiziert, reichlich unpolitisch und löst nationale Aufgeregtheiten wie die für die letzten fünf Jahrhunderte beschriebenen nicht mehr aus. Er kämpft nicht mehr gegen Rom, sondern gegen das Vergessen. Wenn wir allzu stolz auf unsere moderne Nüchternheit im Umgang mit dem alten Recken Hermann werden, verlieren wir ihn womöglich noch ganz. Sowohl in der Überhöhung als auch in der Abwertung des Cheruskers scheint ein geheimnisvolles Manko von uns Deutschen versteckt zu sein.

SCHLUSSGEDANKEN

Nach dem Tod von Arminius kam es im Laufe von drei Jahrhunderten zu ständigen Attacken von Germanen auf die römischen Grenzen. Ende des 4. Jahrhunderts überquerten Westgoten die Donau und ein Verband aus Vandalen, Alanen und Sueben den Rhein. Die Völkerwanderung setzte nun mit voller Wucht ein. Ihre Könige, in den Monumentalromanen eines Felix Dahn zu Ende des 19. Jahrhunderts noch gefeierte, populäre Heroen, sind heute nahezu vergessen. Mehr noch als Hermann bzw. Arminius hätten Geiserich, Alarich, Theoderich, Chlodwig oder Leovigild bei Umfragen dieser Tage keine Chance. Ihre Lebensleistung mag der eines Arminius gleichkommen, ihr Ruhm tut dies nicht. Ihre Schicksale und Reichsgründungen fanden auf römischem Boden statt: Der Vandale Geiserich führte sein Volk nach Nordafrika, die Goten Alarich und Theoderich waren in Italien, der fränkische Merowinger Chlodwig blieb in Frankreich, der Westgote Leovigild in Spanien. Arminius hingegen focht für die Freiheit unserer Vorfahren in deutschen Wäldern, wurde zum Mythos, auch weil die Schlacht im Teutoburger Wald zu Weltruhm gelangte.

Die germanische Völkerwanderung ist ja auch kulturell kein Ruhmesblatt in der europäischen Geschichte. Es heißt, sie habe nach über einem Jahrtausend den Untergang Roms herbeigeführt. Dafür gab es allerdings auch andere Faktoren wie eine innenpolitisch geschwächte Regierung, eine wirtschaftliche Rezession und kultureller Verfall. Vielleicht ist Westrom einfach an seiner Größe zugrunde gegangen. Alexander Demandt hat in seiner brillanten Untersuchung für den Zusammenbruch des weströmischen Imperiums genau 210 Gründe angeführt. Dennoch blieben die Germanen die bösen Buben der früheuropäischen Geschichte. Nachdem sie der Antike den Todesstoß versetzt hatten, folgten 600 Jahre dunkles Mittelalter, ohne Wasserleitungen, Straßen und

Bibliotheken. Die Germanen haben in den Ländern, die sie eroberten, zwar neue Königreiche gegründet, aber keine neue Kulturstufe erklimmen können. Abgesehen von den Franken in Gallien, gingen sie schließlich in fremdem Land auf. Immerhin war ihnen aber zumindest zeitweise gelungen, wonach Arminius vergebens strebte: die Schaffung zentraler Königreiche. Politisch ist die Völkerwanderung von großer Bedeutung, stehen die wandernden Großverbände doch für die Entstehung der modernen Staatenwelt Europas mit Ländern wie Italien, Frankreich, Spanien und England.

Es ist auffällig, wie in den letzten Jahren versucht wurde, in vielen europäischen Ausstellungen die Germanen als ein Kulturvolk darzustellen. Hier war wohl einiges nachzuholen. Mit rotem Granat verzierte Adlerfibeln aus Schweden wurden gezeigt, mit Juwelen besetzte Goldhelme aus Italien, Diademe von der Krim und Votivkreuze aus Spanien. Langsam wich das Klischee vom Met trinkenden Fellgermanen einem differenzierteren Blick auf eine interessante Kultur. Die Barbaren mochten das Schöne! Doch nicht nur das Gold der Barbarenfürsten beeindruckte, auch die schier endlosen Wanderungen, die die Germanen auf sich nehmen mussten. Der Zug der Westgoten etwa von der Weichsel über Griechenland, Rom, Toulouse auf die Iberische Halbinsel dauerte 250 Jahre! Schließlich etablierten sie sich unter ihren Königen Leovigild und Reccared I. ab 568 in Toledo, dem römischen Toletum, und schufen eine Spätblüte christlich-antiker Kultur. Reccared trat 587 zum katholischen Glauben über, wie vor ihm der Merowinger Chlodwig, der in Reims getauft worden war.

Dennoch machten später Dichter wie Goethe oder Nietzsche bei den Germanen ein Kulturdefizit aus und zogen das Griechische bzw. das Romanische vor. Bis zum heutigen Tag sind Begriffspaare populär, mit denen die beiden Antagonisten gerne schlagworthaft beschrieben werden. Die Germanen verkörperten das Naturhafte, Kriegerische, Fundamentalistische, die Romanen Zivilisation, Staatslehre und das Forum der Meinungen. Die Nibelungen, Luther, Richard Wagner oder Kaiser Wilhelm standen für das Germanische, Friedrich I. Barbarossa, Goethe, Heine und Nietzsche für das Romanische. Vergleiche wie diese sind so unsinnig wie stimulierend. Der konfliktgeladene Gegensatz von einer

»Germania« und einer »Romania« ist schon deshalb kein fiktiver, weil ihre jeweiligen Verfechter ihn ernst genommen und große wirkungsmächtige Geschichte aus diesem Spannungsfeld abgeleitet haben. Da die südliche Zivilisation dem kriegerischen Norden kulturell überlegen war, blieben Einschätzungen wie die von Rudolf Borchardt nicht die Ausnahme: In *Der Untergang der deutschen Nation* beklagte er 1943, die unter Augustus und Tiberius gescheiterte Romanisierung der Germanen sei jene »*Urkatastrophe*«, die aufgrund der daraus folgenden Gegensätze zwischen Germanisch und Romanisch den europäischen Boden über Jahrhunderte mit Blut getränkt habe. Den Schuldigen haben wir das Buch hindurch beobachtet: Hermann der Cherusker hat demnach den heilsamen Dauereinfluss der Römer auf die germanischen Barbaren verhindert.

Die Entwicklung der *Germania magna* hin zur römischen Provinz schien zwangsläufig und nahm dann doch eine überraschende Wendung, die in keinem anderen Land gelang, auf das die Römer ein Auge geworfen hatten. Was wäre gewesen, hätten die Römer Germanien zur Provinz gemacht? Wäre der Limes dann nicht von Rhein zu Donau, sondern von Elbe zu Donau verlaufen? Die große germanische Völkerwanderung, die die Franzosen weniger neutral »les invasions germaniques« (»Die großen Invasionen«) nennen, hätte zum großen Teil nicht stattgefunden. Die Verheißungen des Südens hätten niemanden anlocken können, weil man ihrer schon teilhaftig gewesen wäre (vom Klima mal abgesehen): Frieden, Wohlstand, Gesundheit, Recht und Kultur hätten sich rund 400 Jahre lang in Germanien entwickeln können. Die aus Osten heranrückenden Goten, Vandalen und Burgunder wären auf ihrer Flucht vor den Hunnen womöglich von den Westgermanen assimiliert worden und 476 hätte es keinen Untergang des römischen Imperiums gegeben. Auch in der *Germania* wären Metropolen gegründet worden wie Köln, Trier, Mainz und Regensburg, und sie hätten vom Zuzug von Völkern aus allen römischen Provinzen profitiert. Das Althochdeutsche wäre zugunsten des Vulgärlateins verschwunden. Es hätte wohl kein karolingisches Reich unter Karl dem Großen gegeben, keinen Napoleon, keinen Bismarck und natürlich keine deutsch-französische Erbfeindschaft. Vielmehr hätten wir schon früh die Vereinigten Staaten von Europa gehabt. »Dank« Arminius passierte all das aber nicht. Germanien blieb unter sich, was die einen bedauerten und die anderen beglückte – wohlgemerkt erst 1500 Jahre später.

Nun, die Spielereien antifaktischer Geschichte nach dem Motto »Was wäre wenn?« sind reizvoll, aber leider nicht überprüfbar. Die Romanisierung des Nordens hätte den Lauf der Geschichte wohl verändert. Doch wurden auch andere Länder romanisiert, zum Beispiel England, und blieben dies nicht für alle Zeit. Wer weiß, wie lange die Römer dieses unstrukturierte Germanien hätten halten können. Vielleicht ist nicht die schlechteste Quintessenz aus der germanisch-römischen Frontstellung, dass der germanische Charakter durch seine eigenständige Entwicklung dem Abendland schließlich eine eigene Note hat geben können. Das heutige Westeuropa von Skandinavien bis nach Gibraltar und von Rumänien bis nach Lissabon profitiert in seiner Kultur sicher von jenen beiden Grundströmungen, der nordischen und der mediterranen.

Was ist mit Arminius selbst, der ersten Figur unserer Kulturgeschichte? Arminius hat – trotz seiner ambivalenten Rezeption – einen prominenten Platz in der europäischen Geschichte ebenso verdient wie in der an Helden armen deutschen. Er muss ein eigenwilliger Typ gewesen sein. Das Auflehnen gegen den Mainstream hat schon immer mehr Charakter gefordert als das Mitschwimmen im Strom. Aus welchen Gründen er handelte, ob aus kleinen persönlichen oder großen übergeordneten, werden wir letztlich nie erfahren. Doch dass er handelte, ist historisch verbürgt, und allein das verdient Respekt. Er hat sich aufgelehnt – nicht nur gegen Varus, sondern auch gegen Germanicus, deren Streitmacht so groß war wie ihr unverbrüchliches Selbstbewusstsein als Heilsbringer. Arminius zu rühmen ist allerdings nicht ganz leicht. Immerhin gingen auf sein Konto viele Tausend Tote, die er – soweit wir es einschätzen können – ohne Not auf dem Gewissen hat. Seine Geschichte hätte eine persönliche Erfolgsgeschichte werden können. Doch es kam anders. Der Prophet, so er denn überhaupt einer sein wollte, galt im eigenen Land und vor allem in der eigenen Familie am Ende wenig. So wenig, dass sich die feindliche Verwandtschaft seiner gewaltsam entledigte. Varus, der andere Unglückliche, wird seinen Namen auch in Zukunft für die Schande der römischen Armee hergeben müssen. Auch wenn ihm heutige Historiker etwas mehr Gerechtigkeit angedeihen lassen wollen: Die Schlacht und der Untergang der römischen Truppen sind nach ihm benannt und daran wird sich in den Geschichtsbüchern auch im dritten Jahrtausend nach dem Ereignis wohl nichts ändern.

Die frühen Germanen werden uns, vor allem aufgrund fehlender Schriftquellen, immer fremd bleiben. Es gibt kein wirkliches Regulativ, das uns sagen könnte, ob das von den römischen Quellen vermittelte Bild richtig ist. Lediglich archäologische Funde lassen hoffen, dass in Zukunft unser Wissen über die Vergangenheit wachsen wird. Vielleicht wird es eines Tages endlich ein Spielfilmproduzent wagen, die Geschichte von Arminius und Varus zu erzählen, der alten Zeit neue Bilder abzugewinnen und ihr eine moderne Form zu geben. Generell steht zu erwarten, dass die Fehlinterpretationen und der Missbrauch des Germanentums mit zunehmendem zeitlichen Abstand im Dunkel der Geschichte versinken werden. Dass der Mythos verblasst ist, ist zu verschmerzen. Dass sich Wissenschaft und Medien nicht immer zum Stoff bekannt haben, ist historisch nachvollziehbar, aber bedauerlich.

Germanentum und Germanenmythos haben nach Jahrhunderten patriotischer Erhitzung eine Ausnüchterungskur hinter sich. Gut so. Zugleich lassen wir in Einheit und Freiheit wiedervereinigte Deutsche seit einigen Jahren eine veränderte Einstellung zu unserer Geschichte erkennen, die Identitätssuche ist wohl zum Ende gekommen. Der zunehmend gelassene Blick auf unsere Vergangenheit eröffnet auch unserer Vorgeschichte und ihren Protagonisten, den Germanen, neue Chancen. So wird zum Beispiel immer klarer, dass wir von Anbeginn ein Land der Stämme und Regionen waren, die auf ihre Eigenständigkeit achteten. Sind die Cherusker und ihr Kampf gegen Rom dafür nicht der beste und früheste Beleg? Sie sind aber mehr als die Kämpfer von Kalkriese. Beginnend mit dem schönen Büchlein von Tacitus, haben sie in den Köpfen der Menschen einiges ausgelöst. Das hat mit Ideologie und Rasse nichts zu tun, aber viel mit Faszination und Bewunderung für einen Menschenschlag, der in den schaurigen Wäldern Germaniens, der Heimat der Deutschen, sich selbst genügte und vor allem eins war: frei.

212

ANHANG

ZEITTAFEL

387 v. Chr.	Einfall der Kelten in Rom
120 v. Chr.	Beginn des Zuges der Kimbern und Teutonen
113 v. Chr.	Kimbern und Teutonen besiegen römische Legionen in Noreia
102 und	
101 v. Chr.	Gaius Marius besiegt die Kimbern und Teutonen
80 v. Chr.	Erste namentliche Erwähnung von »Germanen« durch Poseidonios von Apaimeia
58–51 v. Chr.	Eroberung Galliens durch Caesar
58 v. Chr.	Sieg Caesars über Ariovist und die Sueben
55 v. Chr.	Julius Caesar fällt erstmals ins rechtsrheinische Germanien ein
52 v. Chr.	Sieg Julius Caesars über Vercingetorix
47 oder	
46 v. Chr.	Geburt des Publius Quinctilius Varus
44 v. Chr.	Mord an Caesar
31 v. Chr.	In der Schlacht von Actium besiegt Octavian seinen Rivalen Marc Anton in der Nachfolge Julius Caesars
30 v. Chr.	Ägypten wird römische Provinz
27 v. Chr.	Octavian erhält den Beinamen »Augustus« und wird der erste römische Kaiser
22 v. Chr.	Varus wird Quästor
17 v. Chr.	Geburt des Arminius als Sohn des Cheruskerfürsten Segimer
16 v. Chr.	Germanen überqueren den Rhein und bringen den Römern die erste große Niederlage bei
16 v. Chr.	Augustus geht nach Gallien und sichert die Rheingrenze; Beginn der Stationierung römischer Truppen

16 v. Chr.	Gründung von Trier (Augusta Treverorum)
15 v. Chr.	Varus wird Statthalter in der Provinz Asien
15 v. Chr.	Alpenfeldzüge des Drusus und des Tiberius
13 v. Chr.	Varus wird gemeinsam mit Tiberius Konsul in Rom
12–9 v. Chr.	Züge des Drusus nach Germanien
9 v. Chr.	Tod des Drusus in Germanien auf dem Rückweg von der Elbe
ca. 8 v. Chr.	Der zehnjährige Arminius geht als Fürstengeisel nach Rom
8 oder 7 v. Chr.	Varus ist Statthalter der Provinz Africa
6 bis 4 v. Chr.	Varus ist Statthalter der Provinz Syrien
4 v. Chr.	Geburt des Jesus von Nazareth
1 n. Chr.	Die Römer überqueren die Elbe
1 n. Chr.	Ausbruch von Stammesrevolten in Germanien
4 und 5 n. Chr.	Niederschlagung der Aufstände durch Tiberius
4 n. Chr.	Arminius kämpft mit cheruskischen Einheiten für die Römer und erhält das römische Bürgerrecht
4 n. Chr.	Anlage erster römischer Straßen an der Lippe
5 n. Chr.	Sieg des Tiberius über die Langobarden an der Elbmündung
6 oder 7 n. Chr	Varus wird Statthalter in Germanien
7 n. Chr.	Arminius ist mit seinen germanischen Hilfstruppen an Niederschlagung des Pannonischen Aufstands beteiligt
Spätestens 9 n. Chr.	Arminius kehrt nach Germanien zurück
September 9 n. Chr.	Germanischer Sieg über drei römische Legionen in der Varusschlacht
10 n. Chr.	Rückkehr des Tiberius an die Rheinfront und Vernichtungszüge gegen die Brukterer und Marser
13 n. Chr.	Germanicus wird Oberbefehlshaber der Rheintruppen
14 n. Chr.	Tod des Augustus, Tiberius wird neuer Kaiser

14 n. Chr.	Arminius entführt Thusnelda
15 n. Chr.	Auslieferung Thusneldas durch ihren Vater Segestes
15 n. Chr.	Germanicus und seine Truppen auf dem Schauplatz der Varusschlacht
16 n. Chr.	Schlachten gegen die Germanen in Idistaviso und an den *pontes longi* und Rückberufung des Germanicus
17 n. Chr.	Triumphzug in Rom mit den Geiseln Thusnelda und Thumelicus
17 n. Chr.	Krieg zwischen den Cheruskern und Markomannen, aus dem Marbod geschwächt hervorgeht
19 n. Chr.	Tod des Germanicus in Antiochia
19 n. Chr.	Mord an Arminius
36 n. Chr.	Tod des Marbod im Exil in Ravenna
43 n. Chr.	Unter Claudius wird die Provinz *Britannica* gegründet
44 n. Chr.	Mainz erstmals als *Mogontiacum* bezeugt
55 n. Chr.	Das Oppidum Ubiorum wird zur Colonia (Köln) erhoben
Ab 83 n. Chr.	Bau des Limes
Um 85 n. Chr.	Einrichtung der beiden Provinzen *Germania inferior* und *Germania superior*
98 n. Chr.	Tacitus verfasst seine Schrift *De origine, situ, moribus et populis Germanorum*
1455	Entdeckung der *Germania* von Tacitus im Kloster Hersfeld
1505	Entdeckung der *Annalen* von Tacitus im Kloster Corvey und Veröffentlichung 1515 in Rom
1885	Veröffentlichung des Aufsatzes *Zur Örtlichkeit der Varusschlacht* von Theodor Mommsen
1988	Clunn entdeckt die Schleuderbleie in Kalkriese
Herbst 1989	Beginn erster Probegrabungen in Kalkriese

AUSGEWÄHLTE LITERATUR

Arens, Peter: *Sturm über Europa. Die Völkerwanderung.* Berlin 2002

Beck, Heinrich (Hrsg.): *Germanenprobleme in heutiger Sicht.* Berlin/ New York 1986

Bemmann, Klaus: *Arminius und die Deutschen.* Essen 2002

Brepohl, Wilm: *Neue Überlegungen zur Varusschlacht.* Aschendorff/ Münster 2004

Chantraine, Heinrich: Varus oder Germanicus? Zu den Fundmünzen von Kalkriese. Thetis 9, 2002, Seite 81–93

Clunn, Tony: *Auf der Suche nach den verlorenen Legionen.* Bramsche 1998

David, Saul: *Die größten Fehlschläge der Militärgeschichte.* München 2001

Demandt, Alexander: Arminius und die frühgermanische Staatenbildung. In: Wiegels, Rainer/Woesler, Winfried (Hrsg.): *Arminius und die Varusschlacht. Geschichte – Mythos – Literatur.* Paderborn 2003, Seite 185–196

Demandt, Alexander: *Über die Deutschen. Eine kleine Kulturgeschichte.* Berlin 2007

Demandt, Alexander: *Der Fall Roms. Die Auflösung des römischen Reiches im Urteil der Nachwelt.* München 1984

Doyé, Werner M.: Arminius. In: Francois, Etienne/Schulze, Hagen: *Deutsche Erinnerungsorte III.* München 2001, Seite 587–602

Düwel, K./Zimmermann, H.: Germanenbild und Patriotismus in der deutschen Literatur des 18. Jahrhunderts. In: Beck, Heinrich (Hrsg.): *Germanenprobleme in heutiger Sicht.* Berlin/New York 1986

Essen, Gesa von: *Hermannsschlachten. Germanen- und Römerbilder in der Literatur des 18. und 19. Jahrhunderts.* Göttingen 1998

Fansa, Mamoun (Hrsg.): *Varusschlacht und Germanenmythos.* Eine Vortragsreihe anlässlich der Sonderausstellung Kalkriese – Römer im Osnabrücker Land in Oldenburg 1993. Oldenburg 2001

Fischer-Fabian, Siegfried: *Die ersten Deutschen. Der Bericht über das rätselhafte Volk der Germanen.* Locarno 1974

Förster, Stig/Pöhlmann, Markus/Walter, Dierk (Hrsg.): *Schlachten der Weltgeschichte.* München 2001

Francois, Etienne/Schulze, Hagen: *Deutsche Erinnerungsorte I–III.* München 2001

Gabriel, Richard A./Boose, Donald W.: *The Great Battles of Antiquity. A Strategic and Tactical Guide to Great Battles that Shaped the Development of War.* London 1994

Harnecker, Joachim: *Arminius, Varus und das Schlachtfeld von Kalkriese. Eine Einführung in die archäologischen Arbeiten und ihre Ergebnisse.* Bramsche 2002

Höfler, Otto: *Siegfried, Arminius und die Symbolik.* Heidelberg 1961

Jahn, Ralf G.: *Der Römisch-Germanische Krieg (9–16 n. Chr.).* Bonn 2001

Küster, Hansjörg: *Geschichte des Waldes. Von der Urzeit bis zur Gegenwart.* München 1998

Lehmann, Gustav Adolf/Wiegels, Rainer (Hrsg.): *Römische Präsenz und Herrschaft im Germanien der augusteischen Zeit. Der Fundplatz von Kalkriese im Kontext neuerer Forschungen und Ausgrabungsbefunde.* Göttingen 2007

Manuwald, Bernd: Politisches Ungeschick oder vorbestimmtes Verhängnis? Cassius Dios Bericht über die Varus-Schlacht. In: Lehmann, Gustav Adolf/Wiegels, Rainer (Hrsg.): *Römische Präsenz und Herrschaft im Germanien der augusteischen Zeit. Der Fundplatz von Kalkriese im Kontext neuerer Forschungen und Ausgrabungsbefunde.* Göttingen 2007

Mommsen, Theodor: *Die Örtlichkeit der Varusschlacht.* Berlin 1885

Pohl, Walter: *Die Germanen.* München 2000

Rost, Achim: Plünderungsprozesse auf Schlachtfeldern – Neue Aspekte auch für Kriegsbeuteopfer? In: Abegg-Wigg, Angelika/Rau, Andreas: *Aktuelle Forschungen zu Kriegsbeuteopfern und Fürstengräbern im Barbaricum.* Neumünster 2008

Schlüter, Wolfgang: Kalkriese und die literarische Überlieferung zur clades Variana. In: Schlüter, Wolfgang/ Wiegels, Rainer (Hrsg.): *Rom,*

Germanien und die Ausgrabungen von Kalkriese. In: Osnabrücker Forschungen zu Altertum und Antike-Rezeption 1. Osnabrück 1999

See, Klaus von: *Deutsche Germanen-Ideologie vom Humanismus bis zur Gegenwart.* Frankfurt/Main 1970

Syme, Ronald: *The Augustan Aristocracy.* Oxford 1986

Timpe, Dieter: *Arminius-Studien.* Heidelberg 1970

Timpe, Dieter: Zur Geschichte der Rheingrenze zwischen Caesar und Drusus. In: Timpe, Dieter: *Römisch-germanische Begegnung in der späten Republik und frühen Kaiserzeit. Voraussetzungen – Konfrontationen – Wirkungen.* Gesammelte Studien. München/Leipzig 2006, Seite 147–170

Todd, Malcolm: *Die Germanen. Von den frühen Stammesverbänden zu den Erben des Weströmischen Reiches.* Stuttgart 2000

Wells, Peter S.: *Die Schlacht im Teutoburger Wald.* Düsseldorf/Zürich 2005

Wenskus, Reinhard: *Stammesbildung und Verfassung. Das Werden der frühmittelalterlichen gentes.* Köln/Graz 1961

Werner, Michael: Die »Germania«. In: Francois, Etienne/Schulze, Hagen: *Deutsche Erinnerungsorte III.* München 2001, Seite 569–586

Wiegels, Rainer: Kalkriese und die literarische Überlieferung zur clades Variana. In: Schlüter, Wolfgang/Wiegels, Rainer (Hrsg.): *Rom, Germanien und die Ausgrabungen von Kalkriese.* In: Osnabrücker Forschungen zu Altertum und Antike-Rezeption 1. Osnabrück 1999

Wiegels, Rainer (Hrsg.): *Die Varusschlacht. Wendepunkt der Geschichte?* (Archäologie in Deutschland, Sonderheft) Stuttgart 2007

Wiegels, Rainer/Woesler, Winfried (Hrsg.): *Arminius und die Varusschlacht. Geschichte – Mythos – Literatur.* Paderborn 2003

Wiegrefe, Klaus/Pieper, Dietmar (Hrsg.): *Die Erfindung der Deutschen. Wie wir wurden, was wir sind.* München 2007

Wilbers-Rost, Susanne/Uerpmann, Hans-Peter/Uerpmann, Margarethe/Grosskopf, Birgit/Tolksdorf-Lienemann, Eva: *Kalkriese 3. Interdisziplinäre Untersuchungen auf dem Oberesch in Kalkriese.* Mainz 2007

Wilbers-Rost, Susanne: Kalkriese – Überlieferungsbedingungen für Militärausrüstung auf einem römisch-germanischen Schlachtfeld. In: Abegg-Wigg, Angelika/Rau, Andreas: *Aktuelle Forschungen zu Kriegsbeuteopfern und Fürstengräbern im Barbaricum.* Neumünster 2008

Wolfram, Herwig: *Die Germanen.* München 2000

Wolters, Reinhard: Hermeneutik des Hinterhalts. Die antiken Berichte zur Varuskatastrophe und der Fundplatz von Kalkriese. In: Klio, 2003, Seite 131–170

Wolters, Reinhard: *Die Schlacht im Teutoburger Wald. Arminius, Varus und das römische Germanien.* München 2008

Wolters, Reinhard: Kalkriese und die Datierung okkupationszeitlicher Militäranlagen. In: Lehmann, Gustav Adolf/Wiegels, Rainer (Hrsg.): *Römische Präsenz und Herrschaft im Germanien der augusteischen Zeit. Der Fundplatz von Kalkriese im Kontext neuerer Forschungen und Ausgrabungsbefunde.* Göttingen 2007

Wolters, Reinhard: *Die Römer in Germanien.* München 2000

REGISTER

BILDNACHWEISE

S.13 akg-images; **S. 27** akg-images; **S. 42** Illustration aus WAS IST WAS, Band 62, Die Germanen, Tessloff Verlag, Nürnberg; **S. 45** akg-images/Werner Forman; **S. 47** akg-images; **S. 49** akg-images/Tristan Lafranchis; **S. 52** mauritius images/imagebroker; **S. 74** bpk/Antikensammlung, SMB; **S. 90** bpk/Münzkabinett, SMB; **S. 97** RGK, Frankfurt; **S. 98** RGK, Frankfurt; **S. 99** LWL-Archäologie für Westfalen, Stefan Brentführer; **S. 105** VARUSSCHLACHT im Osnabrücker Land. Museum und Park Kalkriese, Foto: Govermann; **S. 107** Bettmann/CORBIS; **S. 125** bpk/Alfredo Dagli Orti; S. 131 Thomas Ernsting/ Bilderberg; **S. 132** akg-images/Museum Kalkriese; **S. 144** mauritius images/imagebroker; **S. 147** akg-images; **S. 153** akg-images/Erich Lessing; **S. 157** LWL-Landesmuseum für Kunst und Kulturgeschichte Münster; **S. 164** Peter Arens; **S. 166** akg-images/Museum Kalkriese; **S. 169** VARUSSCHLACHT im Osnabrücker Land, Museum und Park Kalkriese, Zeichnung: Archäologie; **S. 171** Peter Arens; **S. 172** Michael Gechter, zuerst publiziert in Horn, Römer in NRW (Theiss Verlag 1987); **S. 173** VARUSSCHLACHT im Osnabrücker Land, Museum und Park Kalkriese, Foto: Archäologie; **S. 175** VARUSSCHLACHT im Osnabrücker Land, Museum und Park Kalkriese, Foto: Archäologie; **S. 177** Thomas Ernsting/Bilderberg; **S. 199** akg-images

BILDNACHWEISE FARBTEIL

S. I Peter Arens; **S. II o.** fabpics/akg-images; **S. II u.** Axel Thünker DGPh, Archäologischer Park Xanten/RömerMuseum; **S. III o.** akg-images/Peter Connolly; **S. III u.** akg-images; **S. IV** Landesmuseum für Kunst und Kulturgeschichte Oldenburg, Fotograf: R. Wacker; **S. V o.** ausgestellt als Dauerleihgabe der Stiftung Niedersachsen im Museum im Schloss Bad Pyrmont; **S. V u.** akg-images; **S. VI o.** akg-images; **S. VI u.** Stedeldijk Van Abbe Museum, Eindhoven; **S. VII o.** Peter Arens; **S. VII u.** Peter Arens; **S. VIII o.** akg-images/Museum Kalkriese; **S. VIII u.** bpk/Antikensammlung, SMB/Ingrid Geske-Heiden; **S. IX o.** Axel Thünker DGPh, Archäologischer Park Xanten/RömerMuseum; **S. IX u.** Peter Arens; **S. X o.** Peter Arens; **S. X u.** Peter Arens; **S. XI o.** Peter Arens; S. XI u. Peter Arens; **S. XII** Peter Arens; **S. XIII** Peter Arens; **S. XIV** Peter Arens; **S. XV o.** Peter Arens; **S. XV u.** Peter Arens; **S. XVI** akg-images

Karte im Vor- und Nachsatz: Putzger Historischer Weltatlas © 2001 Cornelsen Verlag Berlin Best.-Nr. 1784

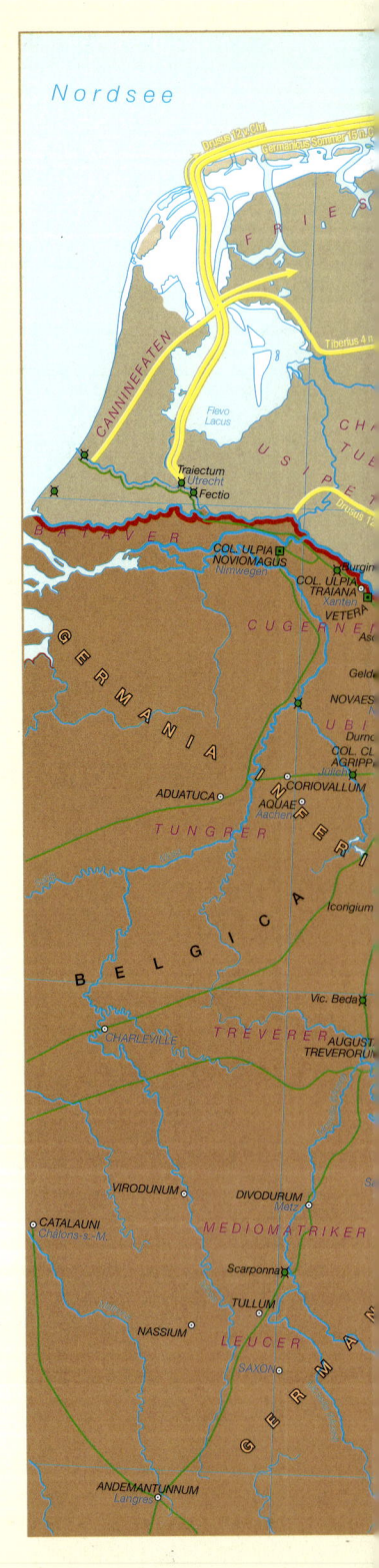

Nordsee

FRIESEN

CANNINEFATEN

USIPETER

CHATTU

Flevo Lacus

Traiectum
Utrecht
Fectio

BATAVER

COL. ULPIA
NOVIOMAGUS
Nimwegen

Burgini

COL. ULPIA
TRAIANA
Xanten

VETERA

CUGERNER

Asc

GERMANIA

Gelde

NOVAES

UBIER

Durno

COL. CL.
AGRIPP

ADUATUCA

AQUAE
Aachen

CORIOVALLUM

TUNGRER

Icorigium

BELGICA

Vic. Beda

CHARLEVILLE

TREVERER

AUGUST
TREVERORUN

VIRODUNUM

DIVODURUM
Metz

CATALAUNI
Châlons-s.-M.

MEDIOMATRIKER

Scarponna

TULLUM

NASSIUM

LEUCER

SAXONO

GERM

ANDEMANTUNNUM
Langres

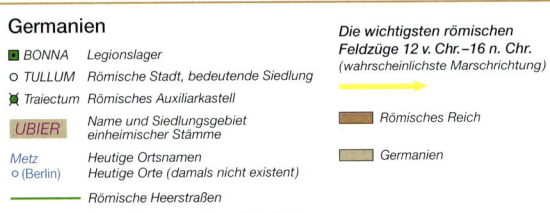

Germanien

- ▣ *BONNA*   Legionslager
- ○ *TULLUM*   Römische Stadt, bedeutende Siedlung
- ▣ *Traiectum*   Römisches Auxiliarkastell
- UBIER   Name und Siedlungsgebiet einheimischer Stämme
- *Metz*
  ○ (Berlin)   Heutige Ortsnamen
  Heutige Orte (damals nicht existent)
- ——   Römische Heerstraßen
- ··········   Limes (Stand nach etwa 155 n. Chr., nördl. des Mains, größtenteils nach 89 n. Chr.

Die wichtigsten römischen
Feldzüge 12 v. Chr.–16 n. Chr.
(wahrscheinlichste Marschrichtung)

- ➤   Römisches Reich
- ▭   Germanien